北京高精尖产业技术情报理论与实践

主　编　胥彦玲
副主编　卢　絮　张素娟　刘　宇

科学技术文献出版社
SCIENTIFIC AND TECHNICAL DOCUMENTATION PRESS
·北京·

图书在版编目（CIP）数据

北京高精尖产业技术情报理论与实践 / 胥彦玲主编. —北京：科学技术文献出版社，2023.11
ISBN 978-7-5235-0591-5

Ⅰ.①北… Ⅱ.①胥… Ⅲ.①高技术产业—科技情报—研究—北京 Ⅳ.① G250.255

中国国家版本馆 CIP 数据核字（2023）第 157927 号

北京高精尖产业技术情报理论与实践

策划编辑：孙江莉　　责任编辑：孙江莉　　责任校对：王瑞瑞　　责任出版：张志平

出 版 者	科学技术文献出版社
地　　址	北京市复兴路15号　邮编 100038
编 务 部	（010）58882938，58882087（传真）
发 行 部	（010）58882868，58882874（传真）
邮 购 部	（010）58882873
官方网址	www.stdp.com.cn
发 行 者	科学技术文献出版社发行　全国各地新华书店经销
印 刷 者	北京九州迅驰传媒文化有限公司
版　　次	2023年11月第1版　2023年11月第1次印刷
开　　本	710×1000　1/16
字　　数	240千
印　　张	14.75
书　　号	ISBN 978-7-5235-0591-5
定　　价	58.00元

版权所有　违法必究

购买本社图书，凡字迹不清、缺页、倒页、脱页者，本社发行部负责调换

前 言

随着全球新科技革命和产业变革的深入发展,科技竞争日趋激烈,技术情报已成为加速产业技术创新发展、提升产业竞争力的重要手段。"高精尖"产业作为一种创新驱动的战略性新兴产业,技术情报是推动其高质量快速发展的重要支撑。

北京高精尖产业虽已居于全国第一梯队,部分高精尖产业也已经嵌入国际产业供应链,但当前仍面临产业基础较薄弱、产业全球价值链地位不高、市场潜力挖掘不足、产学研用结合不紧密等问题,产业发展质量迫切需要提升。技术情报能够在高精尖发展战略决策、产业技术创新、推动技术成果转化应用等各个环节发挥重要支撑作用,推动高精尖产业高质量发展。为此,本书作者立足于长期开展北京高精尖产业高质量发展的技术情报服务工作的基础,编写了《北京高精尖产业技术情报理论与实践》一书。本书总结凝练了学界对技术情报理论研究的经验,探讨了新时期北京高精尖产业技术情报发展形势及供给范式,并尝试构建新时期北京高精尖产业技术情报服务体系,并对北京高精尖产业技术情报实践工作进行了具体的案例研究,希望能够为相关产业领域的技术情报服务研究工作提供参考。

本书分为理论篇和实践篇两部分。第一部分理论篇共包含 5 个章节,分别为绪论、国内外产业技术情报发展现状研究、新时期北京高精尖产业技术情报发展形势分析、新时期北京高精尖产业技术情报服务的供给范式研究和新时期北京高精尖产业技术情报服务体系构建。第二部分实践篇共包含 5 个章节,分别为节能环保产业"十四五"发展技术预测、高档数控加工装备前沿技术动态监测分析、基于专利数据挖掘的生物健康产业前沿技术分析、北京市集成电路产业发展现状及对策研究、新材料领域前沿技术及产业发展研究。

参与编写各章节的人员情况如下:胥彦玲负责资料搜集,搭建章节框架、撰写绪论，撰写第一部分的第 1~5 章、第二部分的第 6 章，负责统稿；卢絮参与资料的搜集，撰写第一部分的第 1~4 章、第二部分的第 7 章；刘宇参与撰写第二部分的第 7、第 9~10 章；张素娟参与撰写第二部分的第 8 章。

特别感谢北京市科学技术研究院科技情报研究所张士运所长、肖雯副所长的关心和支持，感谢中国科学技术信息研究所陈峰研究员对本书内容的指导。

产业技术情报对产业经济的支撑服务范围较广，仍有许多领域有待情报研究人员继续深挖。本书仅立足于北京市高精尖产业技术情报有限的服务实践进行了归纳总结，由于作者学术水平以及技术情报服务实践的局限性，本书难免存在疏漏和差错，恳请广大读者批评指正！

胥彦玲
2022 年 9 月

目 录

第一篇　理论篇

第1章　绪论 ··· 3
1.1　技术情报基本概念、内涵 ··· 3
1.2　技术竞争情报的作用 ·· 4
1.3　技术情报理论基础 ·· 5
1.4　技术情报的研究内容和应用场景 ······································ 7
　　1.4.1　技术情报研究的内容 ··· 7
　　1.4.2　应用场景 ·· 8
1.5　本章小结 ··· 8

第2章　国内外产业技术情报发展现状研究 ······························· 9
2.1　产业技术情报发展演化 ·· 9
2.2　国内外产业技术情报发展现状 ······································· 10
　　2.2.1　中国 ·· 11
　　2.2.2　美国 ·· 12
　　2.2.3　日本 ·· 12
　　2.2.4　德国 ·· 13
　　2.2.5　法国 ·· 14
2.3　国内外产业技术情报发展特征 ······································· 14
　　2.3.1　信息来源越来越多 ··· 14
　　2.3.2　分析方法越来越多 ··· 14

  2.3.3 应用范围越来越广 ······ 15
  2.3.4 服务模式越发多样 ······ 15
 2.4 本章小结 ······ 15

第3章 新时期北京高精尖产业技术情报发展形势分析 ······ 16

 3.1 北京高精尖产业技术情报发展的必要性 ······ 16
  3.1.1 全球高精尖产业技术竞争日益激烈，抢夺全球技术制高点迫切需要技术情报支撑 ······ 16
  3.1.2 北京高精尖产业技术优势与发达国家相比仍有不足，加快技术创新突破需要技术情报支撑 ······ 17
  3.1.3 制定准确的高精尖产业技术发展战略布局需要技术情报支撑作为保障 ······ 18
 3.2 北京高精尖产业技术情报发展环境 ······ 19
  3.2.1 北京市着力打造高精尖产业经济结构的战略定位为技术情报发展提供了重要机遇 ······ 19
  3.2.2 北京打造高精尖产业技术创新高地为技术情报发展提供了广阔的需求市场 ······ 20
  3.2.3 北京加快高精尖产业结构转型的战略需求加速了技术情报的升级发展 ······ 21
 3.3 北京高精尖产业技术情报服务对象 ······ 21
 3.4 北京高精尖产业技术情报需求特征 ······ 22
  3.4.1 需求类型的多样性 ······ 23
  3.4.2 需求响应的时效性 ······ 23
  3.4.3 需求内容的个性化 ······ 23
 3.5 本章小结 ······ 24

第4章 新时期北京高精尖产业技术情报服务的供给范式研究 ······ 25

 4.1 供给主体特征分析 ······ 25
  4.1.1 科技情报研究机构 ······ 25
  4.1.2 政府部门 ······ 25

  4.1.3 高等院校 …… 26

  4.1.4 行业协会 …… 26

 4.2 技术情报供给结构 …… 26

 4.3 技术情报供给范式 …… 27

 4.4 本章小结 …… 28

第5章 新时期北京高精尖产业技术情报服务体系构建 …… 29

 5.1 新时期高精尖产业技术情报服务体系构建原则 …… 29

 5.2 高精尖产业技术情报服务体系要素分析 …… 30

  5.2.1 情报获取渠道 …… 30

  5.2.2 情报分析方法与工具 …… 31

  5.2.3 情报载体 …… 33

  5.2.4 情报产品 …… 34

 5.3 高精尖产业技术情报服务体系 …… 35

 5.4 高精尖产业技术情报体系实现路径 …… 36

  5.4.1 搭建以人工智能技术为支撑的科技情报服务平台，优化技术情报服务支撑环境 …… 36

  5.4.2 开展可信信息源的搜集与分类储存，促进技术情报服务信息生态链的构成 …… 37

  5.4.3 构建多元主体的情报协作网络，提高技术情报服务质量 …… 37

 5.5 本章小结 …… 38

第二篇 实践篇

第6章 节能环保产业"十四五"发展技术预测 …… 41

 6.1 研究目的及意义 …… 41

 6.2 研究思路、研究方法及技术路线 …… 41

  6.2.1 研究思路 …… 41

  6.2.2 研究方法 …… 42

6.2.3　技术路线 ………………………………………………… 42
　6.3　水污染治理领域前沿技术预测分析 ……………………………… 43
　　　6.3.1　基于专家调研的水污染治理前沿技术分析 …………… 43
　　　6.3.2　基于政策分析的水污染治理技术热点分析 …………… 43
　　　6.3.3　基于技术创新研发重点指南的前沿技术分析 ………… 44
　　　6.3.4　基于文献研究的水污染治理技术前沿热点分析 ……… 45
　　　6.3.5　水污染防治行业高商业价值技术预测分析 …………… 47
　6.4　固废治理领域前沿技术预测分析 ………………………………… 60
　　　6.4.1　基于专家调研的固废治理前沿技术分析 ……………… 60
　　　6.4.2　基于政策分析的技术热点领域 ………………………… 61
　　　6.4.3　基于环保技术创新研究的技术重点领域分析 ………… 62
　　　6.4.4　基于文献研究的环保技术前沿热点分析 ……………… 64
　　　6.4.5　固废治理行业高商业价值技术预测分析 ……………… 65
　6.5　废气治理领域前沿技术预测分析 ………………………………… 77
　　　6.5.1　基于专家调研的大气污染治理领域前沿技术分析 …… 77
　　　6.5.2　基于政策分析的技术热点领域 ………………………… 78
　　　6.5.3　基于环保技术创新研究的技术重点领域分析 ………… 79
　　　6.5.4　基于文献研究的环保技术前沿热点分析 ……………… 80
　　　6.5.5　废气治理行业高商业价值技术预测分析 ……………… 81
　6.6　本章小结 …………………………………………………………… 91

第7章　高档数控加工装备前沿技术动态监测分析 …………………… 92

　7.1　研究目的及意义 …………………………………………………… 92
　7.2　研究方法及思路 …………………………………………………… 92
　7.3　"五轴数控皮秒激光加工机床关键技术"动态监测分析
　　　报告 …………………………………………………………………… 93
　　　7.3.1　检索关键词及检索策略 ………………………………… 93
　　　7.3.2　国内外"五轴数控皮秒激光加工机床关键技术"研究
　　　　　　动态监测分析 ……………………………………………… 93
　　　7.3.3　技术领域有待深入研究的技术细分方向 ……………… 95

7.4 "六轴联动高精密数控加工关键技术"动态监测分析报告 …… 96
　　7.4.1 检索关键词及检索策略 …………………………… 96
　　7.4.2 国内外"六轴联动高精密数控加工关键技术"研究动态
　　　　 监测分析 …………………………………………… 97
　　7.4.3 "六轴联动高精密数控加工关键技术"领域前沿技术
　　　　 趋势研判 …………………………………………… 99
7.5 "多轴联动精密数控加工装备关键技术"动态监测分析报告 … 100
　　7.5.1 文献检索策略 ……………………………………… 100
　　7.5.2 国内外"多轴联动精密数控加工装备关键技术"研究
　　　　 动态监测分析 ……………………………………… 101
　　7.5.3 该技术领域有待突破的技术瓶颈，或者有待深入研究的
　　　　 技术细分方向 ……………………………………… 112
7.6 本章小结 …………………………………………………… 116

第8章 基于专利数据挖掘的生物健康产业前沿技术分析 …… 117

8.1 研究目的及意义 …………………………………………… 117
8.2 基于LDA模型的西洋参专利热点内容及创新趋势分析方法
　　研究 ………………………………………………………… 119
　　8.2.1 LDA模型主体及相关研究 ………………………… 120
　　8.2.2 西洋参专利内容实证研究 ………………………… 121
　　8.2.3 小结 ………………………………………………… 127
8.3 基于专利分析法和SWOT模型的治疗糖尿病的中药组方专利
　　信息分析 …………………………………………………… 127
　　8.3.1 数据检索 …………………………………………… 128
　　8.3.2 专利分析 …………………………………………… 129
　　8.3.3 重点专利权人研发和专利申请策略比较 ………… 135
　　8.3.4 用药规律研究 ……………………………………… 139
　　8.3.5 SWOT分析 ………………………………………… 142
　　8.3.6 小结 ………………………………………………… 145
8.4 本章小结 …………………………………………………… 145

第 9 章 北京市集成电路产业发展现状及对策研究 ……… 146

9.1 研究目的及意义 ……… 146
9.2 集成电路技术及产业发展趋势 ……… 146
9.2.1 未来芯片技术发展预测 ……… 146
9.2.2 全球主要科技强国相关政策和发展趋势 ……… 150
9.3 北京集成电路产业发展现状 ……… 153
9.3.1 北京集成电路产业优势 ……… 153
9.3.2 北京集成电路产业存在的问题及成因 ……… 157
9.3.3 北京相关产业政策梳理 ……… 159
9.4 北京集成电路产业发展的对策建议 ……… 160
9.4.1 对北京集成电路产业"十四五"期间的发展建议 ……… 160
9.4.2 对北京未来芯片技术"换道超车"布局的建议 ……… 162
9.5 本章小结 ……… 164

第 10 章 新材料领域前沿技术及产业发展研究 ……… 165

10.1 研究目的及意义 ……… 165
10.2 研究思路及方法 ……… 165
10.2.1 研究思路 ……… 165
10.2.2 研究方法 ……… 166
10.3 新材料前沿技术热点领域分析 ……… 166
10.3.1 基于政策分析的"前沿新材料"技术领域 ……… 166
10.3.2 基于文献分析的"前沿新材料"技术领域 ……… 167
10.3.3 专利分析 ……… 176
10.3.4 小结 ……… 183
10.4 新材料重点前沿技术领域发展态势分析 ……… 183
10.4.1 液态金属的发展与应用 ……… 183
10.4.2 半导体材料的发展与应用 ……… 186
10.4.3 智能响应材料(超材料)的发展与应用 ……… 190
10.4.4 超导材料 ……… 193

  10.4.5 二维纳米材料 ·· 197
  10.4.6 铁电材料的发展与应用 ······································ 202
  10.4.7 材料基因组 ·· 205
 10.5 本章小结 ··· 208

附　录

 附表1 集成电路强国集成电路新兴技术布局情况 ··············· 209
 附表2 北京市科研机构集成电路研究团队及研究方向 ··········· 212

参考文献 ··· 216

第一篇 理论篇

技术竞争情报是竞争情报理论和方法在科技管理和技术创新领域中的应用。随着知识经济时代的到来,自20世纪90年代以来,技术竞争情报(CTI)就成为国外竞争情报界研究最多的高增长前沿领域。随着市场竞争和知识经济的崛起,以及技术竞争情报研究与服务业发展的不断深入,世界各国对技术竞争情报活动的作用越来越重视,并将其纳入科技创新支撑服务体系并加以重点扶持,技术竞争情报实践应用成为引领区域科技自立自强和企业科技创新发展核心业务流程中的重要部分,技术竞争情报研究服务也成为科技情报机构的发展方向。

我国在借鉴在西方发达国家技术竞争情报服务业发展经验的基础上,也逐渐丰富了技术竞争情报的研究,特别是彭靖里、刘细文、赵新力、陈峰等人开展的大量研究,有力地推动了国内技术竞争情报理论与应用的兴起和发展。

第1章 绪论

1.1 技术情报基本概念、内涵

技术情报,也被称作技术竞争情报(Competitive Technical Intelligence,CTI),伴随着科学技术的快速发展和科技文献等信息的繁荣而诞生并演进。Ashton 和 Klavans 等在 1997 年出版的 *Keeping Abreast of Science and Technology:Technical Intelligence for Business* 一书中,认为"技术情报是指能够给组织的竞争地位带来潜在影响的有关外部科学技术的威胁、机遇或发展的信息以及对这些信息进行搜集、分析、传递、利用和评估的过程"。国内通常将技术情报定义为"在竞争环境条件下,能给企业或组织的竞争地位带来重大影响的外部科学或技术的威胁、机会或发展的信息以及这些信息的获取、监控、分析、跟踪和预警过程,是竞争情报理论和方法在科技管理和技术创新领域中的应用与深化"。2008 年刘细文对技术竞争情报的内涵进行了辨析和界定,将技术情报定义为组织或机构为了获取技术竞争优势,对有关外部技术机会、威胁和发展的信息进行收集和分析,由此形成有关技术本身、技术竞争环境、竞争对手、竞争策略和战略的分析产品,并组织实施技术创新管理的过程。

技术情报包括以下 5 个方面的含义:

(1)应该关注机构或组织外部环境中,科学技术发展带来的机会和威胁,特别是竞争对手的技术发展态势。

(2)是一项分析性的工作,能够提供对未来科技趋势的预测。

(3)技术竞争情报包括了一个完整的信息分析过程,以及由分析所形成的产品。

(4)技术竞争情报是可能影响竞争者地位的敏感信息,它服务于竞争战略。

(5) 技术竞争情报必须具有时效性。

技术情报既包括服务企业研发活动和技术策略的技术情报服务，也包括服务宏观科技政策与战略研究的科技情报服务，还涵盖了科技文献和科技信息服务；既包括技术发展，还包括与技术相关的科学研究。技术情报服务是广泛渗透到科技创新和管理全过程的。

1.2 技术竞争情报的作用

技术竞争情报是在产业发展过程中，能够辅助技术创新战略制定、促进提高企业核心竞争力和市场地位的情报服务。

(1) 产业技术政策的制定

技术竞争情报通过对技术外部环境的扫描以及对未来技术发展趋势的预测分析，确定未来产业技术发展的重点领域，可为产业技术前瞻性布局和制定相应的技术创新政策提供参考依据。

(2) 为行业技术竞争提供决策支撑

技术情报可以持续监视技术发展趋势，特别是新兴技术和突破性技术；监视外部环境中的政策法规、标准和行业管制的变化；监视技术新市场、新应用；监视生产改进工艺和制造的方法；监视目标领域中和自己从事相似研究的组织和机构等，为企业技术竞争提供决策信息。

(3) 助力企业技术创新战略规划制定

通过对企业相关的外部技术竞争环境监视，企业能够准确研判自身技术在行业环境中的位置，识别出面临的外部机遇和威胁，从而做出针对性较强的战略规划，选择适合自身的技术开发策略。据此，企业可对生产制造、营销和销售、科研投入及资源配置等内部环境做出相应的调整。因此，技术竞争情报可以看作是企业整个战略规划过程中必要的情报输入。

(4) 为技术开发活动提供决策依据

技术竞争情报通过全方位的信息监测，不仅关注技术的基础理论研究动态，也关注应用技术的发展状况，还监视外部技术环境的一系列变化。研究机构根据技术情报监测出的技术发展状况，掌握目标领域中相关的研究动态，快速识别新技术或突破性技术,为确定技术开发方向及加速技术开发进程提供正确的方向。

(5) 为指导企业产品创新提供技术信息

产品创新是企业发展的永恒主题,然而由于技术进步及市场需求的快速变化,产品的生命周期不断缩短,企业在产品创新方面将面临巨大的压力。为降低新产品开发风险,产品创新需要竞争环境和技术环境等综合信息的全面支持。技术竞争情报通过监视市场竞争性产品在技术、功能等方面的状态,分析预测其发展趋势,从而指导企业在产品创新过程中采取先进的材料、技术和工艺,保障新产品在性能和属性方面符合市场需求,降低产品创新风险。

1.3 技术情报理论基础

产业技术情报,是围绕某一特定产业领域进行或形成的技术情报。目前对于技术情报的研究相对较多,针对产业技术情报的研究却并不多,且主要是国内学者在研究。Web of Science 数据库中产业技术情报的相关文献只有 63 篇,多数为国内学者发表。知网中产业技术情报的相关文献有 329 篇,但理论研究少,多为应用研究和案例分析。整体来看,产业技术情报的理论研究引入了产业链理论、知识发现、技术路线图以及技术追赶等理论和方法,但整个领域仍相对零散,体系化和系统化尚有欠缺。

(1) 产业链理论

产业链理论源自经济学,17 世纪经济学家亚当·斯密提出工业生产是一系列基于分工的迂回生产的链条。20 世纪 20 年代马歇尔进一步深化了理论,把分工扩展到企业与企业之间,强调企业分工合作的重要性。随后兴起的供应链、价值链等理论,进一步丰富扩充了产业链理论。在《新编经济金融词典》的定义中,产业链是各产业部门之间基于一定的技术经济关联,依据特定逻辑关系和时空布局关系形成的链条式关联关系形态。产业链的本质是描述一个具有某种内在联系的企业群结构,是一个相对宏观的概念。产业链中大量存在着上下游关系和相互价值的交换,上游环节向下游环节输送产品或服务,下游环节向上游环节反馈信息。

(2) 知识发现

知识发现是一门涉及统计学、数据可视化、机器学习、模式识别、高性能计算机和专家系统等多个领域的研究内容。1985 年，美国情报学家 Don R. Swanson 教授发现了非相关文献的知识发现方法，并证实文献间隐性的关联数量可能远多于显性的相互引用的关联数量，开启了对知识发现的研究。1989 年 8 月，美国人工智能协会组织的第 11 届国际人工智能联合学术会议上明确提出"知识发现"一词，而后将知识发现定义为那些隐含在数据集中但没被发现的存在潜在效用的信息被提取出来，并将这些信息以一种能被人理解和接受的方式呈现出来的特定过程。

(3) 技术路线图

技术路线图是一种结构化的规划方法，1987 年摩托罗拉引入了"技术路线流程图（Motorola's Technology Roadmap Process）"，极大地提升了技术路线图的知名度，促进了技术路线图的广泛应用和发展。20 世纪 90 年代早期，路线图作为对未来工作计划和沟通的一种方式，在硬件和软件公司广受欢迎。技术路线图根据制作主体不同可以分为区域技术路线图、产业技术路线图和企业技术路线图；从绘制过程不同可分为市场驱动的技术路线图、技术驱动的技术路线图以及科学驱动的技术路线图。根据不同应用目的和构建方法，技术路线图还有许多不同的分类，这里就不一一赘述了。

(4) 技术追赶理论

20 世纪 60 年代，经济学家开始探讨后发追赶问题，认为落后经济体可以用技术差距来追赶先进经济体，并形成了追赶理论。1986 年，Abramovitz 提出了"追赶假说"，认为经济发展的初始水平和经济增长速度呈负相关，生产率更低的落后国家将会比发达国家增长更快，他同时也提出了决定落后国家通过吸收国外知识溢出来实现成功追赶的先决条件，即社会能力，也就是广义的吸收能力。1989 年，面对追赶失败现象，Cohen 和 Levithal 用吸收能力进行解释，认为对技术差距优势的利用，需要有相应的吸收能力，这个分析演化为"吸收能力假说"。"追赶假说"和"吸收能力假说"形成了技术追赶理论的基础。

1.4 技术情报的研究内容和应用场景

1.4.1 技术情报研究的内容

技术情报的研究内容可从理论研究和实践研究两个层面开展。在理论研究层面，主要包括技术情报的内涵、研究内容、研究流程、研究模型、研究方法、采用的分析工具、服务模式等理论探讨。在实践研究层面，学界的研究更关注企业层面，包括技术竞争环境的情报研究、技术竞争对手的情报研究、技术竞争战略的情报研究。

（1）技术竞争环境的情报研究

技术竞争环境的监测与分析，是开展技术情报研究的基础。技术竞争环境是指技术竞争的外部影响因素，包括政治、经济、科学、技术、军事、法律、社会文化、技术市场构成与分布、消费者、竞争对手、供应商等。

（2）技术竞争对手的情报研究

技术竞争对手及其各种行为是机构密切关注的焦点，是机构开展技术竞争环境监视的重点，围绕技术竞争对手开展的情报研究是技术竞争情报研究的核心内容。对技术竞争对手的分析包括竞争对手的识别、竞争对手目标和假设的判别、竞争对手战略的识别和判断、竞争对手的实力评估、竞争对手反应分析预测、竞争对手的应对策略等。

（3）技术竞争战略的情报研究

技术竞争战略就是在技术活动中，机构对未来发展方向的选择决策，核心问题是确定机构自己的技术竞争目标与方针，指导机构在技术竞争过程中获胜。技术竞争战略情报研究的主要内容包括：

A. 在对特定环境和竞争对手分析的前提下，研判机构能否进入相应的行业或改变原有部门的发展战略，以及进入的标准有哪些？

B. 在机构现有资源实力的基础上，机构在战略改变过程中如何定位？

C. 在战略制定过程中可以选择哪些战略？

D. 在可选择的战略中最优的实施战略是什么？

E. 在竞争策略实施过程中还需进一步监视的环境和竞争对手的相关因素

有哪些？

F. 影响战略选择和决策的关键情报有哪些？

1.4.2 应用场景

技术情报的应用场景广泛，无论是行业技术创新、企业技术创新，还是区域发展规划、国家政策制定时都有需要。从技术创新过程来看，技术情报需求可贯穿于工程设计、试验验证、项目论证和方案设计等各个阶段。从技术情报的功能来看，可用于市场分析、技术预见、技术体系分析、技术评价、竞争对手分析等，为技术创新活动提供情报支撑、技术早期预警、技术监控及技术分析和预测等决策支撑。

企业技术情报必须以企业业务情报需求为导向，根据不同的需求目标进行整体规划和前瞻性设计，要融入企业技术创新体系中，成为企业科技创新发展的重要支撑。

1.5 本章小结

技术情报的概念、内涵、理论基础等内容一直在不断发展，它随着技术的发展和现实的需求不断地延伸和扩展。本章从技术情报的概念和内涵入手进行梳理，分析了技术情报的作用，介绍了技术情报的理论基础，最后讲解了技术情报的研究内容和应用场景。

第2章 国内外产业技术情报发展现状研究

2.1 产业技术情报发展演化

刘细文和彭靖里等先后对技术情报产生和发展进行了梳理。刘细文将技术竞争情报的发展与演变分为：萌芽、发展、转型和数字化网络化阶段4个阶段；彭靖里等从技术进化的角度将技术情报演化过程分为萌芽兴起、探索形成、创新崛起和调整完善4个阶段。综合来看，技术情报的发展演化过程可以分为以下5个阶段。

（1）第一阶段：萌芽阶段

在19世纪中期，第一次工业革命已经发生，第二次工业革命开始发生，机器劳动替代了手工劳动，技术知识逐渐积累，全球的联系不断加强。与此同时，欧洲开始出现专业性的学术期刊。1830年，英国创办了生物学期刊《动物学杂志》，法国创办了地质学专业期刊《法国地质学会通报》，德国创办了《化学文摘》。技术情报开始萌芽。

（2）第二阶段：探索阶段

19世纪末20世纪初，资本主义经济不断发展，科学和技术开始与工业生产相结合，技术落后的企业被新技术企业挤垮，企业竞争加剧，企业开始组建实验室、与大学合作以寻求新技术。此时，大量学术期刊已经问世，许多国家成立了由学者组建的专业学会。为了更好地促进科学和技术的发展，学会开始了技术情报工作。1915年，德国威廉皇家学会组织开展了"电力科学和机械制造发展前景与技术的研究"等一系列前沿技术的专题技术情报研究工作，推动电力产业技术的发展。在此阶段，技术情报工作主要是科技文献信息服务。

(3) 第三阶段：形成阶段

第二次世界大战开始后，飞机、坦克等军械制造技术以及电子通信技术的发展极大程度地影响了军事战争的成败。为了战争需要，法西斯轴心国以及反法西斯同盟投入了大量精力发展相应的科学技术，制造新式战争武器。与此同时，技术情报工作也得到了高度的重视。1939 年英国政府选定物理学家 R. V. Jones 作为情报人员分析德国的"新式武器——导航炸弹"，经过观察和分析，Jones 发现德国建立了一套炸弹导航系统——Knickebein，并采取了对应技术措施，与德国开展了一系列的技术竞争，有效地防范了德国飞弹威胁。Jones 开创了现代科技情报工作的先河，被誉为"科技情报之父"。第二次世界大战结束后，以美国为主的资本主义阵营和以苏联为主的社会主义阵营陷入冷战，美苏开启了军备竞赛，并陆续成立了一批科技情报机构，将科技情报和军事情报工作相结合。这个阶段，技术情报工作发展为对敌方技术的监测和分析，形成了技术情报工作体系。

(4) 第四阶段：转型阶段

冷战结束后，技术竞争情报的工作重点从军事领域转向经济领域，原来从事政府情报工作的人员开始进入企业开展情报工作。20 世纪 80 年代初期，在美国中央情报局前国家科学技术情报官 Jan P. Herring 的领导下，摩托罗拉成为首个拥有正式技术情报服务部门的企业，拥有 10 位专职工作人员并具有公司 5 个运营分部的部分职能。这个阶段，技术竞争情报从军事技术情报转向了企业技术情报。

(5) 第五阶段：数字化阶段

20 世纪末、21 世纪初，由于信息技术和互联网技术的飞速发展和广泛应用，信息资源大量涌现，分析理论、分析方法和分析工具不断创新，形成了专利分析、文献分析、技术路线图、知识图谱等众多分析方法。现在，技术情报工作进入数字化阶段。

2.2　国内外产业技术情报发展现状

2015 年，郑艳红和吴新年统计分析了 WoS 中 1994—2013 年技术竞争情报研究领域的文献，研究发现技术竞争情报是一个多学科交叉的主题，研究对象包括国家宏观层面，产业中观层面以及企业、重点技术领域等微观层面，研究方法经历了从定性分析到定量分析的发展过程，研究热点和研究前沿是专利挖掘。现在，技术情报领域研究已进入了加速发展时期。

2.2.1 中国

我国于 1956 年 10 月成立了中国科学院科学情报研究所（现改名为中国科学技术信息研究所），这是我国成立的第一个科技情报研究机构。

1958 年 5 月国务院批准了原科学规划委员会和原技术委员会提出的《关于开展科学技术情报工作的方案》，确定了我国科学技术情报工作的任务、管理体制、机构设置以及建立国内科技情报网的原则等。方案确立了我国科技情报的工作任务是："报道最近期间在各种重要的科学技术领域内，国内外的成就和动向，使科学、技术、经济和高等教育部门及时获得必要的情报和资料，便于吸收现代科学技术成就，节省人力时间，避免工作重复，促进我国科学技术的发展"。在随后一年多的时间里，我国各级部门共建立了 50 多个专业情报机构，全国建立了 7 个地区综合情报所，出版各种情报刊物 457 种、科技文摘 28 种、快报 20 多种。

1978 年，改革开放前夕召开了全国科学大会。会上提出要构建地区性和行业性的科技情报网络，搜集国内外科技情报资料，加强科技情报分析和研究，尽快实现科技情报工作现代化。至此，我国科技情报工作主要是在政府主导下开展，服务于政府战略需要。

伴随改革开放的浪潮，我国开始引进和吸收国外科技情报理论和实践经验，科技情报工作逐渐与市场和企业结合起来。1994 年，全国竞争情报与企业发展研讨会召开，这是我国首届召开的全国性以竞争情报为主要内容的研讨会。随后，1995 年中国竞争情报年会的主题被定为"市场经济条件下情报研究（信息咨询）工作发展对策"，1997 年年会的主题是"企业信息化与竞争情报咨询服务"。

现在，我国仍在引进国外先进的科技情报理论和实践经验，同时也在加强自身的科技情报理论和实践研究，引入了许多经济学、社会学、管理学等领域的方法和理论。此外，面对互联网时代下海量数据，相应的研究方法和工具也成为我国的热门研究方向之一。

2.2.2 美国

美国是情报大国,很早就开展了技术情报研究,并且是官方的技术情报研究。1950年,时任美国中央情报局局长的沃尔特·比德尔·史密斯(Walter Bedell Smith)和副局长威廉·哈丁·杰克逊(William Harding Jackson)对中央情报局进行了改革,其成立的研究与报告处负责开展科学、技术和经济情报研究。

然而,由于美国科技水平居于全球领先地位,企业的技术研发实力强劲,缺乏来自技术竞争的压力,因而企业对技术情报工作重视程度不高。20世纪90年代,面对欧洲和日本在电子信息、精密制造和航空航天工业等高技术产业领域的创新突破和成果转化应用加速带来的挑战,美国联邦政府加强了对技术创新和技术竞争情报工作的宏观引导,相继成立了美国国家标准与技术研究院(NIST)和美国生产力与质量中心(APQC)等组织,实施国家"先进技术规划"(ATP),并先后发明了技术路线图(Technology Roadmap,TRM)等技术竞争情报分析和规划工具,重点开展针对产业共性技术(IGT)研发及产业化发展的技术竞争情报研究与服务,取得了明显的效果,逐步形成了政府引导、企业为主体和为技术创新战略服务的技术竞争情报发展模式。

2.2.3 日本

日本作为技术情报大国之一,很早就开始跟踪国外技术情报,并以此实现了技术追赶。早在1958年,根据《日本贸易振兴法》,在海外市场调查会的基础上成立了日本贸易振兴会,负责收集和整理国外经济和科技情报,并向日本通产省等政府部门和日本国内企业提供。

1969年,《日本全国科学技术情报计划》中提出了在中小企业团里设立"中小企业情报中心",其后,在日本中小企业情报中心的指导和资助下,在都道府县建立了3个地区性中小企业情报中心,其主要任务是收集、加工、整理情报,并向中小企业提供国外技术经济情报、市场交流经济情报、适用技术情报,以及国家政府机构、公司、厂家人事变动等情报,这些工作对指导情报服务业的发展起到了重要作用,加速推进了情报事业的发展。

进入20世纪90年代后,日本政府从政策、资金、人员等多方面进行支持,组建了以政府机构为主,大学、企业、事业单位以及非营利组织共同参与的科技情报信息系统。2000年后，日本开始注重专利和论文等科技文献情报。2004年日本国家工业产权信息与培训中心（INPIT）接管了专利厅负责的专利电子图书馆的运营业务，专利电子图书馆（IPDL）则新开发了专利地图（Patent Map）制作与文件索引（FT）搜寻服务等职能。

目前日本所有的跨国公司都设立了专职的科技情报部门，利用公开的出版物、数据库监视技术动向，识别重要的未来技术发展领域，另外还通过向海外派驻情报收集人员，与大学、研究机构等建立密切的联系来获得最新的技术竞争情报。

2.2.4 德国

第二次世界大战爆发前，德国在电子、机械等多个领域技术先进，企业注重技术、工艺的探索、开发和应用，技术情报工作主要是在企业内部零散地开展。进入20世纪70年代后，德国加强了技术情报工作在政府中的作用，将科技情报纳入了国家法律的范畴。70年代初，德国通过了"联邦德国政府促进情报与文献工作发展规划（1974—1977）"，从此国家对情报文献工作实行全面干预，贯彻一条促使体制结构集中化和统一协调的方针。70年代末，德国内外政治经济和技术发展形式发生急剧变化，信息技术迅猛发展，上述规划由于不能适应新的形势，联邦政府决定全面调整全国的专业情报方针政策，又制订了一个新的"专业情报工作发展规划（1985—1988）"。

德国无论是企业还是政府部门或科研机构，都相当注重技术竞争情报的工作。1979年德国建立的德国技术规则信息中心（DITR）向中小企业提供技术标准竞争情报，以改善出口产品的质量和售后服务，调整出口战略，德国的各类技术转移中心也面向中小企业提供信息咨询、竞争数据、月度技术竞争情报更新和面向特定用户的技术预警等技术竞争情报产品和服务。据20世纪90年代的一项调查显示，在德国56.3%的大中型企业均设立了正式的技术情报部门，其中西门子等7家跨国公司都设立了专门的科技情报机构，对技术竞争情报进行有组织的长期搜集、跟踪和深入分析研究。费朗霍夫协会（FHG）等组织高度重视技术情报工作，在技术创新研究和成果转移转化工作开展过程中，始终把技术竞争情报活动放在首位。为有效跟踪世界技术发展动向，及时掌握各国技术研究与转移的竞争态势和新产品市场前景，建立号称为"技术雷达"的技术竞争情报网络，并根据其变化调整科技创新和研究方向及策略，从而保证 R&D 活动的针对性和技术成果转移的有效性，同时也增进了研究机构与产业界的联系。

2.2.5 法国

法国很早就创立了一些科技期刊，建立了很多分散的专业文献中心进行文献搜集。1970 年，法国在第六个五年计划中提出了要组建全国科技情报网，隶属于情报网内的成员单元共享国内情报，也可以与国外情报机构联机获取国外科技情报。其后，为了更好地支持产业和企业的科技创新工作，法国开始组建区域科技情报处，扩大科技情报服务范围，向产业和企业提供科学技术文献和数据。

2004 年法国推出"竞争力集群"政策，希望借助产、学、研不同主体优势资源的整合，来提升区域创新水平与产业技术的国际竞争力。经过两期政策共计 30 亿欧元的投入，目前已形成由 71 个集群构成的国家产业技术创新网络。

2.3 国内外产业技术情报发展特征

随着社会的变迁、理论和技术的发展，国内外产业技术情报发展呈现出以下 4 个特征。

2.3.1 信息来源越来越多

最开始，技术情报的信息源是人际情报，技术情报的获取主要通过熟人探听、间谍等方式获取。学术期刊和专利文献出现后也被纳入技术情报的信息来源，拥有大量文献资源的图书馆成为技术情报信息来源之一。随后，互联网技术的发展，不仅使以往的纸质信息资源电子化，而且提供的更快更便捷的传播渠道和海量的空间也促进了信息资源的增长。此时，新闻报道、社交媒体、博客文章等互联网上各类信息都已成为技术情报的信息来源。

2.3.2 分析方法越来越多

伴随理论的发展，技术情报的分析方法也在不断发展和增加。从观察法到专利分析和引文分析,再到如今,许多统计学、社会学、经济学以及计算机领域的分析方法都被引入技术情报的方法领域。譬如,情景分析法、SWOT分析法、文献法、文本挖掘、知识图谱等。而且,由于信息来源丰富,海量数据涌现,数据分析工具和方法越来越成为技术情报分析的主要方法。

2.3.3 应用范围越来越广

技术情报的应用范围不仅限于技术识别,还可以应用到实验室研究、开发研究和产业化、商品化整个技术创新过程中,成为企业和区域战略规划的重要参考和工具。随着技术情报分析的发展,无论是自主创新还是技术引进,或者是技术投资,都被纳入技术情报的应用范围。

2.3.4 服务模式越发多样

一开始,大多数技术情报服务模式是机构自己的专设人员或者部门进行分析研究,以满足机构自己的需求。随着技术情报服务市场的增长,开始出现第三方专业化的技术情报服务机构,出售情报产品。作为第三方的情报服务机构,面对不同的市场需求产生了多样的服务模式。有的时候是先形成了情报产品,再从市场上销售给有需求的客户;有的时候是根据客户的需求形成定制化的情报服务产品。除了付费服务,技术情报服务出于宣传或者公共服务等目的,也可免费服务。

2.4 本章小结

产业技术情报的发展经历了萌芽、探索、形成、转型和数字化 5 个阶段。各国由于其技术发展的过程各不相同,技术情报发展过程也有差异。现阶段,我国的产业技术情报发展呈现出信息来源、分析方法多样、应用范围广泛、服务模式多样的特点。

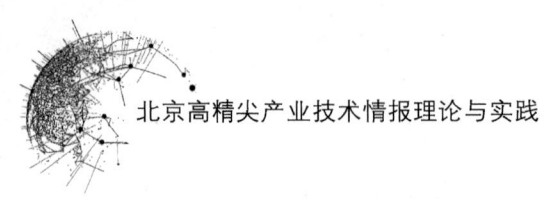

第3章 新时期北京高精尖产业技术情报发展形势分析

3.1 北京高精尖产业技术情报发展的必要性

当前,世界正处于深刻变革之中,新一代技术革命正在发生,全球高精尖产业技术竞争日益激烈。北京作为我国技术力量最为雄厚的地区之一,高精尖产业技术优势较发达国家和地区仍有不足。开展高精尖产业技术情报需求分析能为北京高精尖产业更好地提供技术情报服务,为北京高精尖产业发展提供保障。

3.1.1 全球高精尖产业技术竞争日益激烈,抢夺全球技术制高点迫切需要技术情报支撑

习总书记曾讲过,当今世界正处于百年未有之大变局,国际格局和国际体系正在发生深刻调整,全球治理体系正在发生深刻变革,国际力量对比正在发生近代以来最具革命性的变化。亚洲制造业不断兴起,技术创新越加活跃,与此同时,西方欧美正在面临老龄化难题,经济发展出现颓势。

科学技术作为经济发展和时代进步的核心要素,是破解当今变局的最佳手段。高精尖产业是以技术密集型产业为引领,以效率效益领先型产业为重要支撑的产业集合,是科学技术产业化的集中体现。近年来新一轮科技革命和产业变革蓄势待发,全球在高精尖产业的技术竞争日益激烈。

美国2018年发布《先进制造业美国领导力战略》,明确了未来四年的三大目标,提出要开发和转化新的制造技术,要在智能制造、新材料、医疗、电子设备等领域展开行动;2020年发布《关键与新兴技术国家战略》,强调

要保护技术优势,要在关键与新兴技术领域保持全球领先地位,并明确了20项关键与新兴技术的清单。德国联邦政府2018年出台《高科技战略2025》,重点革新科研政策,并首次提出产业集群战略,促进科研和创新,加强德国核心竞争力;2020年发布《国家生物经济战略》和《国家氢战略》,旨在确保生物经济在全球领先地位,建立氢能技术国际市场。俄罗斯政府委员会2020年批准了《俄罗斯联邦量子通信发展路线图》,旨在发展光纤、大气和卫星量子通信技术。日本内阁2019年发布《创新综合战略2019》,提出要在人工智能、生物技术和量子技术等关键技术领域实现突破。韩国2020年发布《AI人工智能半导体产业发展战略》,希望通过韩国良好的半导体制造能力,大力培育人工智能半导体,到2030年占据全球AI芯片市场20%的份额;同年还发布了《5G+战略发展现状及未来计划草案》培育5G+战略产业。

3.1.2 北京高精尖产业技术优势与发达国家相比仍有不足,加快技术创新突破需要技术情报支撑

北京高精尖产业技术近年来取得了一些突破,但与发达国家相比仍有不足。根据北京市人大常委会财政经济办公室发布的《关于北京市"十四五"时期推进高精尖产业发展的调研报告》显示,2018年北京市高技术制造业占制造业的比重为31.6%,高于上海的20.9%,但低于深圳的66.6%,与2017年美国47.0%、日本56.8%、德国61.7%相比也是不足。2018年北京市制造业R&D经费占主营业务收入比重为1.7%,低于国际2%~3%的平均占比,部分产业链存在严重的"卡脖子"问题。麦肯锡全球研究院曾对中国与美国在33个工业领域的科技实力进行了对比,中国在客户中心和效率驱动方面具备一定的优势,但在科学研究和工程技术创新上相对落后,高精尖产业的发展亟须在关键领域、核心技术方面取得突破。33个领域的具体分析显示,我国目前在家用电器、建材、铁路和高铁技术、风力涡轮机和电力设备、太阳能电池板和石油天然气设备等十多个领域领先美国,但在其他20余个技术领域均落后于美国,尤其在商业航空器、半导体、生物机器、特种化工和系统软件等方面和美国差距较大。比如芯片领域,美国很早就在芯片理论上取得突破并且形成技术和行业垄断,技能难度和附加值较高的IC规划层级由美国企业掌握绝对优势,我国企业目前在晶圆代工和封装测

试阶段有一定的空间。

此外,根据陈媛媛和赵宏伟的研究来看,北京在高精尖产业前沿技术和关键核心技术方面仍缺乏高精尖产业的前瞻性技术储备,且拥有核心知识产权的关键性创新技术不多。数据显示,2016年,全国高精尖产业消化吸收与引进技术经费之比为9.0∶100,北京仅为0.9∶100,在全国主要省市中居末位,北京对引进技术的依赖程度过高,不利于自主创新能力的提升。电子及通信设备制造业是北京高精尖产业的主导产业,但核心芯片、核心电子元器件仍高度依赖于美国、日本等国家;集成电路制造设备市场呈高度垄断的局面,如全球浸润式光刻机仅有荷兰、日本与美国能供应,国内还无法提供;人工智能领域北京多集中在应用层,而在高端、前沿的核心技术领域竞争力较弱,如神经形态芯片技术、脑认知机理和计算模型、量子计算机等核心专利仍掌握在国外企业手中。加快北京高精尖产业技术研发攻关离不开技术情报的支撑,通过技术情报对行业领域的技术现状进行全方位扫描,能够帮助技术攻关团队优化技术创新方案,从而加速创新的进程。

3.1.3 制定准确的高精尖产业技术发展战略布局需要技术情报支撑作为保障

高精尖产业技术情报是高精尖产业制定技术创新策略,优化技术创新活动的重要支撑,是高精尖企业参与市场竞争的重要保障,也是政府制定高精尖产业战略的重要参考,可以促进高精尖产业健康有序发展,是经济产业发展的重要保障。

高精尖产业技术情报需求分析是高精尖产业技术情报服务开展的第一步,也是高精尖产业技术情报服务流程的重要环节。真正地做好了高精尖产业技术情报需求分析,才能有的放矢地进行高精尖产业技术情报活动,快速地产出具有应用性的高质量情报产品,为高精尖产业技术活动和高精尖产业发展提供支持和保障。因此,无论是政府制定高精尖产业技术创新政策,还是企业制定技术创新战略,都需要技术情报专业团队提前开展技术发展动态跟踪分析、技术环境分析,预测未来特定时间段技术发展的重点领域,为高精尖产业技术发展战略布局提供参考依据。

3.2 北京高精尖产业技术情报发展环境

高精尖产业是技术密集型产业，技术投入高、风险性强，产业技术的发展更需要产业技术情报作支持。北京作为技术研发的高地，拥有良好地高精尖产业发展基础，北京市政府近些年也在不断推进产业结构向高精尖领域发展，打造高精尖产业经济。北京发展高精尖产业的紧迫性，为技术情报的进一步发展提供了良好的环境。

3.2.1 北京市着力打造高精尖产业经济结构的战略定位为技术情报发展提供了重要机遇

2014 年，习近平总书记在视察北京工作时指出，北京要放弃发展"大而全"的经济体系，腾笼换鸟，构建"高精尖"的经济结构，使经济发展更好地服务于城市战略定位。自此，北京市政府一直在着力推进产业结构调整升级，打造高精尖产业经济。

2016 年初，经北京市政府批准，北京市经济和信息化委员会与北京市财政局共同成立高精尖产业发展基金，计划总规模 200 亿元，旨在采取政府引导、市场化运作方式，优化北京高精尖产业资源配置方式，促进高精尖产业发展。为规范北京高精尖产业发展基金的管理和使用，北京市经济和信息化委员会与北京市财政局制定出台了《北京高精尖产业发展基金管理办法》。

2017 年底，北京市委市政府制定了加快科技创新构建高精尖经济结构系列文件，针对新一代信息技术产业、集成电路产业、医药健康产业、智能装备产业、节能环保产业等产业分别提出了指导意见，市委市政府要求北京市有关部门单位抓紧完善配套政策措施，加强政策宣传解读，释放更加强烈的创新发展信号，形成加快科技创新构建高精尖经济结构的良好氛围。随后，《北京市人民政府关于加快科技创新构建高精尖经济结构用地政策的意见（试行）》《关于财政支持疏解非首都功能构建高精尖经济结构的意见》《关于优化人才服务促进科技创新推动高精尖产业发展的若干措施》出台，进一步推进高精尖产业的发展。

2021 年 8 月，北京市人民政府公开印发《北京市"十四五"时期高精尖产业发展规划》，对"十四五"时期北京市高精尖产业发展作出部署。9月，市政府出台《北京市关于促进高精尖产业投资推进制造业高端智能绿色发展的若干措施》，促进产业基础再造提升和产业链优化升级。

此外，针对具体的高精尖产业，北京市也出台了相关的指导政策。譬如，2021年北京市人民政府印发的《北京市加快医药健康协同创新行动计划（2021—2023年）》和《关于支持发展高端仪器装备和传感器产业的若干政策措施》、北京市经济和信息化局发布的《北京工业互联网发展行动计划（2021—2023年）》等。各项政策均表明北京发展高精尖产业的决心。高精尖产业作为新兴产业，离不开大量的技术创新活动，而技术创新活动更是需要技术情报作为支撑才能高效地实现突破。

3.2.2 北京打造高精尖产业技术创新高地为技术情报发展提供了广阔的需求市场

作为国际科技创新高地，北京拥有高精尖产业技术创新的雄厚资源和实力。北京高端人才集聚、科技基础雄厚，拥有北京大学、清华大学等近百所普通高等院校，中国科学院、社会科学院等各类科研院所，组建了量子信息科学研究院、脑科学与类脑科学研究中心等多种新型研发机构，全市研发人员超过40万人。据2019年数据显示，中国科学院833名院士中，北京地区有433人，占比为52.0%；中国工程院924名院士中，北京地区有397名，占比为43.0%。此外，北京科技研发投入强度全球领先，研发投入占GDP比重连续保持6%左右，英国的《自然》杂志对全球500个城市科技科研产出能力指数的排名中，北京自2016年以来一直位居全球科研城市的首位。此外，北京科技型企业聚集。北京约有60万家科技型企业，其中独角兽企业93家。北京还是全球500强企业聚集最密集的城市，全球大概14%的500强企业的总部都在北京，国外500强企业70%以上都在北京设有机构，并且很多都是研发机构。

雄厚的科技创新资源为北京打造高精尖产业技术创新高地奠定了坚实的基础，也为技术情报的发展打开了广阔的需求市场。技术竞争情报通过外部技术环境扫描、技术动态监测等方法，多方位支撑创新主体快速研判技术创新领域及技术创新阶段，助力创新主体加速技术创新的进程，为北京抢占高精尖产业技术制高点赢得机会。

3.2.3 北京加快高精尖产业结构转型的战略需求加速了技术情报的升级发展

高精尖产业已成为首都经济发展的重要支撑。经过多年发展，2020年，北京高精尖产业实现增加值9885.8亿元，占地区生产总值比重达27.4%；高技术产业和战略性新兴产业增加值较2015年分别增长56.9%和58.5%，占全市工业的比重达27.7%和34.6%，培育形成了新一代信息技术、科技服务业2个万亿产业集群，人工智能、医药健康、智能装备、节能环保4个千亿级产业集群。根据《北京市"十四五"时期高精尖产业发展规划》，到2025年，北京高精尖产业增加值占地区生产总值比重将要达到30%以上，以高精尖产业为代表的实体经济根基更加稳固，基本形成以智能制造、产业互联网、医药健康等为新支柱的现代产业体系，将集成电路、智能网联汽车、区块链、创新药等打造成为"北京智造""北京服务"的新名片。但就目前而言，北京高精尖产业发展仍面临众多核心技术有待突破、部分关键技术受制于国外等问题，迫切需要技术情报服务体系提供精准、高效的技术情报作为决策支撑，这对传统的技术情报服务体系向广（技术外部环境的全面扫描）、快（提供快速及时的技术情报产品）、精（提供精准的技术情报信息）、深（提供具有深度加工分析的情报内容）的技术情报服务体系转型升级提出了新的要求。

3.3 北京高精尖产业技术情报服务对象

为特定的技术创新全局性决策或具有重大影响的决策提供引导、完善、支撑等作用的科技情报研究，在产业领域往往涉及产品谱系、重大产品、技术方向、运营模式等，取决于服务对象的职能和具体需求。

根据高精尖产业技术情报服务主体的不同，可将服务对象分为政府部门和企事业单位两类。

政府部门是产业政策和技术发展战略的决策单位，对产业技术发展路线、区域产业技术优势、区域产业技术短板等技术情报都有强烈的需求。全面完整的产业技术情报是政府部门制定高效产业发展战略的有力支撑，有助于降低产业技术发展过程中的不确定性和风险性，弥补产业技术薄弱环节，推进产业优势技术的前沿探索，引领和扶持产业更好地发展。

企事业单位是高精尖产业技术的开发单位和应用单位，对产业领域内的新原理、新方法、新工艺等技术创新，以及产业内不同企事业单位的技术研究进展都有直接需求。有效的产业技术情报可以帮助企事业单位确定本单位的发展战略和技术创新方向。

根据高精尖产业领域对科技情报服务的不同需求，可将产业技术情报服务对象分为4个层级：

①技术管理决策者。此类用户主要从事宏观战略规划决策和顶层设计，需要了解行业最新发展战略、最新政策和前沿技术等信息，希望获得战略分析、产品体系研究、技术谱系及发展路线研究等经过分析研究和总结提炼后形成的研究成果。

②专家智囊团。此类用户是产品研制过程中相关专业领域的技术领导者、技术带头人和责任人，负责制定本专业领域的技术谱系和技术发展路线，主持专业技术方案的论证工作，希望获得本领域有关关键技术发展动向、新型技术发展及应用情况等方面经过系统梳理、分析研究和总结提炼产生的综述类和技术类研究报告，以及能反映前沿技术进展的高价值的一次文献。

③科研设计和管理人员。此类用户主要关注产品设计、研发、评估和测试等方面的技术解决方案，以及国内外先进企业的科研设计管理模式和经验等。对情报服务的需求包括能够还原外部的技术细节和做法，包含具体技术参数和数据等的研究报告和高价值原始文献。

④生产和制造人员。此类用户主要对国内外先进生产线技术、先进工艺等方面的信息和知识感兴趣。

3.4　北京高精尖产业技术情报需求特征

"高精尖"一词在汉语词典里有两个释义，一是指高级、精密、尖端的技术或产品，二是指产品及其生产技术高级、精密，处于时代领先地位。北京市出台的《北京市十大高精尖产业登记指导目录（2018年版）》中，纳入重点引导和支持的10个行业大类，如新一代信息技术、集成电路、医药健康、智能装备、节能环保等高精尖产业，整体来看技术呈现出高级、精密的特点。

由于技术性强，北京市高精尖产业技术情报需求呈现出需求类型的多样性、需求响应的时效性以及需求满足的复杂性的特点。

3.4.1 需求类型的多样性

高精尖产业情报需求主体越来越多样化，需求领域和情报诉求各异，使得高精尖产业情报需求呈现出多样性特征。

不同主体的情报需求不同。政府部门关注技术发展现状和技术发展趋势，科研院所关注技术热点、技术前沿和技术瓶颈，企业则关注技术工艺、技术成熟度以及竞争对手的技术动向等。同类机构的不同主体需求也有差别，小型企业和地方政府更关注当地的技术情报，国家部委和大型企业更专注国际的技术情报。

不同产业技术决策目标对产业技术情报的需求也不同。以技术突破为目标时需要技术工艺、技术参数等情报，以技术投资为目标时需要技术成熟度、技术发展前景等情报，进行技术创新决策时需要技术热点、技术前沿动态、技术发展趋势等情报，不一而足。

3.4.2 需求响应的时效性

科技的快速发展和区域技术竞争日趋激烈，塑造了北京高精尖产业技术情报需求响应的时效性。随着新一轮科技革命的迅猛发展以及百年变局下国际竞争格局日益激烈化，使得发展高精尖产业技术越来越迫切。为此，高精尖产业用户对技术情报需求时效的要求越来越高。只有及时准确的技术情报才能够保证用户在竞争的过程中保持竞争优势，获得先机。

3.4.3 需求内容的个性化

互联网时代下信息井喷式泛滥，科技信息量大、来源广泛且通过互联网分散在网络的每一个角落，而现有的诸如百度、搜狗等搜索引擎难以满足集中搜索的需要，结构化行业数据库也未向搜索引擎开放，人人皆媒体加上流量寡头时代的到来，越来越精准化的分发推荐机制，造成了信息时代的割裂，千人千面，每个人看到的东西都不一样，造成信息过载、流量焦虑，也加速了个人IP时代的到来，每个人都会形成自己的个性，打造属于自己的IP。技术情报用户虽然易于获得信息，但信息资源的割裂反而使得用户对全面性和精准性要求越来越高，用户的多元化、个性化特征越来越明显，能够满足用户个性化需求且精准的技术情报产品成为用户的迫切需要。

3.5 本章小结

北京作为我国技术创新的高地，无论是新一代技术革命发展和全球高精尖产业技术竞争带来的现实需求，还是北京高精尖产业结构转型的需要，都对高精尖产业技术情报提出了需求。北京高精尖产业技术情报在服务支撑政府部门和企事业单位的技术管理决策者、专家智囊团、科研设计和管理人员、生产和制造人员时，其需求呈现出多样性、时效性和个性化的特点。

第4章 新时期北京高精尖产业技术情报服务的供给范式研究

4.1 供给主体特征分析

北京高精尖产业技术情报服务的供给主体既包括政府部门、高等院校，也有行业协会、科技情报研究机构。不同的服务供给主体其定位和资源不同，形成了产业技术情报服务过程中各自的优势和劣势。

4.1.1 科技情报研究机构

科技情报研究机构是从事科学技术情报服务的专业机构，包含营利性和非营利性机构。科技情报研究机构一般拥有丰富的数字资源、专业化的分析工具以及技术人才。然而，科技情报研究机构存在与产业脱钩的缺陷，而且相较于情报分析专业人员，具有一定行业领域专业知识背景的专家队伍薄弱，适合从事长期的技术动态跟踪和产业内技术热点分析。

4.1.2 政府部门

政府部门拥有立法、司法和行政权，是向社会和公众提供公共服务的单位，高精尖产业技术情报服务也是政府向社会提供公共服务的重要内容。政府部门拥有庞大的组织架构，其行使的行政职能使其与社会的方方面面相接触，构建出广泛的信息渠道和信息资源。然而，高精尖产业技术情报服务只是政府部门众多职能中的一小部分，政府职员的招聘目标与此并不相干，由政府进行产业技术情报服务时专业人员缺乏保障。因此，大多数时候政府是作为组织单位调动多方资源协作生产产业技术情报服务产品来供给社会。

4.1.3 高等院校

在产学研合作的大背景下，北京市高等院校一定程度地参与高精尖产业技术情报服务的供给中。高等院校拥有丰富的人才，专业知识雄厚，图书馆和数据库等信息资源丰富。然而，高等院校最重要的职能是实行普通高等学历教育，产业技术情报服务不是高等院校的重点工作。而且，高等院校与产业的连接并不紧密，较之技术知识，理论知识更为丰富。因此，在提供高精尖产业技术情报服务时，高等院校偏重于基于已有基础提供技术发展趋势和技术预测等方面的技术服务内容。

4.1.4 行业协会

行业协会是聚集了同行业法人和自然人，加强业内交流、促进行业发展的机构。服务行业企业，提供行业技术情报是行业协会的工作之一。行业协会渠道众多，与产业连接紧密，能够汇聚众多行业领域专家，熟悉产业技术应用情况和发展动态。然而，行业协会缺乏专业的技术情报分析人才，数据库和分析软件等资源薄弱，需要深入挖掘分析的技术情报服务能力不足。

4.2 技术情报供给结构

技术情报服务产品可以分为公共产品和定制化产品，具体供给结构如图 4.1 所示。

技术情报公共服务产品是指向整个市场公开发布的技术情报服务产品，内容包括理论研究、技术体系分析、技术预见、外部环境分析等，主要由政府部门、大学院校、行业协会等非专业情报服务机构提供。譬如 2015 年由国家制造强国建设战略咨询委员会发布的《中国制造 2025》重点领域技术路线图，提供了新一代信息技术产业等 10 大领域从 2015 年到 2025 年，再到 2030 年的详细技术路线图。还有 2020 年清华大学教授、国家智能网联汽车创新中心首席科学家李克强在"2020 世界智能网联汽车大会"发布了《智能网联汽车技术路线图 2.0》，提供了智能网联汽车未来 15 年的技术

第一篇　理论篇

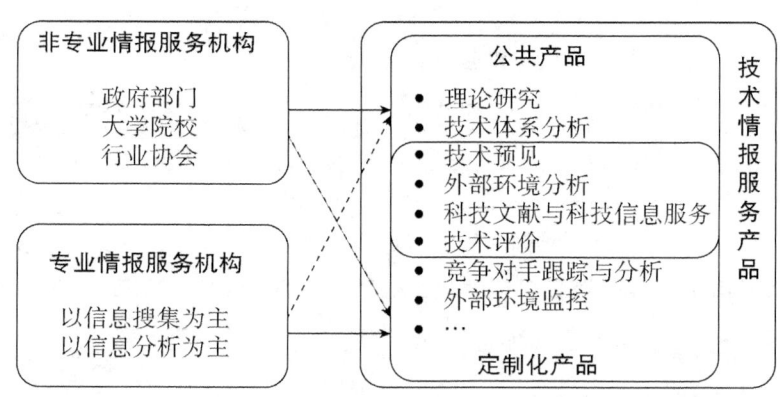

图 4.1　技术情报供给结构

发展路线。

技术情报定制化产品既有根据用户特定需求定制的产品，也有专业情报机构根据机构优势业务和市场需要定制的产品，主要由专业情报服务机构提供，内容包括科技文献与科技信息服务、竞争对手跟踪与分析、技术评价、外部环境监控等。其中，以信息搜集为主的专业情报服务机构主要提供科技文献与科技信息服务、竞争对手跟踪与外部环境监控等服务，以信息分析为主的专业情报服务机构主要提供竞争对手分析、技术评价、竞争战略分析等服务。

在技术情报服务产品中，公共产品和定制化产品并不是泾渭分明的。公开渠道上没有需要的技术体系分析、外部环境分析等公共产品时候，用户就会寻求专业情报机构帮助，去定制需要的技术服务产品；而一些定制化产品，情报服务机构出于公益或宣传等目的也会作为公共产品公开发布。

4.3　技术情报供给范式

根据当前高精尖产业技术情报的供给需求以及各技术情报供给主体的实际供给服务，笔者对技术情报供给范式总结如图 4.2 所示。

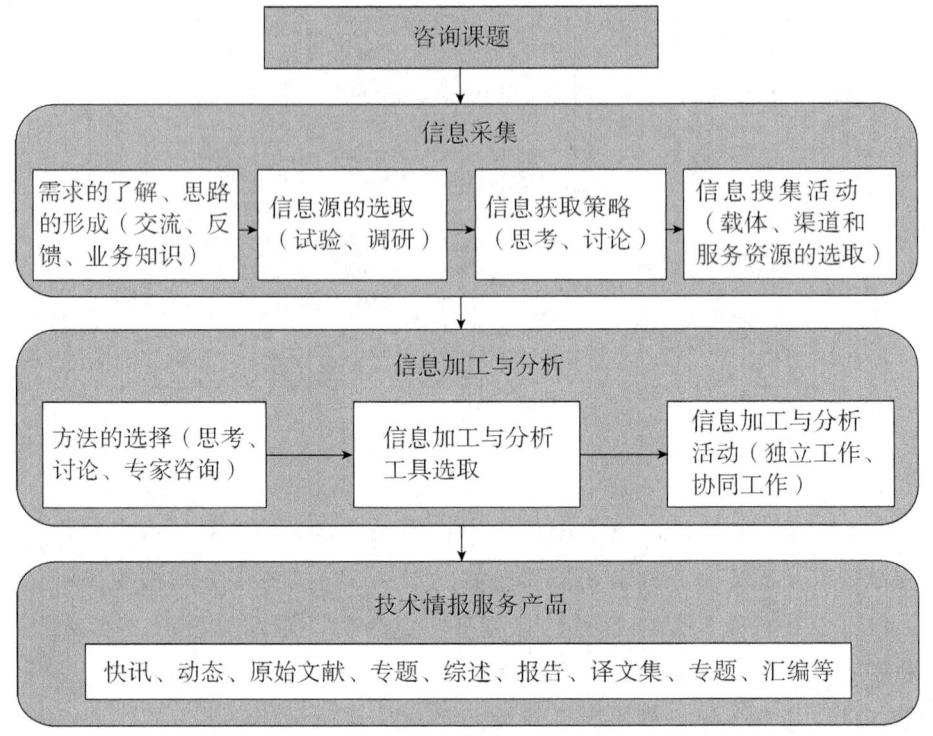

图 4.2　技术情报供给范式

4.4　本章小结

情报的供给来源主要有科技情报研究机构、政府部门、高等院校和行业协会。不同供给单位由于其职能定位、人员资源等差异，供给的情报产品各有特色。总体来看，科技情报研究机构主要负责供给定制化的情报服务产品，政府部门、高等院校和行业协会供给情报公共产品。情报供给范式由信息采集、信息加工与分析、技术情报服务产品三大步骤组成。

第5章　新时期北京高精尖产业技术情报服务体系构建

5.1　新时期高精尖产业技术情报服务体系构建原则

在新时期，构建高精尖产业技术情报服务体系应遵循以下4个原则。

（1）需求导向原则

以需求为导向，就是在产业技术情报服务的过程中，以产业健康向上发展的需求为导向，以企业等产业内主体的需求为导向。产业技术情报服务的构建是为了向产业提供情报支持，促进产业快速有序发展。以需求为导向，才能使产业技术情报服务方式和产品良好地贴合市场需要，有效地为产业内主体的发展服务。

（2）政府引导原则

在政府的引导和宏观调控作用下，可以将公共资源向短板倾斜，有利于技术情报服务体系的完善，促进技术情报服务体系优化。此外，政府具有良好的组织能力和调配能力，能够促进多方的协同合作，发挥各方优势形成合力，为构建高精尖产业技术情报服务体系提供保障。

（3）协同推进原则

高精尖产业技术情报服务体系应围绕产业技术和产品的"项目论证—工艺设计—实验验证—制作方案设计"整个技术创新的全过程。在这个过程中，技术情报服务主体来自不同行业领域，情报服务需求各不相同，对情报内容和产品的要求也越来越向纵深化、精细化发展，对技术情报产品产生的速度要求越来越快、准确性要求越来越高。因此，要做好技术情报服务，需要具有深厚专业知识的行业领域专家、政府部门领导、技术情报分析专门人员协同工作才能做好相关支撑。

（4）普适性原则

技术情报体系的构建不仅要具有前瞻性，能够满足未来一定时期技术情报服务的需要；还应该具有普适性，适用于所有高精尖产业技术情报服务支撑的需要。由于高精尖产业是新兴产业，其发展变化是动态的，不仅受未来战略环境的影响，还可能受市场、外部环境等多重因素的影响。因而，立足前瞻性，构建具有普适性的高精尖产业技术情报体系才具有可持续发展的可能。

5.2 高精尖产业技术情报服务体系要素分析

新形势下，针对高精尖产业的技术情报服务体系组成要素包括：情报获取渠道、情报服务主体、情报分析方法与工具、情报载体、情报产品。其中，情报服务主体部分在第4章已作分析，这里就不赘述了。

5.2.1 情报获取渠道

情报获取渠道是技术情报服务体系的信息输入源。没有有效的情报获取渠道，技术情报服务将坐困愁城。在技术情报服务体系中，一般来说，情报获取渠道包括人际情报、市场调查、纸质出版物、广播电视、电子网络等。

①人际情报。人际情报是通过人际关系获得的公开或非公开情报。通过与领域内专家、技术人员、产品开发人员、销售人员等进行交流，可以迅速获取限定领域或限定内容的技术情报。

②市场调查。市场调查是指对市场数据和信息进行的有目的、有方法的调查记录。常见的市场调查有观察法、问卷法、访问法等。产业技术的发展成果都将在市场上以产品的形式进行体现。通过市场调查，可以及时地了解先进的技术成果，获取市场上优秀产品和先进产品的技术信息，拿到最新的技术产品资料。

③纸质出版物。纸质出版物是以纸质作为载体得到出版的信息媒介，包括书籍、期刊、报纸、杂志等。在互联网时代下，绝大部分纸质出版物也被同步到互联网上，可以通过电子网络进行获取。由于出版这个过程，

纸质出版物需要经过一定流程和较长时间才能得以出版，一般来说信息的时效性不高；同时也由于出版过程中的审查审核机制，内容更具有知识性和权威性。

④广播电视。广播电视是以声音和图像作为载体的信息媒介。政策新闻、广告等内容都是广播电视的播出内容。通过广播电视可以了解政策、技术以及产品等内容。

⑤电子网络。互联网时代下，通过电子网络可以获取到种类多样、数量庞大的信息，纸质出版物、广播电视等内容通过电子网络也可以获取，电子网络已经成为技术信息情报服务十分重要的一个信息获取渠道。通过电子网络获取的信息中，数据库是一个极为重要的信息源。德温特、智慧芽等专利数据库收录大量专利信息，知网、万方等论文数据库收录众多论文信息，尚唯等产品数据库收录各式产品信息。通过这类结构化数据库可以便捷地获取到覆盖广、格式统一的专利、论文、产品等信息。除了数据库，许多自媒体、专业网站、机构官网，乃至专家个人社交账号等都可以通过电子网络这一渠道进行技术情报获取。

5.2.2 情报分析方法与工具

技术竞争情报作为竞争情报的子集，其使用的分析方法中有很多是竞争情报的常用方法，如 SWOT 分析、关键成功因素分析、层次分析、定标比超等。除此之外，技术竞争情报也拥有专门的分析方法，如技术描绘、技术路线图、反求工程等。根据技术情报在实践工作中的应用情况，将技术情报的分析方法归纳总结，如表 5.1 所示。

表 5.1　技术情报分析方法

作用领域		技术情报分析方法
技术环境	技术监视	技术/产品生命周期曲线、技术监测、内容分析法、交叉影响分析法
	机构监视	专利分析法、文献计量/科学计量类方法、引文分析法
竞争对手		拆卸分析、反求工程、神秘购物、定标比超、信号分析和预警、"信息拼图"与假设分析

续表

作用领域		技术情报分析方法
企业内部	技术战略规划	技术图表分析法、技术预测、形态分析、SWOT分析、德尔菲法、情景分析法、相关分析法、模拟方法
	研发项目管理	用户中心设计法、领先用户分析、模糊前端、组合分析、解决创造性问题理论、分析产品的BCG方格图、盲测、质量功能展开、头脑风暴法、层次分析法、关键成功因素分析、阶段门、学习曲线、技术创新审计

常用的技术情报分析方法有如下几种。

（1）计量类方法

计量类方法在技术情报分析中使用较为常见，主要包括文献计量、科学计量、引文分析、内容分析、专利分析和文本挖掘等方法。

专利分析是指对包含技术、机构、人员等信息的专利进行整理和加工，通过定性和定量分析，挖掘隐含其中的技术发展、竞争态势等情报。进行专利分析时，有定性分析和定量分析两种方法，通常两种方法会结合使用。定量分析主要是通过专利文献上的申请日期、申请人、分类类别、申请国家等信息按照专利数量、同族专利数量、专利引文数量等指标进行统计分析。定性分析主要是通过对专利说明书、权利要求等内容进行识别分析。

文本挖掘是指从文本数据中挖掘出有价值的信息和知识的过程，它涉及信息技术、文本分析、模式识别、统计学、数据可视化等多种技术。常用的文本挖掘技术包括文本分类、文本聚类、文本结构分析、文本关联分析等。

内容分析法是一种文献资料的分析方法，通过对文献资料里的内容进行分析，识别现象之间联系的方法。内容分析法可以采用定性分析和定量分析两种方法来进行。定性分析是对文献资料的传统分析方法，以理解、分析文义及文字之间关系为主，主要通过对文献内容的理解做出判断。定量分析是对文献资料进行系统地量化并加以描述的研究方法，先把搜集到的文献资料量化，然后根据研究对象的数量来分析和描述，从而说明所要研究的问题。

引文分析法是利用各种数学及统计学的方法进行比较、归纳、抽象、概括等的逻辑方法，对科学期刊、论文、著者等分析对象的引用和被引用现象进行分析，以揭示其数量特征和内在规律的一种信息计量研究方法。从分析的内容来看，引文分析有 3 种类型：引文数量分析，主要用于评价期刊和论文、研究文献情报流的规律等；引文网状分析，主要用于揭示科学结构、学科相关程度和进行文献检索等；引文链状分析，主要用于揭示科学的发展过程并展望未来的前景。

（2）技术图表分析方法

图表法因其简捷、直观、信息容量大的优点，在技术竞争情报分析中常被使用，常用的如技术描绘、技术路线图、技术生命周期、S 曲线等。

（3）反求工程法

情报学中的反求工程法（Reverse Engineering），指所有通过逆向思考、分析或扫描、拆卸、测量、化验、分解等手段，获得已知实物的原材料组成、机械结构、成分构成等信息的过程。通过反求工程法，可以搜集同类产品的技术信息进行分析整理，从而了解该类产品的技术应用情况。由于企业可能以商业秘密的形式保护其领先技术，因而分析人员很难获取相关的技术信息。此时，通过反求工程法剖析产品的工艺设计、技术诀窍等，有利于企业快速跟进新技术发展的步伐，在消化掌握先进技术的基础上创新，迅速赶上甚至超过原先的新技术拥有者。

（4）创造性思维方法

创造性思维是以新的知识来增加知识的积累，从而增加知识的信息量；或者是在方法上突破，对已有知识进行分解和组合，实现知识的新功能，由此实现知识结构量的增加。因此，从信息活动的角度来看，创新思维是一种实现知识（信息量）增殖的思维活动。

情报分析过程是通过对事物信息的分析研究、综合推理，探索事物的本质及预测发展趋势，提出服务于决策层的情报信息和谋略的过程。在这个过程中，离不开创造性思维方法的使用。在技术竞争情报分析中常用的创造性思维方法包括头脑风暴法、情景分析法和六项思考帽等。

5.2.3 情报载体

情报载体，是信息载体的一种，是情报赖以存在和传递的物质。可分为有形载体（如纸张、磁盘、光盘、数据管理平台）和无形载体（如声波、光波、电磁波）等。

互联网时代，信息传播媒介多元化，使得海量的信息遍布互联网的每一个角落,搜集信息需要花费大量的时间和精力,要做到信息采集广覆盖、信息搜集与分析快捷就必须充分利用好人工智能技术,搭建智能化信息聚合平台作为技术情报工作的载体。同时,要实现科技情报生产快捷、精准研判,需要利用人工智能技术搭建多领域专家协同合作的平台。此外,要实现多元化、个性化情报产品的分发,亦需要智能化科技情报分发平台。因此,互联网时代下技术情报畅通传递的重要载体形式便是以信息技术为支撑的智能化科技信息聚合与情报服务平台。

5.2.4 情报产品

随着用户对技术情报需求逐步向多元化、复杂化和响应快速化的特征转变,技术情报服务必须依托自身专业基础,快速识别用户的技术情报需求,并主动向用户提供针对性的技术情报产品。根据用户对技术情报需求的不同阶段,可将技术情报产品进行分类,具体如表5.2所示。

表5.2 按用户需求阶段的科技情报产品分类

产品开发阶段	科技情报需求	情报呈现形式
项目论证阶段	各国重点投资领域、指导方针和政策、科技发展战略和规划、市场信息、竞争对手信息、战略性机会信息、前沿技术、技术发展趋势、产品研究计划、行业商业信息、产品需求方向、可参考的产品性能指标、技术风险级别识别、技术成熟策略、风险管控、产品研发历程等	快讯、动态、专题、综述、报告
产品阶段	国外典型产品结构和性能指标、技术参数、技术特点、应用软件、集成技术、试验计划等	译文集、原始文献、专题、汇编
试验验证	产品故障与分析、经验教训、相关产品试验结果、产品改进改型等	专题、动态、译文集、原始文献
方案设计阶段	行业领域的新概念、新原理、新方法、新产品、关键技术、技术规程、研制经费、成本分析、研制周期、国外典型产品结构和用途、可借鉴典型产品研制方案	报告、专题、动态、汇编

根据用户对技术情报的需求层次，可将技术情报产品划分为初级情报产品、中级情报产品和高级情报产品，具体如表 5.3 所示。

表 5.3 技术情报的需求层次

类型	要素	初级情报产品	中级情报产品	高级情报产品
技术情报	期刊、学位论文	中文期刊数据库、外文期刊数据库	行业专业数据库	提供文献信息分析功能或知识发现功能的数据库
	图书	图书数据库	在线电子书	图书推荐榜单
	专利	专利数据库	行业专题专利数据库	专利技术分析报告、专利商业价值分析报告、专利分析工具
	标准	国内标准数据库、国外标准数据库	行业专题标准数据库	国外标准翻译
	科技报告	国内科技报告数据库	国外科技报告数据库	行业科技报告专题数据库
	会议论文	会议论文数据库	行业会议资料集	行业会议专业数据库
	产品样本	国内外样本数据库	行业产品样本专题数据库	样品样机的详细信息

5.3 高精尖产业技术情报服务体系

高精尖产业是新兴产业，产业发展时间短、技术限制性强、竞争激烈，是一种创新驱动的产业。技术情报作为提升企业技术创新活动效率的有效途径，已成为高精尖企业技术创新体系的重要组成部分。根据高精尖产业技术情报体系要素、服务主体特征、技术情报需求、技术情报产品及相应载体，对高精尖产业技术情报体系框架进行构建，如图 5.1 所示。

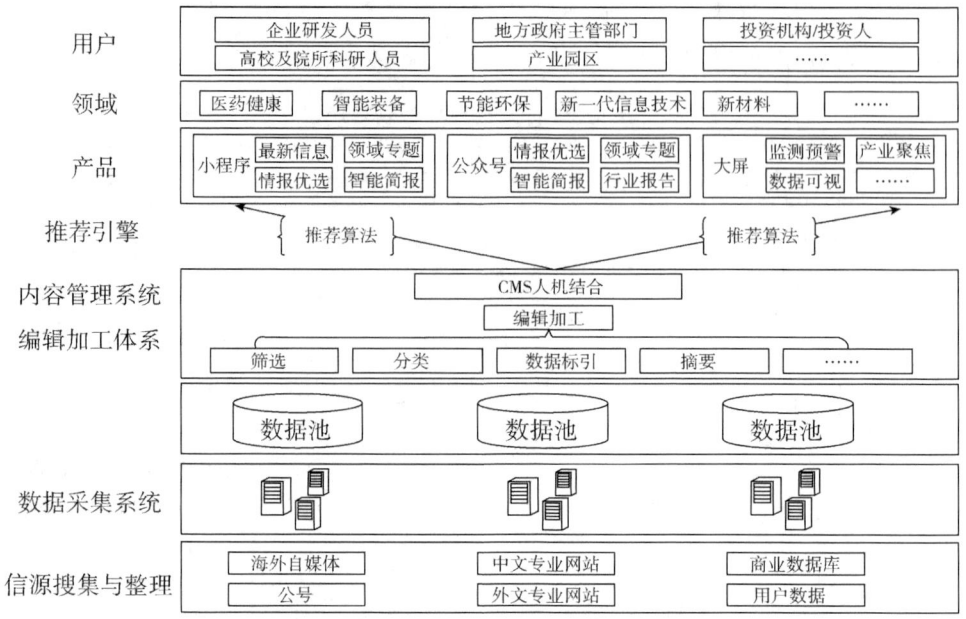

图 5.1　高精尖产业技术情报体系框架

5.4　高精尖产业技术情报体系实现路径

5.4.1　搭建以人工智能技术为支撑的科技情报服务平台，优化技术情报服务支撑环境

传统的利用大数据挖掘技术进行信息采集，之后再利用情报分析工具进行数据分析，然后再进行定向传播的科技情报服务技术手段耗时耗力，严重影响了科技情报服务的时效性，已不适应新时期高精尖产业技术情报服务的要求，人工智能会在一定程度上推进科技情报服务效果的优化。人工智能技术不仅可以推进技术情报服务的精细化发展，使服务的内容和对象更精准，而且还会明显促进提升技术情报服务的及时性和便捷性。故而，高精尖技术情报工作，需要通过搭建以人工智能技术为支撑的科技情报服务平台来优化技术环境，平台将包含信息源的储存、数据智能采集、协同合作以及科技情报产品的智能化、个性化推送及反馈等功能，实现技术情报工作从信息的获

取、处理、分析、传播和反馈——整个工作链条的快速响应以及与用户的循环互动，从而提高技术情报服务的效率和精准性。

5.4.2 开展可信信息源的搜集与分类储存，促进技术情报服务信息生态链的构成

信息是技术情报服务的基础，信息源是信息的上载者，信息源的可信性对有效信息的获取和利用具有重要影响。互联网时代，信息可以通过不同的媒介以不同形式进行传播，造成了信息量大、碎片化分布、信息污染等问题，给科技情报工作带来了很大困扰。分析主要的信息源出处和信息源获取入口，可在智能技术支持下方便地进行有效信息的聚合和初步筛选，能够辅助技术情报人员进行大数据挖掘和分析，节省时间和减少工作量，提高工作效率。因此，技术情报人员应该在日常工作中按照关注领域对各种异构的权威网站和数据库资源进行梳理分析，以及开展文献资料调研和专家咨询等方式，在政策、项目、机构、人才、论文、专利、成果、奖项、评价指标、产业经济、资源生态、社会环境等方面发现、遴选和评价不同来源、不同类型的高质量科技态势基础源数据，并将其并入以人工智能技术为支撑的技术情报服务平台，迅速实现对信息的重组和加工，保证有效信息的传递和循环流动，从而形成技术情报服务的信息生态链。

5.4.3 构建多元主体的情报协作网络，提高技术情报服务质量

由于高精尖产业技术高端、竞争性强，用户需要以快速、有深度的技术情报作为支撑，单依靠情报专业人员无法满足其需求，需要包括科技情报服务机构、高校院所、企业、政府部门、行业协会、图书情报机构等具有知识背景互补性的多元情报服务团队协同工作。在这个过程中，高校院所、企业等技术创新主体可能既是技术情报需求者，又是技术情报供给者，技术创新主体根据创新及创新管理的目标提供详细且有针对性的科技情报需求，政府部门提供政策法规情报，行业协会提供技术情报、市场情报，图书情报机构提供技术情报、政策法规情报等，科技情报机构在进行大数据挖掘和进行结构化数据搜集的基础上，综合不同情报服务主体的情报进行大数据分析，最终产出满足用户需求的高品质科技情报产品，辅助技术创新决策。因此，高精尖产业技术情报产品的生产过程是技术情报服务多主体协同合作的产物。

高精尖产业技术情报用户既是技术情报的服务主体，也可能是下次技术情报用户，建立多向型技术情报服务，实现多元服务主体与用户之间的多向互动性，提供更加灵活、准确的技术情报服务，实现供需双方的精准对接，对于提升情报服务的针对性和服务效率具有重要意义。因此，作为高精尖产业技术情报服务的专业机构，情报机构应该借助大数据跟踪技术创新主体的关注兴趣和研究热点，围绕技术创新主体的兴趣热点进行信息的搜集和简单加工整理，借助以人工智能技术为支撑的技术情报服务平台主动向不同创新主体进行主动推送服务，与此同时，通过建立到访人数、阅读次数、收藏频率等功能模块实现反馈机制，根据反馈要求对服务内容、服务方式及用户画像进行实时更新，形成技术情报服务工作的闭环链条，从而保证技术情报服务的精准性，满足融媒体环境下技术情报个性化需求。

5.5 本章小结

新时期北京高精尖产业技术情报服务体系构建遵循需求导向、政府引导、协同推进、普适性4个原则，通过情报获取渠道、情报分析方法与工具、情报载体、情报产品等要素构建了高精尖产业技术情报体系框架，并从搭建以人工智能技术为支撑的科技情报服务平台、开展可信信息源的搜集与分类储存、构建多元主体的情报协作网络3个方面分析了高精尖产业技术情报体系的实现路径。

第二篇　实践篇

"高精尖"产业这一概念最早是技术经济学术用语，指具有"高级、精密、尖端"特征的科技发明或产品工艺。后来人们将"高精尖"这一概念应用于产业领域，用来代表具有"高精尖"属性，能够满足现代化经济体系建设要求的产业。"高精尖"产业的本质是一种创新驱动的产业，具有高研发投入强度、拥有自主知识产权、低资源消耗等特征，已成为区域高质量发展的重点方向。

北京作为首都，为深入实施非首都功能疏解，优化调整产业结构，2017年，北京市统计局、北京市经济和信息化委员会制定了《北京"高精尖"产业活动类别（试行）》，明确提出北京"高精尖"产业的定义，即是以技术密集型产业为引领，以效率效益领先型产业为重要支撑的产业集合。经过几年的发展，北京高精尖产业已居于全国第一梯队，部分高精尖产业也已经嵌入国际产业供应链，但由于高精尖产业是新兴产业，产业发展时间短、技术限制性强、发展周期长，使得产业基础仍较薄弱，一些高精尖产业发展处于全球价值链的中低端，在核心专利、市场潜力挖掘、产学研用结合等方面还存在短板，尚未形成具有自主创新能力的以本地企业为核心建立起来的区域完整的产业链、创新链以及具有国际竞争力的规模化创新产业集群。

面对全球高精尖产业链重构的竞争格局，技术情报作为推动产业技术创新发展的重要支撑，越来越受到国家和地方政府的高度重视。技术情报不仅能够辅助高精尖产业政策和规划的制定，还能在产业技术趋势预测、共性技术与关键技术识别、技术研发需求和技术资源分配等方面发挥重要的作用。本篇围绕北京高精尖产业技术情报需求，在理论篇的基础上，对具体的高精尖产业技术情报服务实践进行案例研究，希望能为加快北京高精尖产业相关领域技术情报体系构建提供参考。

第6章 节能环保产业"十四五"发展技术预测

6.1 研究目的及意义

为协助某节能环保企业编制好"十四五"发展规划,根据企业委托要求,开展"'十四五'企业节能环保产业领域前沿技术预测分析专题研究"。

根据企业涉及的污水治理、固废治理和废气治理领域技术创新战略规划的要求,基于情报学的研究方法,在充分调研市场、政府、行业关注的技术前沿领域相关资料的基础上,结合文献计量分析和专家咨询的结果,对企业节能环保产业领域"十四五"前沿技术进行了预测分析,为企业提前谋划未来5~10年关键核心技术的研发储备,以及做好"十四五"专项规划提供参考。

6.2 研究思路、研究方法及技术路线

6.2.1 研究思路

本研究的总体思路为:在对研究目的进行深入分析的基础上,确定从专家维度、政策维度、技术创新研发维度、文献调研4个维度对前沿技术领域分别进行解析,最后综合4个维度研究结果,再结合专家的建议提出技术的前沿领域。

具体思路如下:

首先,文献资料调研、专家访谈。搜集国家政策、科技部等相关部委近

两年项目申报指南、企业和研究机构技术创新研发成果、科技文献等相关文献资料；拜访相关专家，为研究积累一手资料。

其次，技术前沿分析。从专家访谈建议、政策分析、技术创新研发重点分析、文献研究分析4个维度对环保领域技术前沿进行分析预测。

最后，提出技术前沿领域相关建议。整理上述研究成果，综合4个维度的技术前沿分析结果，提出该节能环保企业相关的技术前沿领域建议；通过专家座谈会进一步论证，完善建议。

6.2.2 研究方法

研究主要采用文献计量法、热词分析法、专家访谈法、综合评价法等方法开展研究。

6.2.3 技术路线

本研究在对用户需求调研的基础上，对技术预测的相关影响要素进行剖析，建立了多源数据的技术预测评估指标体系，通过对指标体系的综合解析完成了产业技术前景及发展趋势的预测。技术路线如图6.1所示。

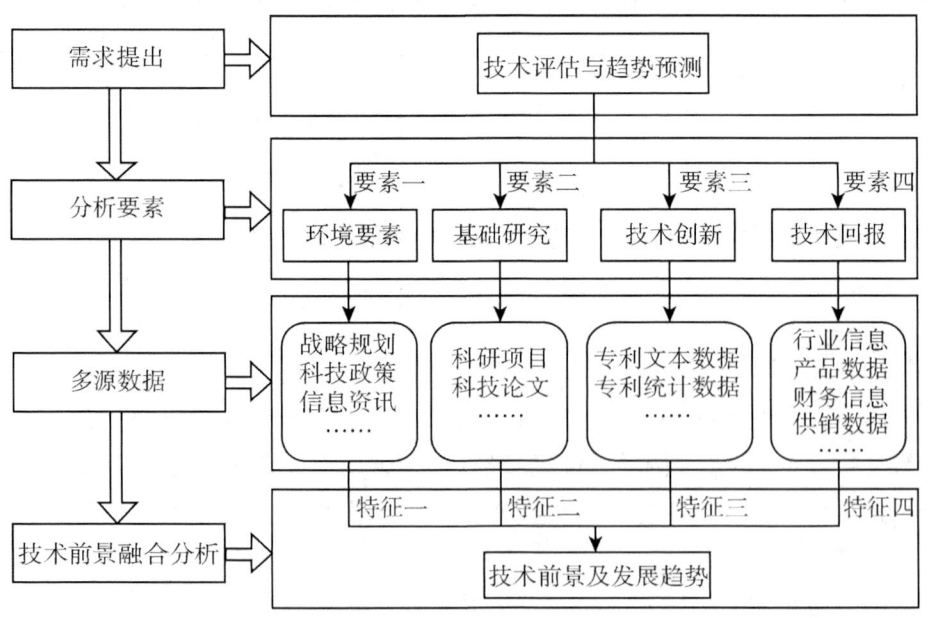

图 6.1　技术路线

6.3 水污染治理领域前沿技术预测分析

6.3.1 基于专家调研的水污染治理前沿技术分析

在对10位专家咨询访谈的基础上，整理出污水治理领域前沿技术领域，如表6.1所示。

表6.1 基于专家视角的污水治理领域前沿技术分析结果

一级领域	二级细分领域	三级细分领域
地表污水处理前沿技术	生活污水治理技术	生活污水处理厂废物资源化回收技术（氮磷等）
		生活污水处理厂低碳、高效水质净化技术（短程厌氧氨化、低碳氮比）
	城镇污水治理技术	污水处理厂淤泥资源化利用技术
		城市暴雨径流污染控制集成技术
		农业面源污染控制技术
		人工湿地污水水质提升技术
		湿地生态恢复技术
		再生水安全利用消毒技术
		污水处理温室气体排放核算技术
		多水源配置水质安全保障技术
地下水污染修复技术		污染地块地下水原位修复技术
		污染地块地下水异位修复技术

6.3.2 基于政策分析的水污染治理技术热点分析

根据2019年生态环境部《关于推荐先进水污染防治技术的通知》中给出的推荐重点领域、结合《"十三五"节能环保产业发展规划》中提出的水污染治理技术装备供给领域，梳理结果如表6.2所示。

表 6.2 "水污染防治技术"重点技术领域

序号	重点技术领域
1	城镇及农村生活污水处理及资源化技术
2	高浓度难降解工业废水处理及资源化技术
3	新型高效水处理材料及高效水处理生物菌剂
4	工业废水毒性评估及治理技术研究
5	膜生物水处理提升技术
6	畜禽养殖废水处理及资源化技术
7	垃圾渗滤液处理及资源化技术
8	黑臭水体治理及水体修复技术
9	水体富营养化控制
10	总磷达标排放
11	藻毒素处理、饮用水消毒副产物去除等水安全保障技术
12	地下水污染治理技术
13	底泥及污（废）水处理产生的污泥无害化资源化处理技术
14	基于水质的入河排污口允许排放量核定及优化技术

6.3.3 基于技术创新研发重点指南的前沿技术分析

根据北京市科委、北京市自科基金 2018—2019 年已承担或已经立项的相关课题，以及生态环境部编制并发布的筛选企业污染防治先进技术目录［2019 年《国家先进污染防治技术目录（水污染防治领域）》］等进行相应的分析、统计和归纳，获得基于环保技术创新研究的技术热点分析结果，如表 6.3 所示。

表 6.3 污水处理技术创新研发重点领域

序号	一级领域
1	城镇及农村生活污水处理及资源化技术
2	污水处理厂的优化运行及节能降耗

续表

序号	一级领域
3	垃圾渗滤液处理及资源化技术
4	重污染行业有机废水处理技术（含化工、医药、农药行业）
5	工业废水深度处理及回用技术
6	重金属废水处理技术
7	污泥处理处置技术
8	污废水排放口监测技术
9	流域面源污染控制技术
10	畜禽养殖废水处理及资源化技术
11	黑臭水体治理及水体修复技术
12	地下水污染治理技术

6.3.4 基于文献研究的水污染治理技术前沿热点分析

由于专利文献具有至少1年半的滞后性，且专利主要以企业核心技术保护为主，在前沿技术分析方面的研究价值不大。故而本研究在综合研判的基础上，选用期刊文献作为主要研究对象，利用文献计量法开展技术前沿热点分析。为确保论文质量，本研究以科睿唯安的SCI收录数据库"Web of Science"为检索库进行数据检索，并利用热词聚类分析软件Vosview 1.6.14进行环保技术前沿研究热点分析。

以TS（主题词）=（（Waste water）or Sewage or（Municipal wastewater）or（Municipal sewage）or（Domestic wastewater）or（Domestic sewage）or（Industrial sewage）or（Industrial wastewater））and（（Treatment technology）or（Treatment method）or Reuse）为检索式，在"Web of Science Core Collection"数据库中进行"all field"检索，检索时间段为2016年1月至2020年2月，检索日期为2020年2月23日，共检索数据14 004条，将这14 004条数据以.txt格式导出后，在Vosview 1.6.14软件下以关键词共现频率≥20次为有效，进行词频统计并生成如图6.2所示的热词聚类图。

图6.2显示，水污染处理技术领域研究热点集中在以下5个方面，研究

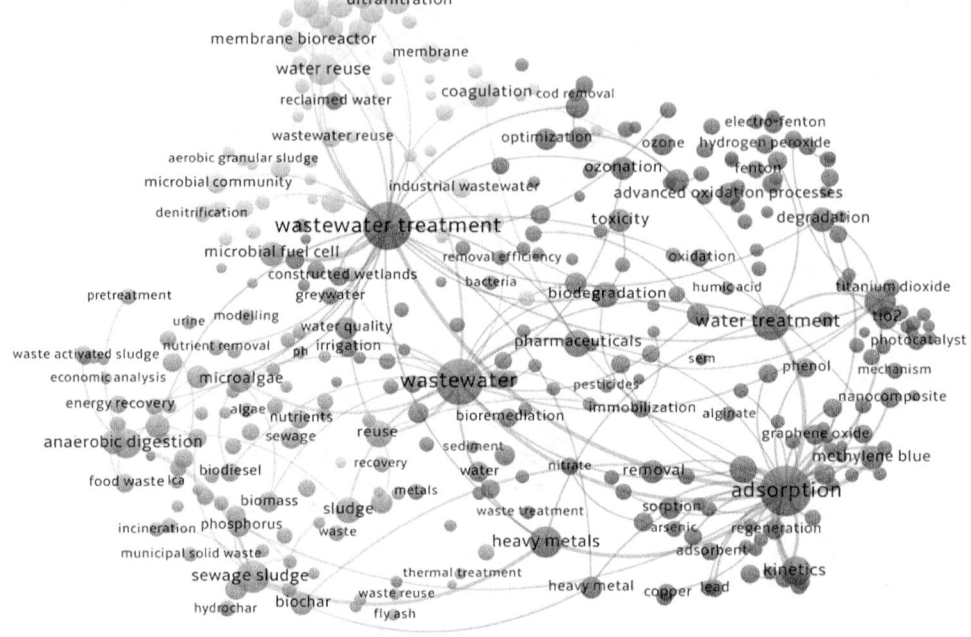

图6.2 水污染处理技术领域热词聚类图

热度由强到弱依次为：

（1）污水处置技术（wastewater treatment）研究

主要有膜处理技术、电凝式污水处理技术、絮凝法污水处理技术、臭氧污水消毒技术、微生物污水处理技术、污水处理厂的生命周期评价、污水降解处理技术、光催化污水处理技术、活性污泥微生物处理法、污水处理吸附处理技术、染料污水处理技术、重金属污水处理技术、市政污水处理技术、废水资源化利用技术等。

（2）污水厌氧消化处理技术（anaerobic degestion）研究

围绕该技术主要有针对污水污泥处理处置、食品污水处置、污水处理厂生命周期评价、基于协同厌氧消化制备生活柴油实现能源回收等的研究。

（3）污染废水研究（wastewater）

围绕该领域主要开展人工湿地废水处理技术、中水回用技术、水质评价、农业污水处理技术、海水养殖废水处理技术、医用废水处理技术、污水处理厂风险评价、工业废水处理技术、地下水处理技术、饮用水处理技术、水污染生物修复技术、有毒废水处理技术、微污染废水处理技术等。

(4) 废水利用技术

在该技术领域主要开展超滤、纳米过滤、反渗透法、电渗析等废水处理技术，油田废水的处理及循环利用技术，以及再生水的利用技术等的研究。

(5) 降雨径流污染研究

即非点源污染研究，目前主要集中在海绵城市的研究领域。

6.3.5 水污染防治行业高商业价值技术预测分析

由于企业技术创新最终是为了技术/产品的市场化，因而在对前沿技术进行基本预测的基础上，需要对其商业价值进行进一步的研判，从而为企业遴选出有价值的技术方向，为企业进行"十四五"技术创新发展规划提供决策支撑。

商业价值指事物在生产、消费、交易中的经济价值，通常以货币为单位来表示和测量。商业价值不同于市场价值。相对于事物的本体价值，商业价值是一个更窄的概念。分析一款产品或技术的商业价值的要点通常为：①目标用户是谁（消费能力、消费习惯如何）；②解决他们什么问题（是否是其非常迫切需要解决的而且是别无他法的问题）；③到底靠什么赚钱（付费购买、广告、数据挖掘、高级功能……）。

由于环保产业是政策强引导性产业，因而环保政策的严与松对环保产业的市场规模起决定性作用，从而也直接影响环保产业技术的商业价值。

综合上述分析内容，结合专家建议、政策引导、技术创新研究重点、文献计量研究分析结果，预测出水污染治理技术前沿重点领域，如表6.4所示。

表6.4 水污染治理技术前沿重点领域

一级领域	二级领域
自来水生产和供应技术	生活污水处理厂废物资源化回收技术（氮磷等）
	生活污水处理厂低碳、高效水质净化技术（短程厌氧氨化、低碳氮比）
	污水处理厂的优化运行及节能降耗
	多水源配置水质安全保障技术

续表

一级领域	二级领域
污水处理及其再生利用技术	底泥或污泥无害化和资源化处理技术
	人工湿地污水水质提升技术
	再生水安全利用消毒技术
	污水处理温室气体排放核算技术
	畜禽养殖废水处理及资源化技术
	垃圾渗滤液处理及资源化技术
	污废水排放口监测技术
	重污染行业有机废水处理技术（含化工、医药、农药行业）
	高浓度难降解工业废水处理及资源化技术
	工业废水毒性评估及治理技术研究
	重金属废水处理技术
水污染治理技术	农业面源污染控制技术
	城市面源污染控制技术
	湿地生态恢复技术
	黑臭水体治理及水体修复技术
	基于水质的入河排污口允许排放量核定及优化技术
	污染地块地下水原位修复技术
	污染地块地下水异位修复技术
其他水的处理、利用和分配技术	城市暴雨径流污染控制集成技术

6.3.5.1 水污染防治行业市场预测分析

（1）市场总体概况

就整个污水处理行业而言，在国家政策引导、水体污染情况严重导致的处理需求量增大、水处理技术的突破对污水处理效率提升等多重因素的综合影响下，我国水处理行业一直以来保持一个高速增长态势。截至 2019 年 12 月底，我国水处理已经形成完整的产业链，形成了成熟的水处理工艺，我国水处理市场规模达到 2800 亿元，废水总排放量得到有效控制，工业废水排放量开始下降，城市污水处理率达到了 93.44%（2018 年），污水治理效果显著。

城市污水治理作为我国污水处理行业的重要细分市场之一，随着我国城镇化进程的加快和"智慧城市"工作的不断深入，我国城市污水处理市场发展空间巨大。2019 年以来，生态环境部、财政部和住房城乡建设部等部门陆续印发《关于印发城镇污水处理提质增效三年行动方案（2019—2021 年）》《城市管网及污水处理补助资金管理办法》《财政部办公厅关于印发污水处理和垃圾处理领域 PPP 项目合同示范文本的通知》等相关政策文件，以推进生活污水收集处理设施改造和建设，进一步激发了城市污水处理市场的活力。

与城市污水处理相比，我国工业废水处理比例仍然偏低，未来处理比例具有很大的提高空间。根据《中国环境统计年鉴（2021）》，我国的工业废水主要来源于化工、造纸、纺织、煤炭、农副食品加工、黑色金属冶炼和电力等行业，合计排放占比超过 60%，成为工业废水主要排放源，也是废水处理最为集中的领域。我国工业废水产出量大、覆盖面广、种类繁多，处理难度大、成本高，根据市场调研在线发布的 2023—2029 年中国工业废水处理行业市场研究分析及发展前景分析报告数据，中国工业废水处理行业的市场规模由 2018 年的 1620 亿元增加到 2020 年的 2000 亿元，到 2024 年，我国工业废水市场规模有望突破 3500 亿元大关。具体地从工业污水处理领域来看，在国家空前监管与处罚力度的震慑下，大量工业企业将通过污水提标改造降低排污成本，同时工业水处置第三方运营全面铺开，有望带来市场的迅速放量。从地域来看，内蒙古、新疆、陕西、宁夏等水资源短缺地区较重视工业废水零排放。从行业来看，石油化工、煤化工、电厂和部分工业园区越来越重视零排放，随着环保意识的逐步加强及相关法律法规的实施，未来造纸、钢铁、石化、煤化工等行业的零排放市场将会有较强增长。

（2）电力行业水处理市场现状及趋势

从电力行业来看，《电力发展"十三五"规划（2016—2020 年）》提出"到 2020 年煤电装机规模力争控制在 11 亿千瓦以内"；根据中国电力企业联合会公布的数据，2018年底煤电装机容量为10.08亿千瓦。由此可假设2019—2021年煤电装机容量为10亿~11亿千瓦。脱硫废水零排放类似于大气治理超低排放，电厂、钢铁厂超低排放都有相应政策出台，如电厂超低排放规划期为2014—2020年，钢铁厂超低排放规划期为2020—2026年，二者均在5年左右。由于电厂脱硫废水超低排放尚无明确政策出台，因此实行期限将多于5年，同时废水零排放是未来趋势，预计实行期低于脱硫废水零排放更新改造的20年。

假设2019—2021年新增脱硫废水零排放改造比率分别为10%、12%、14%；同时，对有披露中标价格的零排放项目进行统计，通过计算零排放项目中标价格与电厂投资金额的占比来测算，脱硫废水零排放水处理系统投资占电厂静态投资的比重为0.5%，其中，电厂投资金额按照装机容量和每千瓦造价进行估算，电厂投资每千瓦造价4000元（按照静态投资估算）。根据上述数据计算，2019—2021年每年脱硫废水零排放设施市场容量分别为20亿~22亿元、24亿~26.40亿元和28亿~30.80亿元。综上所述，从国内火电市场整体建设力度而言，虽然每年新增装机容量增长有放缓的趋势，但在废水处理领域，由于国家对水资源和环境保护的要求不断提高，传统电厂水处理的外延开始扩大，新增的节水改造和零排放的市场需求开始逐步显现，火电水处理市场的规模仍将保持快速的增长趋势。

核电行业废水处理市场容量根据国家能源局《2018年能源工作指导意见》，积极推进已开工核电项目建设，新增装机规模600万千瓦；积极推进具备条件项目的核准建设，2018年内计划开工6~8台机组。随着核电项目的建设推进，打开了核电行业水处理市场。

（3）非电行业水处理市场现状及趋势

非电行业市场近年来整体投资规模较大，增速较快，发展前景广阔，带动水处理市场需求不断增长。其中，2017年，金属制品业固定资产投资额达1.04万亿元，近5年复合增长率为12.05%；化学原料和化学制品制造业固定资产投资额达1.39万亿元，近5年复合增长率约为4.30%；造纸和纸制品业固定资产投资额达3090.96亿元，近5年复合增长率约为6.88%；纺织业固定资产投资额达6936.14亿元，近5年复合增长率约为11.80%。随着非电行业的发展和投资规模的加大，打开了以下水处理零排放市场。

①金属制品业水处理市场。金属制品业中的电镀行业。电镀技术广泛应

用于机器制造、轻工、电子等行业。电镀污水中含有铬、锌、铜、镍、镉等重金属离子以及酸、碱、氰化物等具有很大毒性的杂物，水质成分复杂，污染物可分为无机污染物和有机污染物两大类，水质变化幅度大，污染物种类多样，而且电镀污水毒性大，含有大量的重金属离子，若不经处理直接排放会对周边水体造成极大的污染。

②化学原料和化学制品制造业水处理市场。随着环保排放标准不断提高，化工行业面临的环境生态保护压力不断加大的情况下，庞大的市场规模带来了更多的废水处理需求。

③造纸和纸制品业废水处理市场。传统造纸工业是污染排放的重点行业，也是能耗大户。长期以来，中国以非木材原料为主的制浆造纸企业规模普遍较小，装备比较落后，其废水的污染治理程度远远落后于世界平均水平，存在的问题较多，是最主要的污染源之一。

④纺织业废水处理市场。纺织印染是我国发展最早且具有国际竞争力的传统优势产业之一，但也是典型的高能耗、高水耗行业。未来纺织业的稳定发展也会带来废水处理需求稳定增长。

6.3.5.2 政策利好行业趋势分析

（1）黑臭水体

自 2015 年国务院发布《水污染防治行动计划》与《城市黑臭水体整治工作指南》以来，各地区各部门迅速行动，积极推进城市黑臭水体治理。"十三五"以来，黑臭水体污染治理是水污染治理行业的一个难点。2018 年 10 月，住房城乡建设部、生态环境部联合发布《城市黑臭水体治理攻坚战实施方案》，明确用 3 年时间使城市黑臭水体治理明显见效，到 2019 年底，其他地级城市建成区黑臭水体消除比例显著提高，到 2020 年底达到 90% 以上。2019 年全国生态环境保护工作会议上，生态环境部李干杰部长指出，为了打好碧水保卫战，要全面实施长江保护修复、城市黑臭水体治理、渤海综合治理、农业农村污染治理等攻坚战行动计划或实施方案等。各省市积极响应国家政策的引导，积极发布黑臭水体整治方案，并给出了明确的时间表，与国家政策保持步调一致，多数地区将 2020 年前后设为黑臭水体整治的重要时间节点。

在国家相关机构的监督和引导下，我国黑臭水体治理目前已经取得积极成效。据住房城乡建设部"全国城市黑臭水体整治信息平台"发布数据，截至目前，已认定的黑臭水体总数2869个，其中，已经完成整治的黑臭水体达2313个，占全部黑臭水体总数的80.62%；正在治理中的有556个，占比为19.38%。

现阶段根据《农村人居环境整治三年行动方案》、《关于推进农村黑臭水体治理工作的指导意见》（以下简称《意见》）和"2019年政府工作报告"的精神要求，我国农村污染治理攻坚战正式打响，农村黑臭水体治理的序幕也已经拉开。《意见》中对我国农村黑臭水体治理工作提出了到2020年/2025年/2035年，要分别实现启动试点示范/形成可复制、可推广的治理模式/基本消除我国农村黑臭水体的目标。

总的来说，尽管我国目前污水处理能力增强和黑臭水体整治覆盖面较广，但由于黑臭水体污染成因较多、污染情况各异，控制难度较大，加之没有一套成熟的行之有效的技术，故而治理成效不是十分显著，黑臭水体污染治理任重道远。同时，黑臭水体污染治理涉及政府部门较多，建设投资和运行费用巨大，经济回报甚微，政府积极性易下降，易造成重建设、轻运行、黑臭水体反弹的现象。

目前我国城市排水管网问题是黑臭水体治理面临的挑战。经过多年的持续努力，我国城市排水管网架构基本形成，但是建设规划不成体系，总管、干管比较完整，支管和收集管网残缺不齐，施工质量比较粗糙，严重影响了污水截污纳管，大量污染直排河道。

（2）污水污泥处理行业

近年来，随着相关政策（表6.5）和技术在污泥处理行业的推进，污泥处置处理行业市场规模不断增加，有望突破瓶颈期，驶入快车道。在未来发展趋势中，污泥资源化发展是必然的趋势。

在相关政策以及污泥处理技术等的带动下，我国污泥处理市场规模也实现了跨越式增长。"十三五"期间，中央财政投入2000亿元用于污水厂的污泥处理，在污泥处置技术的不断突破与政策的推动下，污泥处理处置行业即将迎来蓝海市场。据前瞻产业研究院预测，2024年的污泥处理市场规模将超过900亿元，如图6.3所示。

表 6.5 2016—2019 年污泥处理行业相关政策

名称	时间	发布机构	主要内容
《污水处理费征收使用管理办法》	2014.12	财政部、国家发展改革委、住房城乡建设部	将污泥处理处置费纳入污水处理费
《关于制定和调整污水处理收费标准等有关问题的通知》	2015.1	国家发展改革委、财政部、住房城乡建设部	指出：随着污泥处理处置费用纳入污水处理费用制定标准，为污泥处理处置收费模式的进一步完善奠定基础，污水处理费的提高进一步保障了污泥处理处置收益，促进了污泥处理处置行业的发展
《水污染防治行动计划》	2015.4	国务院	明确要推进污泥处理处置，要求"现有污泥处理处置设施应于2017年底前基本完成达标改造，地级及以上城市污泥无害化处理处置率应于2020年底前达到90%以上"
《关于推进价格机制改革的若干意见》	2015.10	国务院	明确指出："要合理提高污水收费标准，城镇污水处理收费标准不应低于污水处理和污泥处置的成本。"随着国家对环保的重视，除了对污泥处理费的落实，在污泥项目补贴方面，全国各地对污泥处置项目也相继颁布补助政策，鼓励污泥处置项目建设，并对运营或项目投资以多种方式实行补助
《国务院关于加强城市基础设施建设的意见》（国发〔2013〕36号）	2016.1	国务院	到2015年，36个重点城市城区实现污水"全收集、全处理"，全国所有设城市实现污水集中处理，城市污水处理率达到85%，建设完成污水管网7.3万公里。按照"无害化、资源化"要求，加强污泥处理处置设施建设，城市污泥无害化处置率达到70%左右等

续表

名称	时间	发布机构	主要内容
"十三五"规划	2016.3	国务院	明确了污泥处理处置目标、任务与布局，建立完善的污泥稳定化与无害化的相关标准，并阐明要加强监管与激励机制，全面地为我国未来五年的污泥处理处置工作做了重要布局
《关于加强城镇污水处理设施污泥处理处置减排核查核算工作的通知》	2016.4	环境保护部、住房城乡建设部	将污泥妥善处理处置纳入污水总量减排考核，对各种不规范处理处置污泥的行为，扣减该部分污泥对应的城镇污水处理化学需氧量和氨氮削减量，并明确具体的计算方式及相对严格的惩罚措施
《"十三五"生态环境保护规划的通知》	2016.11	国务院	以城市黑臭水体整治和343个水质需改善控制单元为重点，强化污水收集处理与重污染水体治理。加强城市、县城和重点镇污水处理设施建设，加快收集管网建设，对污水处理厂升级改造，全面达到一级A排放标准。推进再生水回用，强化污泥处理处置，提升污泥无害化处理能力
《"十三五"全国城镇污水处理及再生利用设施建设规划》	2017.1	国家发展改革委、住房城乡建设部	明确了投资规模和具体目标："十三五"期间城镇污水处理及再生利用设施建设共投资约5644亿元，其中新增或改造污泥无害化处理处置设施投资294亿元，新增或改造污泥（按含水率80%的湿污泥计）无害化处理处置设施能力6.01万吨/日。其中，设市城市4.56万吨/日，县城0.92万吨/日，建制镇0.53万吨/日。到2020年底，地级及以上城市污泥无害化处置率达到90%，其他城市达到75%；县城力争达到60%；重点镇提高5个百分点，初步实现建制镇污泥统筹集中处理处置的发展目标

续表

名称	时间	发布机构	主要内容
《中华人民共和国水污染防治法》（修订）	2018.1	全国人民代表大会常务委员会	明确提出城镇污水集中处理设施的运营单位或者污泥处理处置单位应当安全处理处置污泥，保证处理处置后的污泥符合国家标准，并对污泥的去向等进行记录
《关于全面加强生态环境保护坚决打好污染防治攻坚战的意见》	2018.6	国务院	实施城镇污水处理"提质增效"三年行动，加快补齐城镇污水收集和处理设施短板，尽快实现污水管网全覆盖、全收集、全处理。完善污水处理收费政策，各地要按规定将污水处理收费标准尽快调整到位，原则上应补偿到污水处理和污泥处置设施正常运营并合理盈利
《关于支持服务民营企业绿色发展的意见》	2019.1	生态环境部、全国工商联	加快构建覆盖污水处理和污泥处置成本并合理盈利的价格机制，推进污水处理服务费形成市场化，加快建立有利于促进垃圾分类和减量化、资源化、无害化处理的固体废物处理收费机制

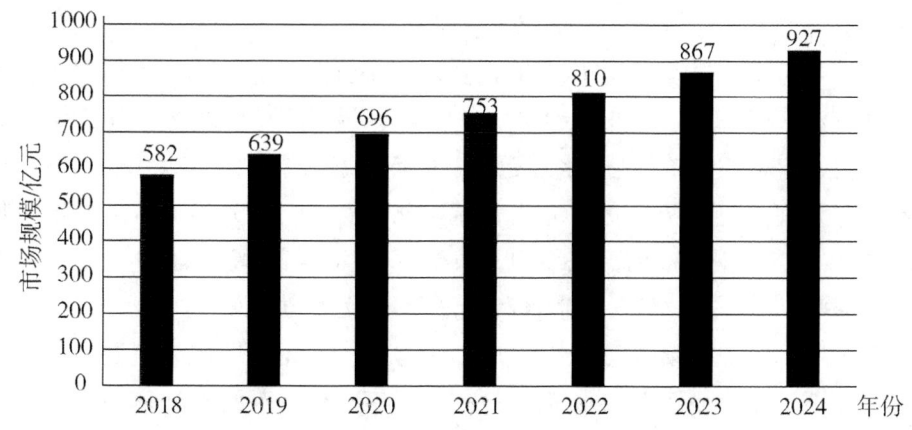

图 6.3　2018—2024 年污泥处理处置行业市场规模

在市场规模不断增加的情况下,市场容量也不断增加,行业的进入者越来越多,容易使行业的发展规则受到威胁。按照《城镇污水处理厂污泥处理处置及污染防治技术政策(试行)》的要求,参考发达国家近30多年的经验与教训,污泥处理处置应符合"安全环保、循环利用、节能降耗、因地制宜、稳妥可靠、经济可行"等原则。

"十三五"环境保护规划出台,提出了仍然以大气、水污染防治为目标,"十三五"目标将更重视建设资源节约型社会以及生态环境总体质量改善。污泥的治理也是今后国内环保处理的一个主攻方向。随着政策利好和高成长性因素驱动,污泥处理处置行业有望突破瓶颈期,驶入快车道。

6.3.5.3 高商业价值技术领域预测结果

综合上述行业规模及政策利好行业判断,水污染治理行业具有发展前景的领域分析如下。

(1) 工业废水集中治理,市场趋势明显

《节能减排"十二五"规划》指出:人口密集、污水排放相对集中地区采用集中处理方式,专业化的工业园区建设能减少分散布局中污染监管和治理的难度,有利于工业废水的集中治理。未来专业化的工业园区建设,将成为各地发展工业及环境保护的新模式,工业废水集中治理趋势将使市场容量进一步扩大,同时,对污水治理企业的技术、工艺及设计方案也提出较高要求。未来造纸、钢铁、石化、煤化工等行业的零排放市场将会有较强增长。

(2) 城市废水治理及回用需求增长迅速

依据住房城乡建设部《2018年城乡建设统计年鉴》,2018年年末,全国城市共有污水厂2321座,比上年增加112座,污水厂日处理能力16881万立方米,比上年增长7.2%,排水管道长68.35万公里,比上年增长8.4%;城市年污水处理总量497.6亿立方米,城镇污水处理率95.49%,比上年增加0.95个百分点。据E20研究院预测,截至2020年,我国城镇再生水生产能力将接近4900万立方米/日,再生水利用量45.3亿立方米。

我国国民经济持续快速增长,城乡一体化、工业化可持续发展,城市人口呈现不断上涨趋势,人均水资源占有量逐年递减,对污水处理的需求迅速增长。按照2018年的未处理污水量和新建污水处理厂的边际处理能力粗略计算,全国仍需建造110座污水处理厂以及配套排水管道约3.24万公里。

(3) 老工业废水治理亟待提升

根据国家统计局《2018年中国统计年鉴》，2017年全国废水排放总量为699.66亿吨，其中31个主要城市废水中工业废水排放量239.16亿吨。《"十二五"节能环保产业发展规划》提出，"十二五"期间，"重点攻克膜处理、新型生物脱氮、重金属废水污染防治、高浓度难降解有机工业废水深度处理技术；推广污水处理厂高效节能曝气、升级改造"。依据文件精神，氨、氮等被列为节能减排的重要减排约束性指标，对相关行业企业的排放标准进一步提高，新建、扩建的工业企业及工业污水厂提标改造的废水处理技术需求逐步提升。

(4) 黑臭水体、流域治理进入集中整治阶段，生态修复市场需求明确

2015年4月，《水污染防治行动计划》正式出台，其中明确提出到2020年，地级及以上城市黑臭水体控制在10%以内，到2030年，城市黑臭水体总体消除。自此正式拉开了整治城市黑臭水体的序幕。2015年9月住房城乡建设部、环境保护部又联合发布了《城市黑臭水体整治工作指南》，成为"水十条"的第一个配套细则。2016年12月，中共中央办公厅、国务院办公厅发布《关于全面推行河长制的意见》，地方各级党委和政府要把推行河长制作为推进生态文明建设的重要举措，切实加强组织领导，狠抓责任落实，抓紧制定出台工作方案，明确工作进度安排，到2018年年底前全面建立河长制；伴随各地治理工作逐步进入实质性阶段，黑臭河治理进入集中整治阶段，将带动黑臭水体治理总投资超4500亿元，"十三五"期间，各地的黑臭水体治理需求有望集中释放。但由于黑臭水体污染成因较多、情况各异，加之我国城市排水管网问题，使得黑臭水体控制难度较大，加上没有一套成熟的行之有效的技术，所以成效不是十分显著，黑臭水体污染治理是一项长期任务。

(5) 工业水系统市场规模趋稳，工业园区集中治理是发展趋势

2015年1月，新环保法正式实施，相比于旧环保法，新环保法更强调排污总量控制，对超过国家排污指标的地区，暂停审批其新增重点污染物排放总量的建设项目环境影响评价文件。对企业端，通过"按日连续计罚"政策大幅提升企业违法成本，并通过对企业、政府与第三方机构相关责任人施加行政和刑事处罚降低企业与企业负责人的违法动力。在环境政策的倒逼下，产业结构转型和能源结构升级成为中国供给侧改革的必然选择。

随着各地经济的发展和环境治理的需要,许多省市纷纷提出了"退城入园"的工业发展战略,加大工业园区内企业组群的污染集中控制及治理,水处理服务也从为单一企业的点源向整个园区的系统施治,以及水资源的综合利用发展。随着工业园区数量和规模的扩大和工业废水处理标准的提高,工业园区的综合水处理业务将有巨大市场空间。

综上所述,根据水污染治理行业具有发展前景的领域研判,再次结合综合评判,从用户(技术下游企业和政府)的消费能力和迫切性角度考虑,具有高商业价值的技术领域以及企业"十四五"期间在水务领域技术创新的战略方向预测如表6.6、表6.7所示。

表6.6 水污染治理行业高商业价值技术领域

一级领域	二级领域
自来水生产和供应技术	生活污水处理厂低碳、高效水质净化技术(短程厌氧氨化、低碳氮比)
	污水处理厂的优化运行及节能降耗
污水处理及其再生利用技术	底泥或污泥处理处置及资源化利用技术
	重污染行业有机废水处理技术(含化工、医药、农药行业)
	工业废水深度处理及回用技术(造纸、钢铁、石化、煤化工等行业)
	重金属废水处理技术
水污染治理技术	黑臭水体治理及水体修复技术
	基于水质的入河排污口允许排放量核定及优化技术
智慧水务	工业园区的智慧化综合水处理技术

表6.7 企业"十四五"期间在水务领域技术创新的战略方向预测

一级领域	二级领域	三级领域("十四五"拟重点研发方向)
自来水供应	水质安全保障与绩效提升解决方案	区域漏损定位技术、管道漏损光纤定位技术、管网状态评价、水源风险评估与应急处置技术、水泵的预测性维护、供水厂辅助决策系统

续表

一级领域	二级领域	三级领域（"十四五"拟重点研发方向）
市政污水处理	污水处理厂节能降耗解决方案	单体工艺效率提升，高效除砂技术、微生物鉴定与分析技术、二沉池效率提升、能效管理、曝气头布置设计与优化、高效沉淀池工艺包
		PNBC超净排放标准污水处理资源化工艺工程示范，反硝化除磷技术
		好氧颗粒污泥技术工程示范，污泥颗粒化技术、一步式脱氮除磷技术、升流式均匀布水技术
	污水资源化与能源化解决方案	3RWater技术工程示范，低碳双泥龄技术、高效碳氮磷分离技术、碳源能源化技术、磷回收技术、纤维素回收技术、污水热源提取技术
		环境综合效益评价模型，污水处理技术碳足迹核算
		新型污水处理设备，MABR、一级强化过滤
工业园区废水处理	稳定达标解决方案	污水生物毒性预警设备，污水生物毒性快速去除技术
		低耗高效氧化成套设备，高级氧化催化技术、高效反应器设计
村镇污水	基于客户需求的专业设计与装备化	一体化稳定达标设备，基于客户需求的村镇污水专项设计能力
排水管网系统	管网提质增效工程技术	管网检测、管网评估、管网模型模拟
流域综合治理	流域综合治理解决方案	系统规划与设计能力、运营降本增效

续表

一级领域	二级领域	三级领域（"十四五"拟重点研发方向）
污泥处置	污泥低耗深度脱水解决方案	节能高效的热干化设备，节能高效的热干化技术
		环保高效的机械深度脱水装备，环保高效的机械深度脱水技术
	污泥资源化解决方案	污泥减量堆肥技术
信息化技术	智慧水厂综合解决方案	数字化水厂信息系统，数据标准化采集与存储技术
		污水智慧化运行管理系统，污水处理数学模型模拟技术、溶解氧控制与按需供氧系统、智慧加药系统
	智慧管网综合解决方案	管网信息系统
		管网资源管理系统
		供水综合服务平台
	集团集约化运营管理解决方案	污水厂集约化智慧运营管理平台，远程集约化智慧运行技术、大数据分析与在线工艺诊断技术
	水环境综合管理平台	水环境综合管理平台，精细运营系统

6.4 固废治理领域前沿技术预测分析

6.4.1 基于专家调研的固废治理前沿技术分析

在对 10 位专家咨询访谈的基础上，对固废治理领域的研究热点和难点整理聚焦于"危废处置""工业固废处置""建筑废渣处置"3 个细分领域，如表 6.8 所示。

表 6.8 基于专家意见的"固废处置"领域前沿技术

一级领域	二级细分领域
危废处置领域	工业废盐处置技术
	废催化剂处置技术
	有毒危废处理的等离子气化熔融技术
工业固废处置领域	氧化铝行业产生的赤泥资源化利用与处置
	尾矿渣资源化利用与处置
建筑废渣处置领域	建筑废渣精细分选技术
	建筑废渣破碎与资源化技术

6.4.2 基于政策分析的技术热点领域

根据2017年环境保护部《关于推荐固体废物处理处置领域、环境噪声与振动控制领域国家先进污染防治技术的通知》，以及《"十三五"节能环保产业发展规划》中关于"固体废物处理处置"领域推荐的技术重点领域整理如表6.9所示。

表 6.9 "固体废物处理处置"重点技术领域

一级领域	二级细分领域
城市生活垃圾处理技术	城市生活垃圾焚烧飞灰处理技术
	浓缩渗滤液处理技术
	填埋气利用技术
	餐厨垃圾处理处置利用技术
废弃物资源化利用	废弃电器电子产品处理和利用技术
	汽车处理和利用技术
	农业废弃物资源化利用
	（废旧太阳能光伏板、报废动力蓄电池、废碳纤维材料、废纺织品、废节能灯、农膜和农药化肥等）新型废弃物的资源化利用及无害化处理技术
	废旧塑料的改性改质技术

续表

一级领域	二级细分领域
农村生活垃圾处理处置利用技术	畜禽粪便、秸秆等农林有机废弃物收集、转化和利用技术
典型大宗工业固体废物处理处置利用技术	尾矿、赤泥、冶炼渣、工业副产石膏、粉煤灰、煤矸石等固体废物处理处置利用技术
危险废物处理处置技术	废矿物油、电镀污泥、重金属废物、抗生素菌渣、高毒持久性废物、废铅酸蓄电池、医疗废物等危险废物综合处理处置技术；危险废物环境管理的精细化、信息化技术

6.4.3 基于环保技术创新研究的技术重点领域分析

根据科技部"固废资源化"重点专项 2019 年度项目申报指南,生态环境部等部委编制并发布的污染防治先进技术目录［2017 年《国家先进污染防治技术目录（固体废物处理处置领域）》］,以及北京市科委、北京市自科基金 2018—2019 年已承担或已经立项的相关课题等进行相应的分析、统计和归纳,获得基于环保技术创新研究的技术热点分析结果,如表 6.10 所示。

表 6.10　固废处置技术创新研发重点领域

一级领域	二级领域
固废综合解决方案及集成示范	大城市固废综合解决方案及集成示范
	产业园区固废综合解决方案及集成示范
	矿产区固废综合解决方案及集成示范
	产业集聚区固废综合解决方案及集成示范
固废资源化利用基础科学问题与前瞻性技术	大宗铝硅酸盐无机固废物相重构与转化利用科学基础
	有机固废定向生物转化机制及调控原理
	重点行业固废源头减量清洁工艺新技术
	有机固废全组分清洁转化及安全利用新技术
	危险废物毒害组分快速识别与检测新技术
	城市固废大数据挖掘及全生命周期管控新技术

续表

一级领域	二级领域
重污染固废源头减量与生态链接技术	钢铁冶炼难处理渣尘泥过程协同控制与生态链接技术
	精细化工园区磷硫氯固废源头减量及循环利用集成技术
	废纸替代清洁生产工艺及固废源头减量集成技术
智能化回收与分类技术	社区垃圾源头智能分类与清洁收集技术及装备
	城镇建筑垃圾智能精细分选与升级利用技术
有机固废高效转化利用及安全处置	城镇有机固废高值化利用技术及示范
	城乡混合有机垃圾快速稳定化及资源化利用技术
	污泥快速减量与资源化耦合利用技术
	中药固废及抗生素菌渣资源化利用与无害化处置技术
	废弃秸秆制备能源化学品成套技术与装备
	有机固废高效气化及产品深度利用技术与装备
	固废焚烧残余物稳定化无害化处理技术与装备
	有机危废高效清洁稳定焚烧处置技术与装备
无机固废清洁增值利用技术	大宗工业固废协同制备低成本胶凝材料及应用技术
	工业固废大掺量制备装配式预制构件技术
	复杂铅基多金属固废协同冶炼技术与大型化装备
	镍钴/钨/锑战略金属冶金固废清洁提取与无害化技术
	废弃环保催化剂金属回收与载体再用技术
	高浓工业危废资源化回收与污染控制技术
	放射性固废清洁解控与安全处置技术
废旧复合材料精细回收与精深利用	退役磷酸铁锂电池分选与正极材料高值化利用技术
	退役三元锂电材料高效清洁回收利用技术
	废旧服务终端自动化拆解与高效回收利用技术
	废旧智能装备机电一体化再制造升级技术
	废杂塑料包装物绿色循环与高质利用技术
	废铅膏短程转化与清洁再生技术
	大宗金属铝/铜再生过程灰尘高效回收与污染控制技术

续表

一级领域	二级领域
固废全过程精准管理与决策支撑技术	资源循环利用过程精准管理支撑技术与应用示范，研究支撑"无废城市"建设的固废污染综合减控技术策略
	研究典型产业间固废协同处理技术规范与园区化协同处理模式

6.4.4 基于文献研究的环保技术前沿热点分析

以 TS（主题词）＝（（Solid waste）or（Hazardous waste））and（Treatment）or（Prevention）or（Disposal）or（Comprehensive utilization）为检索式，在"Web of Science Core Collection"数据库中进行"all field"检索，检索时间段为 2016 年 1 月至 2020 年 2 月，检索日期为 2020 年 2 月 23 日，共检索数据 10 405 条，将这 10 405 条数据以 .txt 格式导出后，在 Vosview 1.6.14 软件下以关键词共现频率≥20 次为有效进行词频统计并生成如图 6.4 所示热词聚类图。

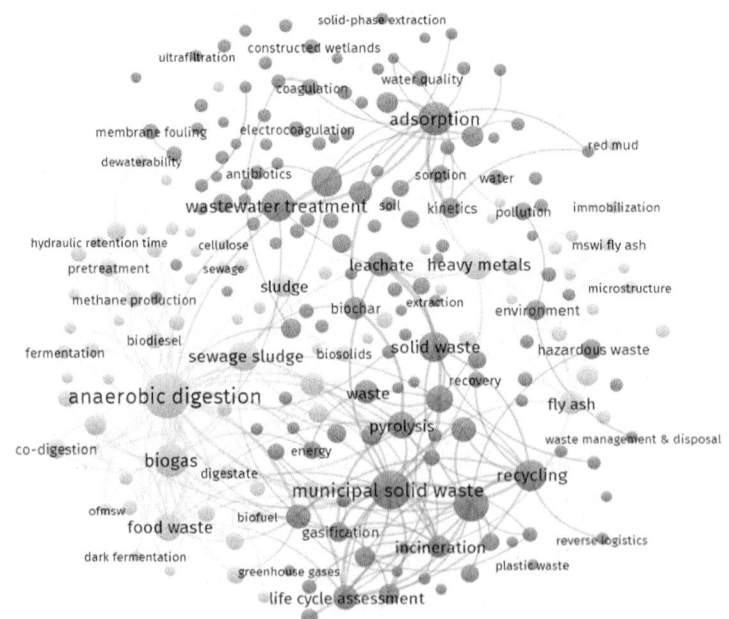

图 6.4 固废处理技术领域热词聚类图

图 6.4 显示，固废处置领域研究热点集中在以下 4 个方面：

①固废渗滤液处理技术研究。主要开展膜过滤技术、生物处理法、固废

渗出物质谱测定法、植物修复法、人工湿地修复等研究。

②城市固体废弃物的处理技术研究。主要开展城市固体废物的焚烧、填埋、堆肥、循环利用、优化管理等技术和措施的研究。

③污泥处置技术。主要开展污泥厌氧消化处置技术、污泥处置能源利用技术等研究。

④飞灰处理技术。主要开展飞灰中重金属处理技术、底灰处理技术、飞灰固化或稳定化处理技术、水热处理技术、飞灰淋洗技术等研究。

6.4.5 固废治理行业高商业价值技术预测分析

6.4.5.1 固体废物处理处置领域技术前沿预测

基于国家重点研发计划"固废资源化"重点专项实施方案制定的背景——"该专项方案是面向生态文明建设与保障资源安全供给的国家重大战略需求,以"减量化、资源化、无害化"为核心原则,围绕源头减量—智能分类—高效转化—清洁利用—精深加工—精准管控全技术链",本研究认为该专项指南方向即为未来我国固废技术领域重大战略需求方向,而生态环境部政策指引以及已立项的技术创新领域和文献研究领域则表明近期研究的热点领域。因此,在固废技术前沿领域,未来的研究方向如表6.11、表6.12所示。

表6.11 固废治理战略需求技术前沿领域

一级领域	二级领域
固废综合解决方案及集成示范	大城市固废综合解决方案及集成示范
	产业园区固废综合解决方案及集成示范
	矿产区固废综合解决方案及集成示范
	产业集聚区固废综合解决方案及集成示范
固废资源化利用前瞻性技术	大宗铝硅酸盐无机固废物相重构与转化利用科学
	有机固废定向生物转化机制及调控原理
	重点行业固废源头减量清洁工艺新技术
	有机固废全组分清洁转化及安全利用新技术
	危险废物毒害组分快速识别与检测新技术
	城市固废大数据挖掘及全生命周期管控新技术

续表

一级领域	二级领域
重污染固废源头减量与生态链接技术	钢铁冶炼难处理渣尘泥过程协同控制与生态链接技术
	精细化工园区磷硫氯固废源头减量及循环利用集成技术
	废纸替代清洁生产工艺及固废源头减量集成技术
智能化回收与分类技术	社区垃圾源头智能分类与清洁收集技术及装备
	城镇建筑垃圾智能精细分选与升级利用技术
有机固废高效转化利用及安全处置	城镇有机固废高值化利用技术及示范
	城乡混合有机垃圾快速稳定化及资源化利用技术
	污泥快速减量与资源化耦合利用技术
	中药固废及抗生素菌渣资源化利用与无害化处置技术
	废弃秸秆制备能源化学品成套技术与装备
	有机固废高效气化及产品深度利用技术与装备
	固废焚烧残余物稳定化无害化处理技术与装备
	有机危废高效清洁稳定焚烧处置技术与装备
无机固废清洁增值利用技术	大宗工业固废协同制备低成本胶凝材料及应用技术
	工业固废大掺量制备装配式预制构件技术
	复杂铅基多金属固废协同冶炼技术与大型化装备
	镍钴/钨/锑战略金属冶金固废清洁提取与无害化技术
	废弃环保催化剂金属回收与载体再用技术
	高浓工业危废资源化回收与污染控制技术
	放射性固废清洁解控与安全处置技术
废旧复合材料精细回收与精深利用	退役磷酸铁锂电池分选与正极材料高值化利用技术
	退役三元锂电材料高效清洁回收利用技术
	废旧服务终端自动化拆解与高效回收利用技术
	废旧智能装备机电一体化再制造升级技术
	废杂塑料包装物绿色循环与高质利用技术
	废铅膏短程转化与清洁再生技术
	大宗金属铝/铜再生过程灰尘高效回收与污染控制技术

续表

一级领域	二级领域
固废全过程精准管理与决策支撑技术	资源循环利用过程精准管理支撑技术与应用示范，研究支撑"无废城市"建设的固废污染综合减控技术策略
	研究典型产业间固废协同处理技术规范与园区化协同处理模式

表6.12　近3～5年固废技术前沿重点领域

一级领域	二级细分领域
城市生活垃圾处理技术	城市生活垃圾焚烧飞灰处理技术
	浓缩渗滤液处理技术
	填埋气利用技术
	餐厨垃圾处理处置利用技术
废弃物资源化利用	废弃电器电子产品处理和利用技术
	汽车处理和利用技术
	农业废弃物资源化利用技术
	（废旧太阳能光伏板、报废动力蓄电池、废碳纤维材料、废纺织品、废节能灯、农膜和农药化肥等）新型废弃物的资源化利用及无害化处理技术
	废旧塑料的改性改质技术
农村生活垃圾处理处置利用技术	畜禽粪便、秸秆等农林有机废弃物收集、转化和利用技术
典型大宗工业固体废物处理处置利用技术	尾矿、赤泥、冶炼渣、工业副产石膏、粉煤灰、煤矸石等固体废物处理处置利用技术
危险废物处理处置技术	废矿物油、电镀污泥、重金属废物、抗生素菌渣、高毒持久性废物、废铅酸蓄电池、医疗废物等危险废物综合处理处置技术；危险废物环境管理的精细化、信息化技术

6.4.5.2 固体废物处理处置行业高商业价值技术预测

(1) 预测依据

1) 固废处理的标准提升，打造无废城市正逐步成为趋势

我国自 2009 年开启垃圾焚烧大规模建设以来，截至 2018 年全国生活垃圾无害处理量达到 22 565 万吨，无害处理率达到 99%，其中垃圾焚烧处理能力占总无害化处理能力的 45.1% 以上。根据《"十三五"全国城镇生活垃圾无害化处理设施建设规划》提出，"十三五"期间，全国城镇生活垃圾无害化处理设施建设总投资约 2518.4 亿元；到 2020 年城镇生活垃圾垃圾焚烧处理能力要占总无害化处理能力的 50% 以上。经过大规模垃圾焚烧发电建设后，我国固废处理也正由发展阶段向完善阶段升级（图 6.5）。

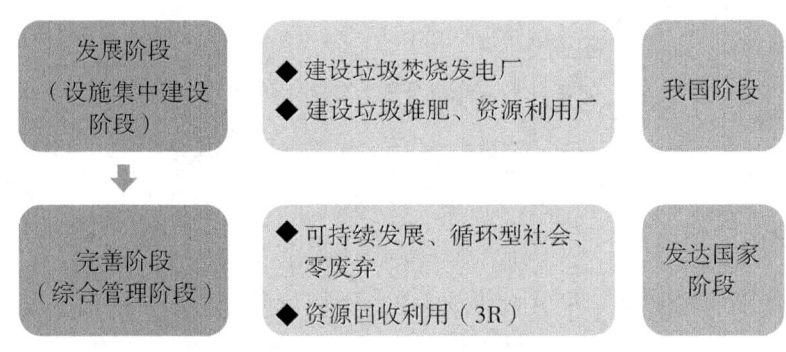

图 6.5 我国固废处理发展处于转型升级阶段

2018—2019 年，我国对垃圾分类的重视程度不断提高。2017 年底，住房城乡建设部发布《关于加快推进部分重点城市生活垃圾分类工作的通知》，要求 46 个重点城市出台生活垃圾分类管理实施方案或计划行动。截至 2019 年 3 月，除西藏日喀则外，其他 45 个城市都对垃圾分类进行了"日程规划"，出台了相关的意见、实施方案或行动计划，其中广州市、深圳市、长春市、苏州市、宜春市、银川市、泰安市、太原市、宁波市 9 个城市出台了专门的垃圾分类管理条例。2019 年 1 月，上海市通过了《上海市生活垃圾管理条例》，并于 7 月 1 日正式实施，该条例引起了行业和社会的广泛关注，被称为"史上最严"垃圾分类条例。

随着垃圾分类的日趋严格，带来了垃圾处理技术路线格局的变化，资源化回收类技术处理路线占比开始提升。这种技术路线变化的趋势，与美国、

日本固废处理发展到后期的情形相一致的，美国的垃圾焚烧处理量在1995—1998年占比达到20%左右后便趋于稳定，2000年以后开始逐步下降，而回收占比便开始逐步提升。

随着我国垃圾分类政策的逐渐完善实施，大大提升了生活垃圾的利用效率，生活垃圾焚烧的产能也得到了加速提升。随着垃圾焚烧得到广泛的推广与应用，垃圾焚烧发电应运而生，但其面临着前期投入较大、运营成本较高等问题。为此，国家出台了较多的优惠政策与措施，提倡和鼓励生活垃圾焚烧发电，有效促进了国内垃圾发电行业的良好发展，并使其成为链条最成熟、规模最大的环保产业之一。在企业竞争方面，我国垃圾发电行业集中度也较高。

除了垃圾分类的升级外，"无废城市"作为新的概念于2018年底提出。"无废城市"是城市固废处理减量化、资源化理念升级的更高要求。2018年12月，国务院办公厅印发《"无废城市"建设试点工作方案》，从60个候选城市中筛选确定了11+5个城市和地区，作为"无废城市"的建设试点。

11+5个城市分别为：广东省深圳市、内蒙古自治区包头市、安徽省铜陵市、山东省威海市、重庆市（主城区）、浙江省绍兴市、海南省三亚市、河南省许昌市、江苏省徐州市、辽宁省盘锦市、青海省西宁市。与此同时，河北雄安新区、北京经济技术开发区、中新天津生态城、福建省光泽县、江西省瑞金市作为特例，参照"无废城市"建设试点一并推动。

"'无废城市'并不意味着不产生固体废物，也不是固体废物能够完全资源化利用"，其核心理念的内涵则是从源头减量、从源头防止二次污染、最大限度减少填埋量等。国际上目前仅有8个城市明确提出建立"无废城市"。从我国"无废城市"的建设进程来看，2019年上半年试点城市政府进行了实施方案的印发，2021年3月底进行了评估总结，对成绩突出的城市给予通报表扬，把试点城市行之有效的改革创新举措制度化。在两年内，我国已形成一批可复制、可推广的"无废城市"建设示范模式。而关于"无废城市"具体建设的模式，各个试点城市和研究设计机构均仍在探索中。但可以预期的是，为实现整个城市固废产生量最少、资源化利用充分、处置安全的目标，两网融合、四级网络体系建设、发展"互联网+"固废处理产业是大趋势，届时我国的城市固废处理体系也将迎来全面的升级。

两网融合：即城市环卫系统和再生资源系统的有机结合，对生活垃圾投放收集、清运中转、终端处置业务进行统筹规划，实现投放点的整合统一，作业队伍的整编，设施场地的共享等。这不仅可以在一线指导居民分类投放，推进生活垃圾源头分类，还能提升垃圾回收利用率，实现垃圾总量的减少。

四级网络体系建设：是以设备研发为依托，将前端回收体系作为源头管控，固体废物经过再生资源加工处理，建设专业科学的资源回收循环体系，在多级化和专业化机制管控下，实现将传统的"低，小，散"粗放型经营模式向规范化、智能化、集聚化、标准化、体系化方向发展，形成可复制、可推广的生活垃圾分类模式，实现垃圾"资源化"的最终目标。

2）行业政策趋严，催生出大量市场空间

2018 年，生态环境部针对《中华人民共和国固体废物污染环境防治法》（以下简称《固废法》）发布了第二次较大幅度修订案的征求意见稿。新版法规强化了生产者的主体责任，并提出"生产者责任延伸制"，鼓励开展生态设计，建立回收体系，促进资源回收利用。原版《固废法》在 20 年内仅于 2004 年做出了第一次幅度较大的修改。新版本较老版本对部分违法行为的处罚力度大大加强，原版中一些没有具体罚则的行为在修订案中都加上了相应的法则，多项违法行为的罚款甚至大幅提升至 100 万元（表 6.13）。新版《固废法》已于 2019 年 6 月颁布实施，受其影响排污企业的固废处理成本将大大增加。根据国家规定，一般企业生产的固体废物必须交由具有处理资质的第三方进行处理。

表 6.13 《固废法》修订草案涉及罚款的主要变更点

违法行为	现行法律罚则	修订草案罚则
产生、利用、处置固体废物的企业，未按照国家有关规定及时公开固体废物产生、利用、处置等信息的	无	1 万~10 万元罚款
未依法取得排污许可证，或者未按照排污许可证要求管理所产生的工业固体废物或者危险废物的	无	2 万~20 万元罚款

续表

违法行为	现行法律罚则	修订草案罚则
工业固体废物的产生者委托他人运输、利用、处置固体废物，受委托者的运输、利用、处置行为违反国家环境管理有关规定的	无	分别对工业固体废物的产生者和受委托人处1万~10万元罚款
不设置危险废物识别标志的	1万~10万元罚款	2万~20万元罚款
不按照国家规定制定危险废物管理计划的	无	2万~20万元罚款
非法排放、倾倒、处置危险废物的	无	10万~100万元罚款
将危险废物提供或者委托给无经营许可证的单位从事经营活动的	2万~20万元罚款	10万~100万元罚款
不按照国家规定填写危险废物转移联单或者未经批准擅自转移危险废物的	2万~20万元罚款	10万~100万元罚款
将危险废物混入非危险废物中贮存的	1万~10万元罚款	2万~20万元罚款
未经安全性处置，混合收集、贮存、运输、处置具有不相容性质的危险废物的	1万~10万元罚款	2万~20万元罚款
未制定危险废物意外事故防范措施和应急预案的	1万~10万元罚款	2万~20万元罚款

中共中央总书记、国家主席、中央军委主席习近平对垃圾分类工作作出重要指示。习近平主席强调，实行垃圾分类，关系广大人民群众生活环境，关系节约使用资源，也是社会文明水平的一个重要体现；他指出，推行垃圾分类，关键是要加强科学管理、形成长效机制、推动习惯养成。要加强引导、因地制宜、持续推进，把工作做细做实，持之以恒抓下去。要开展广泛的教育引导工作，让广大人民群众认识到实行垃圾分类的重要性和必要性，通过有效的督促引导，让更多人行动起来，培养垃圾分类的好习惯，全社会人人动手，一起来为改善生活环境作努力，一起来为绿色发展、可持续发展作贡献。目前我国生活垃圾分类工作流于表面现象严重，民众主动分类弃置意愿不强，给后期焚烧工作带来了诸多不便的同时也大幅增加了垃圾处理的成本。

我们判断未来垃圾分类处理工作将会同时从清运公司与民众两个层面推进，受益于此，建议优先布局业务包含垃圾分类处理概念的垃圾清运类及运营类公司以及生产产品包含垃圾分类概念的设备制造公司。同时，垃圾焚烧类公司也将因此获益；因为这类企业的最主要成本构成为焚烧尾气的处理，分类预处理好的垃圾会大幅降低垃圾焚烧厂在尾气处理方面的成本。

3）工业固废资源化技术现状分析

目前，国家主要有4类工业固废，分别为粉煤灰（煤矸石）、金属废渣、工业副产石膏、工业生物质废物。①粉煤灰和煤矸石是煤炭资源开发利用产生的主要废物，2016年我国粉煤灰和煤矸石产生量超过13亿吨；②我国金属废渣主要来源于有色金属选冶、黑色金属冶炼过程，因原生资源品位较低和选冶工艺落后，废渣排放量大、成分复杂、有害成分含量高；③工业副产石膏主要包括磷石膏、脱硫石膏、盐石膏、氟石膏等副产石膏；④我国工业生物质废物占整个工业固废的11%，食品加工、酿造、纺织等行业是主要来源。

目前，国内对于工业固废大都采取加工再利用的处置措施。在绿色工业的号召下，企业针对不同工业固废采取不同的技术，主要有以下4类：粉煤灰和煤矸石采用资源化利用技术（表6.14），金属废渣采用综合处置技术，工业副产石膏采用综合利用技术，工业生物质采用废物资源化利用技术。

表6.14 工业固废资源化技术

技术	概述
垃圾焚烧技术	垃圾焚烧发电系统中关键是焚烧炉型，目前国内应用的焚烧炉型有两种，一是进口的炉排炉，一般城市难以接受，且运行成本高；另一种是国内自主开发的循环流化床炉，它是一种适应国内垃圾低热植、高水分，难以着火问题的炉型，正在国内逐步推广应用
垃圾填埋技术	垃圾填埋场在倾倒垃圾之前，在坑的内部用不渗漏的材料做一层防渗内衬，填满垃圾后封盖，上边再覆盖一层黄土，防止填埋气跑掉。经过一年左右的时间即可钻井采气。填埋气经除尘、除湿并加压，然后送入发动机发电，有的还回收余热，对外供热。一般可产气十年以上

资料来源：前瞻产业研究院整理。

(2) 高商业价值技术领域预测结果

根据上述固废处理行业发展现状及政策环境的分析，未来在固废行业领域高价值的技术领域主要集中在以下 3 个方面：

1) 固废处理技术应用领域中，热燃气、热解气等技术是新趋势

目前国内外最常用的两种利用垃圾发电的技术：一是将垃圾卫生填埋，回收填埋场沼气，以沼气为燃料燃烧发电；二是直接以垃圾为燃料，焚烧垃圾发电。

垃圾的焚烧发电是利用焚烧炉对生活垃圾中可燃物质进行焚烧处理，通过高温焚烧后消除垃圾中大量的有害物质，达到无害化、减量化的目的，同时利用回收的热能进行供热、供电，达到资源化利用。

垃圾填埋后其中大量的有机物在适宜的温度和湿度下，经过一系列的物理、化学变化和生物降解作用，产生大量填埋气体。为充分利用这些宝贵的能源，做到化害为利，在垃圾填埋场中设置特殊的沼气收集装置，抽出和收集这些气体作为燃料进行利用。

根据前瞻产业研究院的分析显示，未来垃圾发电技术将会更加注重环保，提高能源利用率。热燃气化、热解气化等技术是未来垃圾发电技术的发展趋势（表 6.15），而在垃圾发电资源化利用方面的新技术主要有粉煤灰和煤矸石资源化利用技术、金属废渣综合处置技术、工业副产石膏综合利用技术和工业生物质废物资源化利用技术，如表 6.16 所示。

表 6.15 垃圾发电技术概述

趋势	概述
热燃气化垃圾发电	垃圾在燃烧过程中无须喷油助燃，即可收到充分燃烧的效果，供热产能相当稳定并避免了焚烧后产生的烧结渣、有害气体和重金属粒分子等问题
热解气化焚烧发电	依靠部分固废的燃烧热控制温度在 600～800 ℃，使固废中的可分解物质分解成为可燃气体，然后在二燃室供给充足的空气使可燃气体完全、充分燃烧，使有毒有害物质完全分解，实现无害化处理，高温烟气再经余热锅炉产生高温蒸汽发电
碱金属高效垃圾发电	利用 Al_2O_3 固体电解质的离子导电性，用钠作工质，以热再生浓度差电池过程为工作原理的热电能量直接转换新技术

资料来源：前瞻产业研究院整理。

表 6.16 垃圾发电资源化利用新技术趋势

技术名称	现状分析
粉煤灰和煤矸石资源化利用技术	在建材建工、矿井充填、低热值发电等技术研发与应用方面取得了一定成效，高铝粉煤灰提取氧化铝和铝硅合金技术已在局部地区实现产业化生产
金属废渣综合处置技术	以解毒堆存和生产建筑材料等处置方式为主。由于现有处理方式规模效益不佳、二次污染严重、产品附加值低，产业化推广不理想
工业副产石膏综合利用技术	突破脱硫石膏和磷石膏制备水泥缓凝剂、纸面石膏板等核心技术，实现了工业化应用。技术模式仍以生产低端建筑材料为主，受市场容量和产品销售半径的限制，很难实现大规模消纳
工业生物质废物资源化利用技术	以生产饲料和肥料为主，综合利用率不到10%。养殖园区生物质废物生产燃气技术已经规模化推广应用

资料来源：前瞻产业研究院整理。

2) 未来固废处理技术注重资源再利用

在资源化利用方面的技术集中在3个方面：

①生物处理技术前景广阔。在众多的处理方法中，以堆肥为代表的生物处理技术具有成本低、运行费用低、操作简单、易管理等优点。我国的城市固体废物主要是厨房垃圾，有机物成分和营养物质含量高，有的可达60%~70%，而一般有机物的含水量高达70%，从减量化和资源化的角度分析，厌氧消化技术是一种非常有前景的技术。

②实现清洁生产的城市固体废物处理新技术。根据城市固体废物组成的不同特点，推动综合处理技术的研究和应用工作。热等离子体气化技术、水热催化气化技术、热裂解技术已经开始应用于城市固体废物的处理中，联合处理电子废弃物和城市固体废物的填埋场生物反应器技术也已开始尝试应用于固体废物处理中。

③提高固体废物资源化利用率的技术。我国是能源消耗大国，可以充分利用城市固体废物回收能源，例如，可以把城市固体废物分类后焚烧获取热能，利用有机固体废物生物法制氢，利用废报纸发酵生产乙醇等。目前，利

用城市固体废物焚烧灰渣制造建筑材料是节约资源、消除废物、保护环境的有效途径。

综合上述分析结果,结合本研究固废领域前沿技术的预测发现,在固废技术领域的高价值技术如表 6.17 所示。

表 6.17 固废领域高价值技术预测

序号	一级领域	二级细分领域
1	城市生活垃圾处理技术	城市垃圾焚烧热解气化技术
2		餐厨垃圾生物处理技术
3	废弃物资源化利用	废弃电器电子产品处理和利用技术
4		汽车处理和利用技术
5		农业废弃物资源化利用
6		(废旧太阳能光伏板、报废动力蓄电池、废碳纤维材料、废纺织品、废节能灯、农膜和农药化肥等)新型废弃物的资源化利用及无害化处理技术
7		废旧塑料的改性改质技术
8	智能化回收与分类技术	社区垃圾源头智能分类与清洁收集技术及装备
9		城镇建筑垃圾智能精细分选与升级利用技术
10	典型大宗工业固体废物处理处置利用技术	尾矿、赤泥、冶炼渣、工业副产石膏、粉煤灰、煤矸石等固体废物处理处置利用技术
11	固废全过程精准管理与决策支撑技术	"互联网+"固废处理产业技术(利用智慧化技术推动资源循环利用过程精准管理支撑技术与应用示范),研究支撑"无废城市"建设的固废污染综合减控技术策略

在上述二级领域预测的基础上,利用德尔菲法,在 15 个专家进行评价的基础上,得出企业在"十四五"期间固废治理技术创新的战略领域(表 6.18)。

表 6.18　固废治理领域前沿技术预测结果

一级领域	二级细分领域	三级领域（共性技术、"十四五"拟重点研发方向）
城市生活垃圾处理技术	城市生活垃圾焚烧飞灰处理技术	飞灰的无害化资源化利用（脱毒后建材化利用）
	城市生活垃圾焚烧烟气处理技术	烟气超低排放技术（声波测温、烟气网格化在线检测、陶瓷纤维滤筒等）
	浓缩渗滤液处理技术	渗滤液、浓缩液蒸发减量化处理；渗滤液全流程零排放处理技术
	环境修复（填埋场或非正规填埋场治理、土壤修复、荒漠化治理、盐碱地修复、矿山修复）	土壤修复、荒漠化治理、盐碱地修复、矿山修复技术
	填埋气利用技术	—
	餐厨垃圾处理处置利用技术	县域级餐厨垃圾的协同（焚烧、厌氧、堆肥）处理技术；社区级餐厨垃圾的就地处理技术
废弃物资源化利用	废弃电器电子产品处理和利用技术	自动化拆解、破碎筛分分选工艺及设备，构建一套完整的电子废弃物回收机制及配套的除尘系统
	汽车处理和利用技术	不同类型报废汽车的拆解技术及破碎后分离技术和高值化利用
	农业废弃物资源化利用	基于种养结合的农业废弃物资源化整体方案与垃圾协同焚烧处理技术
	（废旧太阳能光伏板、报废动力蓄电池、废碳纤维材料、废纺织品、废节能灯、农膜和农药化肥等）新型废弃物的资源化利用及无害化处理技术	废动力电池自动化拆解分离及梯次回收利用技术

续表

一级领域	二级细分领域	三级领域（共性技术、"十四五"拟重点研发方向）
废弃物资源化利用	废旧塑料的改性改质技术	高效催化剂或微波技术在化学法回收塑料中的应用
农村生活垃圾处理处置利用技术	畜禽粪便、秸秆等农林有机废弃物收集、转化和利用技术	规模化养殖场绿色低碳循环利用技术
典型大宗工业固体废物处理处置利用技术	尾矿、赤泥、冶炼渣、工业副产石膏、粉煤灰、煤矸石等固体废物处理处置利用技术	利用粉煤灰制备活性炭技术；从赤泥中回收金属铁技术；利用工业废渣制备陶瓷坯料技术；利用泵送煤矸石进行填充的技术；利用煤矸石膏体自流填充技术；利用高铝粉煤灰提取对氧化铝并制备活性硅酸钙的技术；利用纯脱硫石膏制备纸面石膏板技术；利用废弃油脂制备生物柴油技术
危险废物处理处置技术	废矿物油、电镀污泥、重金属废物、抗生素菌渣、高毒持久性废物、废铅酸蓄电池、医疗废物等危险废物综合处理处置技术；危险废物环境管理的精细化、信息化技术	不同工艺、不同行业之间的协同资源化、减量化处理技术；精细化、信息化配伍技术

6.5 废气治理领域前沿技术预测分析

6.5.1 基于专家调研的大气污染治理领域前沿技术分析

参照郝吉明院士的观点报道以及对大气环保领域10位专家的调研结果，大气污染治理领域前沿技术如表6.19所示。

表 6.19　大气污染治理领域前沿技术

序号	技术领域
1	柴油车排放污染物净化技术
2	细颗粒物（$PM_{2.5}$以下）的治理技术
3	非电行业氮氧化物污染控制技术
4	VOCs 减排技术
5	恶臭污染物的净化技术

6.5.2　基于政策分析的技术热点领域

根据 2018 年生态环境部《关于推荐先进大气污染防治技术的通知》中给出的推荐重点领域和《"十三五"节能环保产业发展规划》中提出的技术装备供给领域，梳理出结果如表 6.20 所示。

表 6.20　"大气污染防治技术"重点领域

一级领域	二级细分领域
非电行业废气治理领域	钢铁、焦化、水泥、玻璃、陶瓷、有色金属冶炼等工业烟气净化技术
	窑炉多污染物协同控制技术
VOCs 治理技术	重点行业（如石化、化工、涂装、制药、包装印刷、汽车制造、电子、家具制造等）VOCs 污染防治技术
	挥发性有机物（VOCs）源头控制技术
工业烟气污染防治技术	燃煤发电机组、工业锅炉烟气多污染物协同控制技术
	燃油和燃气工业锅炉低氮燃烧和脱硝工艺氨逃逸控制
	脱硫、脱硝、除尘、除汞副产物的回收利用技术
	$PM_{2.5}$ 和臭氧主要前体物联合脱除
尾气治理技术	柴油车尾气治理技术
	船舶尾气治理技术

续表

一级领域	二级细分领域
固废焚烧烟气净化技术	生活垃圾焚烧烟气净化技术
	危险废物烟气净化技术
油烟、扬尘等面源污染防治技术	大气污染来源识别
	区域联防联控技术集成
恶臭防治技术	—

6.5.3 基于环保技术创新研究的技术重点领域分析

根据北京市科委、北京市自科基金委2018—2019年已承担或已经立项的相关课题，2019年科技部"大气污染成因与控制技术研究"重点专项申报指南，生态环境部等部委编制并发布的筛选企业污染防治先进技术目录［2018年《国家先进污染防治技术目录（大气污染防治领域）》、2016年《国家先进污染防治技术目录（VOCs防治领域）》］等进行相应的分析、统计和归纳，获得基于环保技术创新研究的技术热点分析结果，如表6.21所示。

表6.21 大气污染防治技术创新研发重点领域

序号	一级领域	二级领域
1	工业烟气污染防治	—
2	柴油机尾气污染防治	—
3	大气污染监测预警预报技术	—
4	大气污染联防联控技术	—
5	污染源全过程控制技术	—
6	VOCs治理技术	包装印刷、石油化工、涂装、制药、防水卷材等行业VOCs治理
		工业有机废气治理
		餐厨油烟治理
7	恶臭异味气体治理	—

6.5.4 基于文献研究的环保技术前沿热点分析

以 TS（主题词）=（Air pollution or Atmospheric pollution or Inhalable particulate matter or Sulfur dioxide emission or NOx emission or Smog or PM2.5 or PM10 or VOC or VOCs or Volatile organic compounds or Volatile organic pollutants or Volatile organic compound）AND（Control * or Prevent *）为检索式，在"Web of Science Core Collection"数据库中进行"all field"检索，检索时间段为 2016 年 1 月至 2020 年 2 月，检索日期为 2020 年 2 月 23 日，共检索数据 11 419 条，将这 11 419 条数据以 .txt 格式导出后，在 Vosview 1.6.14 软件下以关键词共现频率≥20 次为有效进行词频统计，并生成如图 6.6 所示热词聚类图。

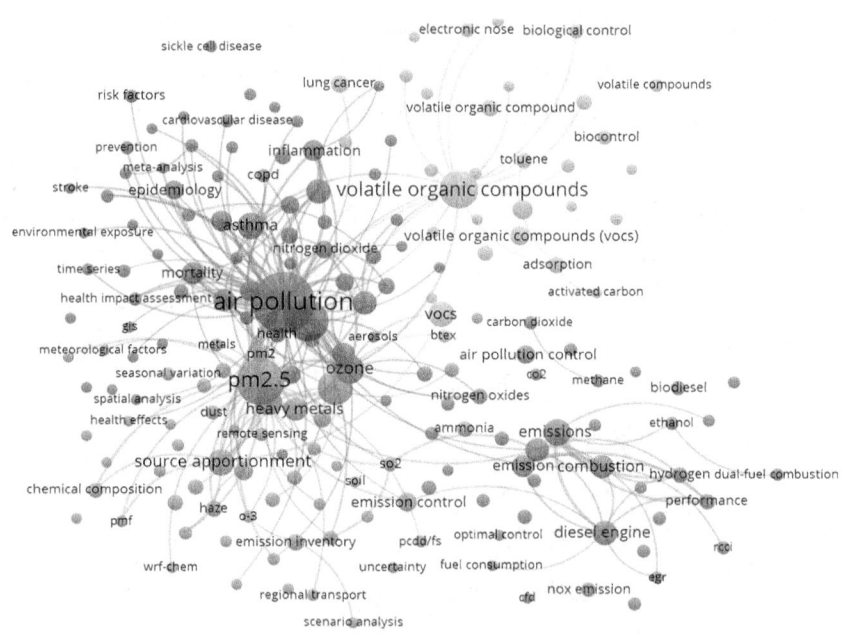

图 6.6　大气污染治理技术领域热词聚类图

图 6.6 可以看出，自 2016 年以来，在大气污染治理技术领域的研究集中度比较高，主要集中在 4 个方面，研究热度从强到弱依次如下所示。

①大气污染对人体的危害研究。主要开展大气污染对人类的影响及其控制措施研究。

②≤$PM_{2.5}$控制技术。围绕该领域主要开展"$PM_{2.5}$、PM_{10}、细颗粒物、超细颗粒物的影响及控制技术"、金属颗粒污染物的控制技术、"颗粒污染物的源解析及健康风险评价"、多氯联苯类污染物控制技术、生物质燃烧烟气控制、区域传输、遥感监测技术等研究。

③燃料燃烧尾气排放处理技术。围绕该技术领域开展"尾气成分分析研究""柴油车尾气治理技术"。

④挥发性有机污染物控制技术。围绕该领域主要开展"挥发性有机污染物的构成""VOCs在线监测技术""VOCs活性吸附技术""VOCs催化氧化技术""VOCs光化学催化燃烧技术"等。

6.5.5 废气治理行业高商业价值技术预测分析

6.5.5.1 预测依据

（1）大气污染治理行业市场预测分析

党的十九大报告中我国主要矛盾的变化表明我国已由过去的盼温饱、求生存转为盼环保、求生态，环保高度得到大幅提升。另外，报告提出，2020年前要坚决打好污染防治的攻坚战，再结合2035年生态环境根本好转的目标，未来十年我国环保行业将持续景气。

当前中国大气环境形势仍十分严峻，部分区域和城市大气灰霾现象突出，许多地区主要污染物排放量超过环境容量。在我国大气污染治理的迫切需求及政策引导下，我国大气污染防治行业市场规模增长较快，2015年我国大气污染防治行业的市场规模约为1310亿元，到2017年增长至1942亿元，2018年全年达到2340亿。根据中研普华产业研究院预测数据，2025年我国大气污染治理规模将达到5019亿元，如图6.7所示。

中国是一个能源结构以煤炭为主的发展中大国，随着社会经济的高速发展，煤炭消费量逐年提升，尽管出台了一系列强有力的节能减排措施，中国的硫氧化物、氮氧化物排放量还是排在了世界第一位。

当前中国大气环境形势十分严峻，部分区域和城市大气灰霾现象突出，许多地区主要污染物排放量超过环境容量。在传统煤烟型污染尚未得到控制的情况下，以臭氧、细颗粒物（$PM_{2.5}$）和酸雨为特征的区域性复合型大气污染日益突出，区域内空气重污染现象大范围同时出现的频次日益增多，严重

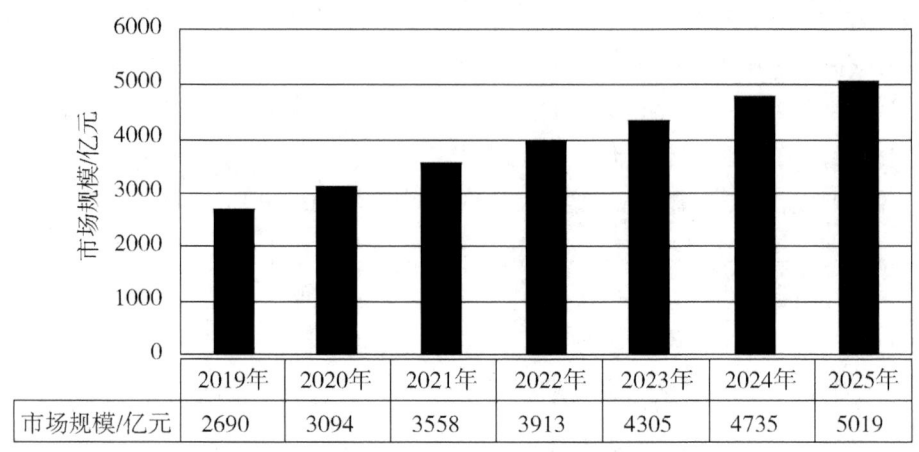

图 6.7　大气污染防治市场规模预测

数据来源：中研普华产业研究院。

制约社会经济可持续发展，威胁人民群众身体健康。

未来，随着国家大气污染治理力度的加大及行业发展的加速，大气污染治理需求仍将呈现急速上升的趋势。

近年来，随着我国大气污染治理政策的频繁出台及治理要求的不断提高，我国大气污染现状得到了很大的改善。从政策端来看，我国大气排放治理市场的发展趋势为区域治理节奏逐年放缓，行业超低排放稳步推进。受边际效应影响，京津冀秋冬排放治理指标相比2013年已大幅降低，未来或将继续呈现逐年放缓的减排指导；而随着2018年底火电改造完成度达到80%，火电超低排放改造已步入尾声。2018年7月，国务院印发《打赢蓝天保卫战三年行动计划》，要求持续推进工业污染源全面达标排放，将烟气在线监测数据作为执法依据，加大超标处罚和联合惩戒力度，未达标排放的企业一律依法停产整治。随后，山西、山东、河北、内蒙古、江苏、河南等地纷纷出台地方的《打赢蓝天保卫战三年行动计划实施方案》，推进钢铁等重点行业的超低排放改造工作。在政策支持下，非电工业领域提标改造的市场空间逐渐扩大，将成为大气治理下一个风口。据此趋势判断，我们认为未来超低排放的主要阵地将会逐一过渡向水泥、玻璃、电解铝、陶瓷、碳素等主要排放源工业。

此外，中国是世界汽车产销第一大国，汽车产量年复合增长率高达

12.9%，汽车工业发展迅速，与此同时，汽车尾气排放大量的一氧化碳、氮氧化物、氧化亚氮、碳烟颗粒物给生态环境造成巨大压力。汽车存量市场和增量市场将给汽车尾气处理产业带来巨大的市场空间。2015年我国机动车尾气治理市场产值约52.4亿元，到2018年达到了95.4亿元，近4年国内机动车尾气治理市场规模复合增长率21.61%，如图6.8所示。随着我国汽车保有量持续上升（图6.9～图6.10），汽车给人们带来便捷的同时，也因为中国针对汽车工业的法律法规、产业链结构不完善等因素，造成了机动车排放对

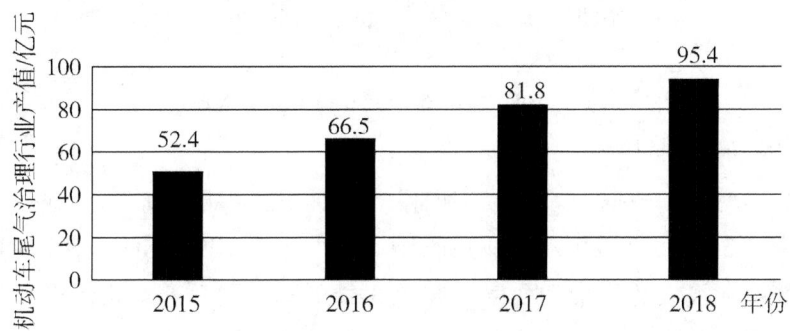

图6.8　2015—2018年中国机动车尾气治理市场产值情况

数据来源：智研咨询整理。

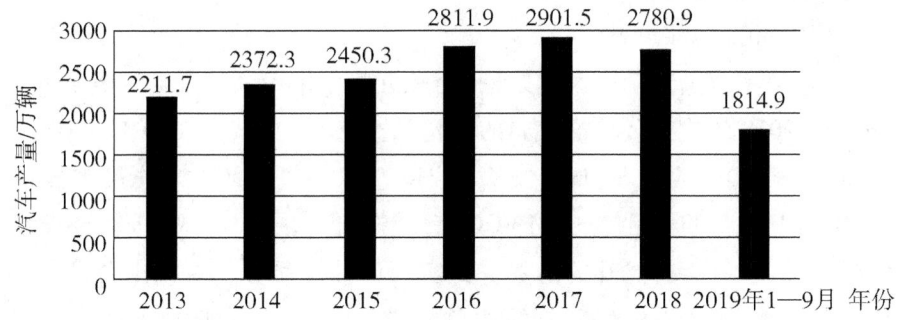

图6.9　2013—2019年9月中国汽车产量统计

数据来源：中国汽车工业协会。

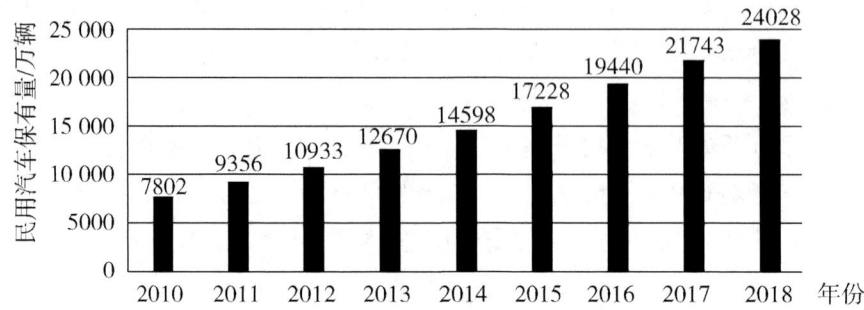

图 6.10　2010—2018 年中国民用汽车保有量统计

数据来源：国家统计局。

大气的高度污染。根据国家权威部门发布的数据，中国机动车造成的城市大气污染高达 30% 以上，机动车排放物中大量的 PM、CO、NO_x、HC 对环境及人体系统造成极大的污染和伤害。在此背景下，中国政府对机动车尾气治理也给予了高度重视，在不同的经济及科技发展阶段，制定了不同的机动车排放标准，但整体上处于越来越严格的趋势，这给我国机动车尾气治理行业带来了巨大的发展机遇。

（2）政策利好行业趋势分析

1）VOCs 治理利好趋势

我国对 VOCs 防治工作起步较晚，但是近些年来不断加强对 VOCs 污染的管理控制。2018 年生态环境部发布的《清洁空气行动计划》（2018—2020 年）指出，相对于 2017 年，2020 年 $PM_{2.5}$ 浓度、NO_x 和 VOCs 排放量需要降低 8%、9% 和 10%。只有在 NO_x 和 VOCs 都减排时，在 $PM_{2.5}$ 浓度降低 8% 的同时才能有效地遏制臭氧上升的趋势。为实现该计划目标，国家出台了一系列 VOCs 相关政策规定，并对之前的相关标准进行了进一步的修订立项（表 6.22、表 6.23）。

表 6.22 2016 年以来 VOC 领域相关政策

颁布年份	颁布机构	政策名称	相关内容
2016 年	国务院	"十三五"生态环境保护规划	首次将重点地区、重点行业挥发性有机污染物 VOC 作为国家污染物排放总量控制指示
2017 年	环境保护部等	"十三五"挥发性有机物污染防治工作方案	方案指出以改善环境空气质量为核心,以重点地区为主要着力点,以重点行业和重点污染物为主要控制对象,推进 VOCs 与 NO_x 协同减排,明确提出到 2020 年,建立健全以改善环境空气质量为核心的 VOCs 污染防治管理体系,实施重点地区、重点行业 VOCs 污染减排,排放总量减少 10% 以上
2018 年	生态环境部	2018—2020 年"三年行动计划"	2020 年 $PM_{2.5}$ 浓度、NO_x 和 VOCs 排放量相对于 2017 年需要分别降低 8%、9% 和 10%。只有在 NO_x 和 VOCs 都减排时,在 $PM_{2.5}$ 浓度降低 8% 的同时才能有效地遏制臭氧上升的趋势
2019 年	生态环境部	2019 年全国大气污染防治工作要点	提出加快推进重点行业挥发性有机物的污染防治工作
2019 年	生态环境部	重点行业挥发性有机污染物综合治理方案	2019 年国家发布的涉 VOCs 排放管理方面最为重要的指导文件。该方案针对目前 VOCs 污染治理的形势和问题,提出了大力推进源头替代、全面加强无组织排放控制、推进建设适宜高效的治污设施、深入实施精细化管控等具体的控制思路,明确了石化、化工、工业涂装、包装印刷、油品储运销等重点行业和工业园区/产业集群的 VOCs 综合治理任务

表 6.23 VOCs 领域国家标准

标准名称	标准编号
恶臭污染物排放标准	GB 14554—1993
大气污染物综合排放标准	GB 16297—1996
饮食业油烟排放标准（试行）	GB 18483—2001
储油库大气污染排放物标准	GB 20950—2007
汽油运输大气污染物排放标准	GB 20951—2007
加油站大气污染物排放标准	GB 20952—2007
合成革与人造革工业污染物排放标准	GB 21902—2008
橡胶制品工业污染物排放标准	GB 27632—2011
炼焦化学工业污染物排放标准	GB 16171—2012
轧钢工业大气污染物排放标准	GB 28665—20012
电池工业污染物排放标准	GB 30484—2013
建筑钢结构防腐涂料中有害物质限量	GB 30981—2014
石油炼制工业污染物排放标准	GB 31570—2015
石油化学工业污染物排放标准	GB 31571—2015
合成树脂工业污染物排放标准	GB 31572—2015
烧碱、聚氯乙烯工业污染物排放标准	GB 15581—2016
挥发性有机物无组织排放控制标准	GB 37822—2019

随着新的《环境保护法》和《大气污染防治法》颁布实施、排放标准体系的不断完善和排污收费制度开始启动，VOCs 的污染防治工作展现出巨大的市场潜力，相关治理业务快速增长，从事 VOCs 治理的企业数量快速增长，VOCs 治理行业规模也在持续增长，数据显示 2018 年我国 VOCs 治理行业规模达到 208.4 亿元。随着中国政府继续提高 VOCs 治理重视程度，未来 VOCs 治理设备有望继续升级、治理技术持续提升，VOCs 治理行业有望迎来爆发式增长（图 6.11）。

我国作为制造业大国，在原料药制造、合成革（PU）、软包装印刷、电子终端产品制造、人造板、纤维板、木制家具制造、化学纤维（黏胶丝）、造

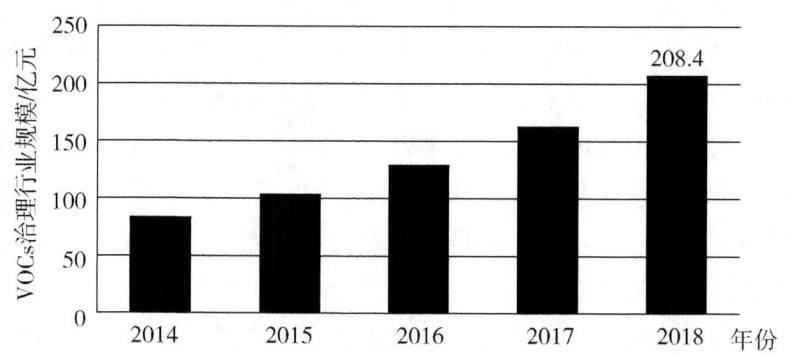

图 6.11　2014—2018 年我国 VOCs 治理行业规模走势图

数据来源：公开资料整理。

船、集装箱制造、煤化工（焦化）、农药制造等 VOCs 的重污染行业承担了全球大部分的产能，VOCs 的排放总量巨大，需要进行治理的行业和企业数量之多是其他国家发展史上从未有过的，因此 VOCs 治理任务艰巨，未来治理市场容量巨大。

随着环保市场的发展，EPC/BT/BOT/PPP 模式将逐渐成为主流。企业应发挥自身优势，积极拓展渠道，快速占领市场。

2）恶臭异味气体治理行业利好趋势

恶臭污染物是一类特殊的有异味物质，属于典型的扰民污染，也是当前被投诉的焦点污染物，是许多学者认为的世界公认的七大公害之一。原环境保护部总工程师杨朝飞在第七届全国恶臭污染测试与控制技术研讨会暨恶臭监管与治理高峰论坛上讲到，据全国环保举报管理平台统计，2017 年全国恶臭/异味投诉占所有环境问题投诉的 17.5%。而 2018 年 1—8 月恶臭/异味投诉占所有环境问题投诉的比例为 22.2%，仅次于噪声，居第二位。其中，北京、天津等经济发达和人口密度大的城市，对恶臭的投诉已占环境投诉的 30% 左右。

随着生态环境部对《恶臭污染物排放标准》修订稿的公开发布，作为一个"后来者居上"的细分领域，恶臭污染防治的发展前景无疑拥有着巨大潜力，尤其是蓝天保卫战和污染防治攻坚战及 VOCs 治理等大背景下，有望释放出千亿级别的市场空间。

据国家环境保护恶臭污染控制重点实验室副主任王亘表示，当前我国在恶臭治理方面存在诸如管理规定简单、引用的监测分析方法落后、分区执行不同排放限值有失公平原则、污染物项目数量较少和恶臭污染物排放控制要求宽等明显短板。从企业来看，目前很多企业普遍缺乏针对不同来源废气排放特征的认识，在技术选择上存在很大的盲目性，致使很大一部分治理项目效果不佳，反复治理情况严重。还有一部分企业或是重末端治理轻过程控制，或是治理设施摆样子走过场，或是缺乏对治理设施的运行维护，导致企业恶臭气体不能得到有效解决。

中国工程院院士侯立安建议，重点在恶臭污染暴露评估、识别检测、预警溯源、扩散模拟、管理控制等领域进行科技投入和创新，并加快成果的转化与应用，以此来解决当前我国恶臭污染存在的问题。

6.5.5.2 高商业价值技术领域预测结果

根据上述行业市场前景预测及政策利好行业分析，从大气污染治理下游用户迫切需求考虑，结合大气污染前沿技术预测，认为高商业价值技术领域如表 6.24 所示。最后结合德尔菲法，在 15 名专家综合评价的基础上得出"十四五"企业大气污染技术创新战略领域如表 6.25 所示。

表 6.24 高商业价值技术领域预测一览表

一级领域	二级细分领域
非电行业废气治理领域	钢铁、焦化、水泥、玻璃、陶瓷、有色金属冶炼等工业烟气净化技术
	窑炉多污染物协同控制技术
尾气治理技术	柴油车尾气治理技术
VOCs 治理技术	重点行业（如石化、化工、涂装、制药、包装印刷、汽车制造、电子、家具制造等）VOCs 污染防治技术
	工业有机废气治理
	餐厨油烟治理
恶臭异味气体治理技术	恶臭污染暴露评估、识别检测、预警溯源、扩散模拟、管理控制等领域

表 6.25　环保企业固废治理领域"十四五"前沿技术预测结果

一级领域	二级领域	"十四五"专家建议重点方向
非电行业废气治理领域	钢铁、焦化、水泥、玻璃、陶瓷、有色金属冶炼等工业烟气净化技术	钢铁、有色金属冶炼等工业烟气净化技术完善的途径：1）开发新型高效多功能层次孔炭材料，机械强度高、硫容大、SCR 催化活性好，且对重金属、二噁英也有较高吸附容量；2）高效高温烟气固体颗粒物分离技术；3）烟气 SO_x/NO_x/重金属/二噁英一体化净化技术的开发或集成；4）为实现行业超低排放的自适应、智能化、精细化运行控制系统设计。 焦化行业大气污染治理待研究、突破的技术难题主要有：1）备煤、加煤等工段煤尘、烟尘的安全高效收集及净化的材料、技术与装备；2）与炼焦化产回收工艺耦合的 VOCs 高效回收/净化技术；3）为实现行业超低排放的自适应、智能化、精细化运行控制系统设计
	窑炉多污染物协同控制技术	烟气中 SO_x/NO_x/重金属污染一体化治理技术和材料（高性能活性焦、新型多孔炭纳米材料、整体式吸附/催化材料等）
工业烟气污染防治技术	燃煤发电机组、工业锅炉烟气多污染物协同控制技术	1）吸附容量大、吸附选择性高的多孔材料的开发，包括传统的活性炭、新型炭纳米材料，以及 MOFs、COFs 等；2）基于吸附/催化材料的燃煤电站烟道气硫/硝/重金属多污染物协同治理技术
	燃油和燃气工业锅炉低氮燃烧和脱硝工艺氨逃逸控制	
	脱硫、脱硝、除尘、除汞副产物的回收利用技术	
	$PM_{2.5}$ 和臭氧主要前体物联合脱除	

续表

一级领域	二级领域	"十四五"专家建议重点方向
尾气治理技术	柴油车尾气治理技术	
	船舶尾气治理技术	
固废焚烧烟气净化技术	生活垃圾焚烧烟气净化技术	
	危险废物烟气净化技术	
大气污染成因与控制技术研究	大气污染监测预警预报技术	小微尺度空气质量预测管控技术
	污染源全过程控制技术	污染源全过程控制技术集成及数据平台开发（生产工艺过程参数、工艺负荷变化、用电量监控；净化设备运行参数、排放浓度监测）
面源污染防治技术	细颗粒物（≤$PM_{2.5}$）监测技术	$PM_{2.5}$数据分析工具模型开发
	大气污染来源识别	小微尺度大气物理化学溯源技术
	区域联防联控技术集成	区域大气污染综合防治解决方案开发及数据应用平台开发（网格化监测数据分析、污染源排放数据、自动站监测数据分析、重点区域突发污染的查处、重点污染源综合整治计划方案、面源污染测管治方案等）
VOCs治理技术	重点行业（如石化、化工、涂装、制药、包装印刷、汽车制造、电子产品制造、家具制造等）VOCs污染防治技术	工业园区VOCs排放监测与管控平台建设，VOCs治理设计能力及技术集成能力建设，合理的工艺方案选择与设计，适宜的预处理技术，能够长期稳定运行的高沸点多组分VOCs废气的浓缩+燃烧技术（沸石分子筛转轮，疏水型沸石分子筛固定床反应器），中小型活性炭分散式吸附集中再生技术，移动式吸附剂再生技术

续表

一级领域	二级领域	"十四五"专家建议重点方向
VOCs治理技术	工业有机废气治理	
	餐厨油烟治理	
恶臭异味气体治理技术		1）低温等离子体净化机理与适应范围研究； 2）适用于不同种类污染物的生物菌剂开发与应用技术

6.6 本章小结

本章采用专家调研、政策分析、技术创新研究、文献研究的方法分析污水治理、固废治理和废气治理三大环保领域的热点技术和前沿技术，并据此对3个领域的高商业价值技术进行了预测，分析出环保行业内污水治理、固废治理和废气治理3个领域的技术创新重点领域和发展前景。

第 7 章 高档数控加工装备前沿技术动态监测分析

7.1 研究目的及意义

国家制造强国建设战略咨询委员会于 2015 年 9 月发布的《〈中国制造 2025〉重点领域技术路线图》将高档数控机床列为中国制造业的战略必争领域之一，明确了高档数控机床未来发展目标："到 2020 年，高档数控机床与基础制造装备国内市场占有率超过 70%；到 2025 年，高档数控机床与基础制造装备国内市场占有率超过 80%，中国的关键工序数控化率将从现在的 33% 提升到 64%，高档数控机床与基础制造装备总体进入世界强国行列"。

随着信息技术、网络技术、航空航天技术的迅速发展和相关应用需求的急剧提升，电火花成型加工技术的重要性越来越凸显出来，该技术向着更加深入的层次和更加广泛的领域迈进。五轴及五轴以上多轴联动电火花加工数控机床在航空、航天、造船和模具制造等领域具有非常重要的作用，特别是加工表面形状复杂的关键性零部件时，更是具有不可替代的作用。开展多轴联动电火花加工数控机床前沿技术动态研究，对加快我国在该领域的技术创新、实现国产技术替代具有重要意义。

7.2 研究方法及思路

由于五轴及五轴以上多轴联动电火花加工数控机床关键技术为前沿技术，国内外研究成果较少，专利更是少见。因此，在进行前沿技术动态研究的过程中，选取中外文数据库作为信息监测源，包括 CNKI 中外文期刊（范围：学术期刊、学位论文、会议、报纸、成果、学术辑刊、科技报告）、德国 Springer-Verlag 期刊库、Web of Science 期刊数据库开展相应关键词检索，并针对检索出的文献进行深度分析，进而完成前沿技术情报监测报告。

7.3 "五轴数控皮秒激光加工机床关键技术"动态监测分析报告

7.3.1 检索关键词及检索策略

中文检索词：超快激光；皮秒加工；飞秒加工；数控机床；激光精密加工。

英文检索词：Ultrafast laser；Picosecond processing；Femtosecond processing；Numerical control machine；Laser precision machining。

检索策略：在 CNKI 数据库中，以"主题 =（激光精密加工 or 超快激光 or 皮秒加工 or 飞秒加工）and 数控机床"作为检索式，共检索到 16 篇文章；在 Web of Science 期刊数据库中进行检索，共检索 45 篇相关文献。通过对检索出的中英文文献进行深度分析解读，完成对"五轴数控皮秒激光加工机床关键技术"的动态监测报告。

7.3.2 国内外"五轴数控皮秒激光加工机床关键技术"研究动态监测分析

超快激光在工业加工中的重要应用是材料的钻孔或铣削。德国弗朗霍夫研究所通过开发的超快激光螺旋钻孔光学系统，生产具有高纵横比的精密孔最大纵横比约 20∶1，脉冲持续时间为 12 ps，焦距直径为 25 μm，可应用在钢、玻璃和陶瓷中的高纵横比精密微孔加工，制造喷丝头、喷射器及通气孔等。在航空航天领域，西安光机所利用超快激光极端制造技术对高压涡轮叶片气膜孔进行"超精细冷加工"，完成小空腔（0.5 mm）叶片对壁无损伤微孔加工，实现超高精度（2 μm）及异型气膜孔的高品质加工，为新型航空发动机叶片的研制提供了重要的技术支撑。同时，西安光机所使用飞秒激光技术实现航天霍尔推进器中流量控制板微小孔的精确加工，可以使其控制精度由原来的 mg/s 提升至 μg/s，减少燃料携带量约 20%。北京工业大学的段金鹏、姜靖对皮秒激光的微孔加工进行机理及实验研究。他们采用皮秒激光在 0.3 mm 厚的 Mo 及 1 mm 厚不锈钢板上分别以旋切打孔和冲击打孔方式进行直径为 50~200 μm 的微孔加工，研究表明在较大孔径微孔加工中，旋切打孔更容易获得圆度好、洁净度高的微孔，而冲击打孔方式则适用于高深径比的孔加工，更适用于高单脉冲能量的情形。

切割与划线是激光微细加工中最为广泛的应用之一，国内边晓微等将 355 nm 的纳秒激光器和 1064 nm 的皮秒激光器用于蓝宝石的刻槽和切割实验。结果表明即使所用纳秒激光器处在紫外波段，在加工中亦存在明显的热效应，同时加工效率很低。而脉宽 15 ps 的皮秒激光对于蓝宝石的加工几乎不产生热效应。

对于异种材料的焊接，美国 NASA 的戈达德团队使用飞秒激光进行实验，成功地将玻璃焊接到铜上，将玻璃焊接到玻璃上。目前，其团队在将研究范围扩大到更奇异的材料，如蓝宝石和 Zerodur，以及钛、因瓦、科伐尔和铝等金属。英国赫瑞-瓦特大学（Heriot-Watt University）的科学家 Duncan Hand 教授，采用超快脉冲激光进行金属与玻璃的焊接实验，不同类型的光学材料，如石英玻璃、硼硅玻璃、甚至是 Sapphire 玻璃都成功地同诸如铝、钛和不锈钢实现了焊接，采用的是发射短脉冲的皮秒红外激光的激光器。

在表面构型方面，美国罗切斯特大学郭春雷研究组用飞秒激光处理高反射金属表面（如 Au、Ag、Pt、Ti、Al、W 等），制备了周期约 100 μm 的沟槽结构，沟槽表面覆盖有发达的纳米颗粒团簇，从而构成了微纳米双尺度复合的表面结构形式。在 250~2500 nm 的波谱范围内，其总反射率下降到 5%~10%，使原本高反射的光泽金属表面在可见光下呈现为黑色，被称为"黑色金属"。李平等在 SF6 气体氛围中使用波长为 1064 nm、脉宽为 35 ps 的皮秒激光进行了硅表面周期性微结构处理。经过不同数量激光脉冲的照射，随着脉冲数的增加，硅表面逐步熔化至液态并在液态区域出现准规则排列的微米量级的尖峰结构，尖峰高度为 15~20 μm，间距 8~10 μm，且与激光入射方向一致。结果显示，经过表面微结构处理后的硅材料的光辐射吸收特性在红外波段明显地增强，在光电领域具有潜在的应用前景。

在超快激光数控机床领域，目前国外掌握超快激光多轴联动精密装备研制技术的生产单位主要以德国厂家为主，以 DMG、ACSYS、3D MICROMAC 等公司为代表。如德国 DMG 公司研制的皮秒激光精密制造装备 LASERTEC 50 能实现精细轮廓的加工、腔体零件的加工及三维激光雕刻等功能，具有高动态性、高精度及长期稳定性等特点；德国 ACSYS 公司研制的紧凑型超快激光雕刻系统 PIRANHAμPICO 配备了最新一代的光线激光系统及飞秒激光系统，可在不同材料上进行激光雕刻；德国 GFH GmbH 公司新开发的紧凑型 GL com-pact II 配备高精度定位系统，几乎覆盖了从微钻、精密铣削到激光车削的整个激光减材加工领域；德国 3DMICROMAC 公司研制的桌面级超快激光精密装备 microPREPTM 可加工复杂的 3D 形状样本，保证几乎不损坏结构，且无污染。同时，在目前市场上，德国德马吉-森精机、瑞士联合磨削等激光精密加工装备厂商具有技术先进、高可靠性、高精度、应用领域广泛、市场占有率高的特点。而国内投入到多轴超快激光精密装备研制领域的研究机构极少，其中，西安中科微精光子制造科技有限公司研制的多轴飞秒激光微孔加工设备 Micro-Drill 100 具有特征点自适应定位功能，可实现复杂曲面的空间角度微结构加工，实现金属、非金属及复合材料的高精度微结构加工，其加工微孔的最大深径比为 20∶1，表面粗糙度达 0.4 μm，已在航天动力、电子、汽车等领域实现应用。

7.3.3 技术领域有待深入研究的技术细分方向

皮秒激光加工自 20 世纪 90 年代发展至今技术日趋成熟，完成了传统机械加工和长脉冲激光加工胜任的工作，但新材料的不断涌现以及对各类材料严苛的加工要求，皮秒加工仍有许多技术难点需要突破。

受限于目前主流商用皮秒激光器有限的功率、重频及单脉冲能量等参数，皮秒激光加工在划线切割等应用中仍主要用来处理薄型材料，在深微孔加工中提升径深比遇到了瓶颈，仅靠单纯提高激光器功率、单脉冲能量等参数已无法满足厚型板材及超深微孔的加工要求，需要改进加工工艺。

提高皮秒激光器输出的重频是提升加工效率的重要手段，目前皮秒激光器的重频已达兆赫兹量级，但与之相配套的扫描振镜系统扫描速度仍然相对较慢，导致脉冲的大量堆叠并带来额外的热效应。国外 Next Scan、Lincoln Laser 等公司已开发出多边形扫描振镜系统，通过原理上的创新极大地提高了加工效率。在皮秒激光加工的外光路光束整形方面亦需要技术上的创新来克服高斯光束光强分布不均及材料对于不同偏振态激光吸收率的差异所带来的边缘加工质量下降问题。

目前皮秒加工系统中对加工精度及效率起决定性作用的关键部件仍主要依赖进口，国内亟需高度定制化的完整解决方案并实现关键部件的自行研制以整体提升国内超快微加工技术的水平并降低系统成本。

7.4 "六轴联动高精密数控加工关键技术"动态监测分析报告

7.4.1 检索关键词及检索策略

（1）CNKI中的中文期刊（范围：学术期刊、学位论文、会议、报纸、成果、学术辑刊、科技报告）

分别以"六轴联动电火花加工""多轴联动电火花加工""电火花成型加工""电火花加工 and 热误差自适应补偿""电火花加工 and 脉冲电源""电火花加工 and 集成CAD"为关键词进行检索，共检索出1869条信息。

（2）CNKI中的外文期刊库

分别以"Six-axis linkage EDM""EDM and pulse power supply""EDM and adaptive compensation for thermal errors""EDM processing"为关键词，可检索到结果0条；以"EDM processing"为关键词，可检索到结果2669条。

（3）Spinger link数据库

以"主题=（Six-axis linkage EDM）or（Multi-axis linkage EDM）or（EDM processing）or（EDM and adaptive compensation for thermal errors）or（EDM and pulse power supply）"为检索式，共检索到3760条结果。

通过对检索出的中英文文献进行深度分析解读，完成对"六轴联动高精密数控加工关键技术"的动态监测分析。

7.4.2 国内外"六轴联动高精密数控加工关键技术"研究动态监测分析

目前日本沙迪克、牧野、三菱,瑞士 GF,西班牙欧纳等国外高端电火花加工机床厂商都开发出了五轴以上精密电火花加工装备,产品加工精度高、效果好、效率快、自动化程度高,大量服务于我国国防军工企业。但为遏制中国发展,此类高端装备对我国实施禁运。国内北京电加工研究所、哈工大、上交大、苏州电加工所等在五轴以上联动电火花成型加工技术方面开展了大量研发和产业化工作,电加工所的五轴联动电火花加工装备已在国内航空、航天、能源等领域得到了广泛应用。虽然国内电火花加工技术取得了很大进步,但在主机精度、数控系统、精密放电电源、整机自动化、智能化等方面与国际先进水平还存在很大差距。

2003 年,哈尔滨工业大学的赵万生、李论、李志勇等人针对六轴联动电火花加工数控系统的设计难点,进行了六轴联动电火花加工数控系统的软硬件设计。采用可编程多轴控制器作为运动控制单元,很好地解决了六轴联动电火花机床运动控制精度要求较高、需要控制的轴数较多等设计难点。以 RTAI 实时操作系统内核为操作系统平台,进行了六轴联动电火花加工数控系统软件的设计。通过将放电状态检测任务转变为 RTAI 实时任务,确保了数控加工关键任务运行的实时性,从而使加工过程可以稳定高效地进行。放电状态检测任务与运动控制任务之间通过双端口 RAM 进行通信,并被不同的 CPU 所执行,不但简化了软件系统的设计难度,也使整个系统的实时性能进一步提高。

2010 年,哈尔滨工业大学的博士研究生黄海鹏结合 Linux 和 RT-linux,建立了多轴联动 EDM 数控系统软件双核控制三模块串联结构模型。该模型具有结构清晰、运行机制和数据流走向明确、实时性强等特点,适用于多轴联动电火花加工。针对电火花加工功能的多样性要求,提出了功能服务子模块的"多线程-多功能执行器"模型,可清晰、独立、无干扰地执行电火花加工相关功能。将所研制的五轴联动 EDM 数控系统软件搭载于五轴 EDM 数控机床上,构建成了我国第一台自主研发的具有自主知识产权的五轴联动 EDM 数控机床,并在该机床上进行了带叶冠整体式涡轮盘加工验证考核。

2014 年，中国科学院大学的博士研究生耿聪针对现有五轴数控系统加工出现的问题展开研究，如忽视刀轴矢量变化所带来的刀具姿态误差、旋转轴频繁加减速等，提出了采用轨迹平滑技术对指令点进行优化控制，在数控系统五轴联动轨迹平滑技术所涉及的五轴数控加工精度与效率建模、基于刀具姿态控制的指令点插补以及指令点平滑过渡等方面提出了相应的解决方法。这些方法不仅可被应用到双转台型、双摆头型以及混合型机床等常见五轴数控机床加工中，也可被推广到更为复杂的机床上。

2017 年，上海交通大学的杨玉玄、康小明等针对电极形面损耗难以准确预测的问题，在定义电极损耗系数的基础上，通过实验设计分析了变化的电极形面特征及进给路径对损耗系数的影响，并最终建立工具电极损耗预测模型。该模型在复杂形面电极沿曲线进给时，电极损耗的预测结果与实验结果的相对误差不大于 7%。该方法有望解决闭式整体叶盘等采用复杂形面电极沿曲线路径进给过程中的电极损耗预测难题。

2019 年，上海交通大学的博士研究生刘宏达提出适用于电火花加工高速抬刀的 S 形加减速算法以及基于 EtherCAT 协议多轴联动电火花加工数控系统，在保证加工效率的基础上，能够更好地减少抬刀运动启停对机床的冲击和振动，使加工过程变得更为稳定。提出了机床坐标系下双 NURBS 并联曲线运动轨迹及其广义弧长单位增量插补法，结合编码器/播放器的数控系统架构与广义单位弧长增量插补法，以及基于编码器/播放器体系架构速度规划的实现方法（在编码环节对速度极值曲线扫描分段，使得运动比特流中包含速度信息，减少数控系统播放器端速度规划模块中的实时运算负担，简化数控系统结构）。

2019 年，中国石油大学的刘彤设计出一种高低压复合节能脉冲电路。该电源利用高压回路击穿电火花放电通道，利用低压回路进行放电加工。该电路没有耗能严重的限流电阻，能量利用率提高。刘彤还对高压击穿回路进行了设计。分析了电火花加工中不同波形的特点，提出了一种用于低损耗加工的波形。该波形利用放电电流上升沿降低了电极损耗，利用阶梯恢复电压提高了电路稳定性。电流上升沿利用了电感对电流的抑制，电路简单易实现。实验表明，通过改变低损耗回路的损耗度，可以有效控制电火花加工的电极损耗。

2020 年，哈尔滨工业大学的博士研究生赵朝夕提出电火花加工热的等效热源模型,将加工电压和电流在一个脉冲周期内进行积分,将间歇的热流密度等效成连续的平均热流密度。基于该等效模型,建立了大型电火花加工机床在长时间加工中的传热模型,提高了加工区热源作用下机床热态特性分析的计算效率,并验证了模型的正确性。提出基于电压电流上升沿和下降沿的波形检测方法,实现了放电波形和击穿延时的识别和统计,得出大型电火花成型加工机床主轴抬刀运动引起的振动对放电状态的影响规律。

2022年,上海交通大学机械与动力工程学院机械系统与振动国家重点实验室的孙延鑫、秦岭等提出一种多轴联动电火花成型加工的工具电极空间摇动方法,基于螺旋理论推导出工具电极空间摇动运动学公式,可计算得到插补周期内各个运动轴的坐标增量,为控制电火花成型加工机床运动轴实现工具电极的空间摇动提供了理论基础。

中国 CN106180924A 公开了一种电火花成型加工中减少微抖动频率和幅度的方法,其特征在于设定一基础电压脉冲波形,该基础电压脉冲波形为矩形波,在所述基础电压脉冲波形的基础上插入电气调控周期 B 形成新的电压脉冲波形,具体是将基础电压脉冲波形的数量为 J 的一组脉冲周期 T 设为电气调控加工时间 Bon,而将后续的数量为 K 的一组脉冲周期 T 设为电气调控停歇时间 Boff,依次重复设电气调控加工时间 Bon 和电气调控停歇时间 Boff,以实现多个电气调控周期 B;所述电气调控加工时间 Bon 期间保持基础电压脉冲波形的原状态,而将所述电气调控停歇时间 Boff 期间全部置成低电平,将新的电压脉冲波形施加于成形电极与加工工件之间,以进行电火花加工。

7.4.3 "六轴联动高精密数控加工关键技术"领域前沿技术趋势研判

针对航空、航天、能源等重点领域难加工材料复杂型面类精密零件制造需求,突破六轴联动高精密数控电火花成型机床高精度主机、集成 CAM 系统的智能化数控系统、高精度电火花加工脉冲电源及其控制技术、电火花加工机床可靠性设计及可靠性试验方法等核心技术,开发出具有国际先进水平的六轴联动高精密数控电火花成型机床。

7.5 "多轴联动精密数控加工装备关键技术"动态监测分析报告

7.5.1 文献检索策略

(1) CNKI 数据库(范围：学术期刊、学位论文、会议、报纸、成果、学术辑刊、科技报告)

分别以"孔 and 电火花微孔""电火花小孔""制孔 and 自适应加工""打孔 and 穿透检测""孔 and 自动化""孔 and 多轴联动"为关键词进行检索，共检索出结果 43 条。

(2) 万方数据库(范围：期刊论文、学位论文、会议论文、专利、科技成果、科技报告)

分别以"孔 and 电火花微孔""孔 and 电火花小孔""孔 and 航空发动机""孔 and 六点定位""孔 and 自适应加工""孔 and 穿透检测""孔 and 自动化""孔 and 多轴联动"为关键词进行检索，共检索出结果 2464 条。

(3) 佰腾专利检索(范围：发明专利)

以"主题=（微小孔火花）or（柔性自动化 AND 打孔）or（六点定位 AND 打孔）or（多轴联动 AND 微孔）or（穿透检测）"为检索式进行检索，共检索出结果 158 条。

(4) Springer 电子期刊库

分别以"hole making" AND "EDM"，"hole making" AND "EDM" AND "areo-engine"，"hole making" AND "EDM" AND "areo-engine" AND "automation"，"hole making" AND "EDM" AND "six positioning principle"，"hole making" AND "EDM" AND "Multi-axis linkage"，"hole making" AND "EDM" AND "Penetration detection"，"hole making" AND "EDM" AND "Adaptive machining"，"hole making" AND "EDM" AND "Adaptive machining" AND "automation"为关键词进行检索，共检索出结果 249 条。

(5) EI 数据库

分别以（hole making）AND（EDM），（hole making）AND（EDM）AND

(aero-engine), (hole making) AND (EDM) AND (adaptive machining), (hole making) AND (EDM) AND (penetration detection), (hole making) AND (EDM) AND (Multi-axis linkage), (hole making) AND (EDM) AND (six positioning principle) 为检索词进行检索，共检索出结果 145 条。

通过对上述文献进行遴选，并进行深度解析，完成"多轴联动精密数控加工装备关键技术"动态监测分析。

7.5.2 国内外"多轴联动精密数控加工装备关键技术"研究动态监测分析

7.5.2.1 多轴联动数控机床

数控加工技术作为现代机械制造技术的基础，通常所说的多轴数控加工是指四轴以上的数控加工，以五轴联动加工中心为代表的高档数控机床作为难度最大、应用范围最广的数控机床技术，被认为是航空航天、船舶、精密仪器、发电等行业加工关键部件的最重要加工工具。目前，多轴数控加工中心的关键部件如五轴头、数控系统、电动机等多采用进口。长期以来，国产数控机床始终处于低档迅速膨胀、中档进展缓慢、高档依靠进口的局面，特别是国家重点工程需要的关键设备主要依靠进口，技术受制于人。

高档数控系统市场几乎为外资垄断，主要被发那科、西门子等国外巨头占据，国内只有南京埃斯顿、广州数控、华中数控等少数企业具备生产能力。目前行业整体竞争格局分为3个层次：第一层次为梅耶伯格、小松 NTC 株式会社、安永株式会社、莱玛特国际、日本创技、日本滨井、高鸟株式会社等，这些国际企业的产品技术含量高，价格较高，占据了行业的高端市场；第二层次为国内具备一定核心竞争力的企业，主要包括晶盛机电、宇环数控、苏州赫瑞特、江西新航科技及中国电子科技集团公司第四十五研究所等；第三层次为数量众多的低端企业，产品技术含量较低，同质化严重，缺乏核心竞争力，竞争非常激烈。

全球多轴联动技术相关专利数量。中国从1992年开始申请了第一项多轴联动技术的相关专利，标志着中国开始进入多轴数控机床研究领域。多轴联动专利技术热点主要分布在：①零件三维建模，包括曲线/曲面的生成、编辑、剪裁、拼接、过渡、偏置等；②工艺参数，包括刀具类型、刀轴控制方式、刀位轨迹、切削参数等；③后处理器技术，包括通用后置处理器、专用后置处理器、独立接口的后置处理器；④数控加工仿真技术，包括几何仿真和物理仿真。专利申请量排名前12的机构包括机电产品、数控系统供应商以及科研高校，如表7.1所示。可以看出，国内机构在2020—2022年的专利申请比例普遍高于国外机构，珠海市旺磐精密机械有限公司、大连理工大学和华中科技大学2020—2022年专利申请比分别为93%、54%和42%。TOP机构的专利技术布局领域主要为程序控制、数字计算/数据处理、机床零部件等方面。国内专利申请较多的机构为华中科技大学、广州技术学院、珠海市旺磐精密机械有限公司、上海交通大学与和大连理工大学。其中，华中科技大学、上海交通大学和大连理工大学主要关注多轴联动数控机床的程序控制和数据处理系统；其他机构更关注多轴联动数控机床的零部件及结构。在华布局专利数量最多的为大隈株式会社、三菱电机和波音。主要布局技术方向为程序控制、数字计算/数据处理等方面。上述数据表明，多轴联动数控机床专利逐步从机床零部件开始向数控机床的控制调节及数据处理系统发展，在机床零部件、技术工艺专利饱和的情况下，数控机床的控制调节及数据处理系统将成为该行业的发展重点。

多轴联动技术主要用在对复杂零件的加工上，包括以下几项技术要求：①零件三维建模技术。②加工工艺参数选取。③刀具路径轨迹的生成。④后处理技术。⑤数控加工仿真技术。

表7.1 2020—2022年重点机构关注领域

机构名称	近三年申请比例	主要技术领域
FANUCLTD（发那科）	7% of 42	程序控制系统；数字计算或数据处理设备；切削自动控制
UNIV HUAZHONG SCI & TECHNOLOGY（华中科技大学）	42% of 33	激光束加工；程序控制系统；特定金属加工机械装置
MITSUBISHI ELECTRIC CORP（三菱电机）	14% of 28	程序控制系统；数字计算或数据处理设备；切削自动控制
OKUMA CORP（大隈株式会社）	20% of 25	机械计量设备；机床指示测量装置；程序控制系统

续表

机构名称	近三年申请比例	主要技术领域
BOEINGCO（波音）	11% of 18	程序控制系统；数字计算或数据处理的设备；被控变量取样系统
SIEMENS AG（西门子）	0 of 16	程序控制系统；程序控制机械手
JTEKT CORP（捷太格特株式会社）	13% of 15	切削自动控制；机床固定部件；机床指示测量装置
GUANGZHOUTECHNICIANS COLLEGE（广州技术学院）	0 of 15	机床固定部件；刀具及其附件
ZHUHAI HYFAIRINT INC（珠海市旺磐精密机械有限公司）	93% of 14	机床固定部件；机床安全设备；驱动或进给机构
UNIV SHANGHAI JIAOTONG（上海交通大学）	36% of 14	加工或处理金属材料的进给装置；程序控制系统
UNIV DALIANTECHNOLOGY（大连理工大学）	54% of 13	程序控制系统；机床指示或测量装置；数字计算或数据处理设备
JOBS S. P. A.	0 of 13	机床安全设备；机床零部件

数据来源：中国科讯。

日本牧野七轴五联动立式加工中心。针对一体式压铸模具生产的困境，牧野特别推出了大型七轴五联动立式加工中心 D2（图 7.1），为特斯拉 Model Y 车型的前、后车身的一体式压铸零件提供解决方案。D2 的 A 轴可以实现 $-30° \sim +135°$ 的大范围摆角（图 7.1a），针对模具加工的形状部分以及结构部分可以灵活实现立卧转换，减少了大模具加工过程中的工序流转，综合提升大模具的生产效率。为了实现开粗到精加工的一体完成，D2 的 HSK-A100 主轴在满足开粗运用的同时，依然可以实现最小达 R0.2 刀具的精加工。传统的龙门加工机床，Z 轴行程普遍在 800 mm 左右，而 D2 达到了 1100 mm，意味着更大高度差的工件可以实现加工。此外，为了避免龙门机床结构的低刚性造成的扭曲问题，D2 还设计了可上下移动的横梁 W 轴，配合高刚性的立柱，最大程度上保证机床的刚性及稳定性（图 7.1b）。

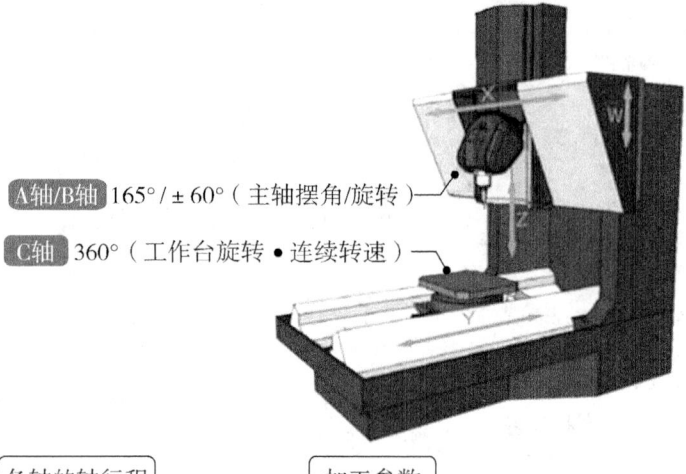

a. D2 的 A 轴可以实现大范围摆角

b. D2 的 Z 轴行程大，W 轴可上下移动

图 7.1　日本牧野七轴五联动立式加工中心 D2

资料来源：腾讯。

7.5.2.2 多轴联动电加工数控机床

数控电火花成型机床和电火花微小孔机床都属于电加工数控机床。

电火花微孔机床是利用电火花放电原理加工精密微孔,加工的孔径比普通穿孔机更小,适合于加工各类喷嘴精密微孔、化纤纺丝板精密微孔等各类精密微孔,加工精密圆形微孔范围一般为 $\phi 0.08 \sim 2$ mm,孔深一般为 $1 \sim 3$ mm。

多轴联动电火花加工数控系统要遵循实时性、稳定性与可靠性的设计原则。国外电火花加工机床的数控系统、软件各自有独立标准,不对我国电火花机床企业开放兼容,我国机床企业开发五轴及五轴以上联动电火花机床在系统、软件、知识产权等方面受到极大制约,这对我国来说是不安全也不可控的。现有的商用数控系统由于不够开放,且绝大部分功能针对切削加工设计,难以直接满足多轴联动电火花加工技术的要求。PMAC(Programmable Multi Axis Controller)是美国某公司出品的可编程多轴运动控制器,其开放性好、稳定性强、可靠性高。硬件核心采用 56001 系列 DSP 芯片,所有实时运算均在 DSP 中运行。国内已经开展基于 PMAC 的多轴联动电火花加工机床及其数控系统的研究工作数年。

瑞士 GF 解决方案。全球领先的机床制造商瑞士 GF 在 2021 年中国国际机床展览会上展示了高效五轴加工中心、金属 3D 打印解决方案、六轴联动电火花成型机床。展示的 Mikron MILL E 500 U 高效五轴加工中心是 GF 加工方案常州工厂本地化生产的产品,具有高刚性、高稳定性,配置多样化,满足广泛的应用要求。

GF 推出了具有更大行程的 FORM P 450 电火花加工机床。使用的 ISPG 数字化电源,其所采用的专利技术,在表面质量、材料去除和精确性上建立了新的国际标准。标配 80 安培数字化脉冲电源,拥有可靠且可重复的加工结果。机床内置包含多种加工材料的工艺,无需额外硬件:紫铜、石墨、铜钨、黄铜、钢、硬质合金、铝、钛、合金镍、耐蚀耐热铜合金、导电陶瓷等。全新设计 C 形结构及大型铸件,保证了机床在整个使用期间内,都具有良好的机械稳定性及高精度;重型工件或工作液的重量不会影响加工精度。同时,箱式床身可以缓冲所有的加工作用力,保证加工过程中工件与电极之间精准的放电间隙。机床整体布局十分紧凑整齐,符合人机工程学原理。机床通过安装在 X 轴、Y 轴、Z 轴的直线光栅尺进行位置测量，可以消除丝杠由于反向间隙、热膨胀或磨损等因素引起的误差，保证可靠的定位精度。由 GF 加工方案开发的轴伺服系统采用闭环控制方式，无论行程如何，均可保证精度的绝对准确；无须进行周期性的维护和校验。

开发的 iGAP 放电工艺，可实现提高速度和降低电极损耗的完美结果。同时，HMI 人机界面中的专家系统提供了全面的工艺参数，轻松掌握实用加工技巧。同样的损耗，速度可提高 25%；而速度提高 15%，损耗则降低 25%；完美无瑕的大面积放电加工，速度提高 25%，并且精准达到均匀一致的表面粗糙度（Ra）要求。

7.5.2.3 多轴联动电火花微孔装备

目前，根据不同的机器人平台，将航空制孔机器人分为以下 3 种。

①工业机器人式航空制孔机器人。2002 年，美国 EI 公司与飞机制造商 Boeing 公司共同研发了第一代单侧单元末端执行器工业机器人式航空制孔机器人。

②柔性轨道式航空制孔机器人。美国 EI 公司和 Boeing 公司共同研发了一款 4 自由度柔性轨道式航空制孔机器人"Flex Track"，该机器人成功应用于 Boeing777 机身对接处的制孔。

③自主移动式航空制孔机器人。2017 年，德国弗劳恩霍夫机械制造工程与自动化研究所研制了一款多传感器测量的航空制孔机器人，该机器人采用 KUKA KR210 工业机器人装载末端执行器，增加了视觉测量、法线检测、精度补偿等功能，平均位置误差达到 ±0.334 mm，平均法向测量误差为 ±0.29°。

（1）微小孔电火花加工

微小孔电火花加工是一种非接触加工技术，加工时通过在工作液（去离子水、煤油等）中进行脉冲放电，从而实现工件材料的去除，理论上可以加工任意导电材料且不受材料属性的影响，此外还可减少传统机械钻孔中存在的颤振等问题。

现有航空发动机的关键部件，如飞机发动机叶片，加工要求为叶身及叶背上分布的直径为 0.25~1.0 mm 数百个微小孔，这些小孔的轴心线的空间角度变化较大，同时要求孔表面无重铸层。针对上述的微小群孔结构，采用传统的机加工设备对其进行加工，费时费力，孔表面加工精度和质量差，不利于发动机高效、安全使用，且存在损坏隐患，报废率高，加工成本和成品成本较高。中国专利 CN213497005U 公开了一种航空发动机微小孔电火花－电解复合加工设备，其结构紧凑，加工使用便捷、稳定，能有效保证航空发动机部件微小孔加工精度和表面加工质量，可实现航空发动机微小群孔的高性能加工。

北京市电加工研究所 2017 年研制的 MH30C 微细电火花加工机床，可实现 0.01 mm 直径微孔的加工，且加工孔的精度高，表面粗糙度较好，甚至达到 0.05 μm。在加工微小孔速度方面，远远快于一般机械加工，其适合加工微小孔的孔径为 0.3～3 mm，且可以达到很大的深径比，在加工环境较好时甚至超过 200∶1。

意大利帕尔马大学 L. Romoli 等 2016 年用激光在 350 μm 厚度的 AISI440C 不锈钢材料上加工出 180 μm 的阵列孔，深径比约为 2；H. Castaneda 等 2020 年用紫外激光在厚度为 3.3mm 的丁腈橡胶上钻削出 200 μm 的孔，单焦和双焦位置的平均锥度分别为 1.547°和 0.498°，深径比分别为 12.03 和 10.41。

Nirala 等 2017 年提出估算工件材料的实时去除体积给予电极磨损补偿，并通过实验验证该方法可加工出预定深度的微孔。Uhlmann 等 2016 年比较了干式电火花加工和传统电火花加工方式，发现干式电火花具有更高的脉冲频率，可实现更高深径比和更小直径微孔的加工。

Dong 等 2017 年提出去离子水基微细电火花加工和粉末混合电火花加工与 B4C 添加剂相结合的新方法，在 C17200 铍铜合金上加工出深径比为 23.26 的微孔，并通过后者使孔的表面粗糙度从 2.65 μm 降到 0.92 μm。

（2）多轴联动数控加工

上海交通大学机械与动力工程学院在 2022 年提出了一种多轴联动电火花成型加工的工具电极空间摇动方法，基于螺旋理论推导了工具电极空间摇动运动学公式，可计算得到插补周期内各个运动轴的坐标增量，为控制电火花成型加工机床运动轴实现工具电极的空间摇动提供了理论基础。

中国专利 CN216370286U 公开了一种新型六轴微孔加工中心，其上装有带微孔钻头的钻孔电机；由所述六轴微孔加工中心驱动钻孔电机在 X、Y、Z、C、A 五轴方向移动或旋转，定位微孔钻头与固定好的工件；由所述六轴微孔加工中心驱动钻孔电机 U 轴方向移动，微孔钻头与所述工件相对移动、钻孔。此专利设计合理，构思巧妙，利用五轴联动定位，满足任意工作角度的钻孔需求,并设计第六轴,这样,在钻孔时,单轴方向移动,摒弃了多轴联动带来的干扰,在大幅震动间隙,采用其钻微孔,微孔钻孔不易断裂,且钻孔精度大大提高,能够正常钻 0.1 mm 的微孔。

(3) 电火花柔性自动化加工

南京航空航天大学和上海飞机制造有限公司 2010 年从面向自动化装配仿真建模、运动学关系建立等方面对柔性轨道自动制孔仿真技术进行了初步的研究,并在某型号飞机中后机身虚拟装配仿真环境里,实现了柔性轨道系统的自动制孔仿真。仿真结果表明,柔性轨道系统可以满足现代飞机装配低成本、高质量的制孔要求。

中国专利 CN212351074U 公布了一种接触网腕臂时速 350 管件的柔性自动化喷码切割装置,其特征是包括依次设置的管件缓存单元、管件自动上管单元以及依次设置的管件传动单元、管件打孔单元、管件切割单元和管件喷码单元;形成了腕臂管和支撑管全自动化标记、切割和喷码作业平台;采用腕臂预配数据智能控制,实现对关键预配过程的施工工艺质量的过程数据化管控;采用腕臂预配信息喷码单元,实现腕臂预配信息的全寿命周期的信息化管理。

(4) 六点定位技术

中国专利 CN112496485A 公开了一种加工双联整铸导向叶片遮挡部位气膜孔的定位夹具,根据零件加工特点,此专利设计出一套以叶片叶身六点为基准,加工进气侧、排气侧遮挡气膜孔,可加工两叶片间遮挡区域的无基准转换的定位夹具,包括左叶片进气侧夹具、右叶片进气侧夹具、左叶片排气侧夹具、右叶片排气侧夹具和快速避让电机夹持器,需要两组夹具及电极夹持器配合进行不同孔位的加工;左叶片进气侧夹具与右叶片进气侧夹具结构相同;左叶片排气侧夹具和右叶片排气侧夹具结构相同。本发明最终采用干涉区域外对刀和轨迹路径避让进刀方式,配合多轴矢量加工的方法,成功完成某机整体双联导向叶片干涉部位气膜孔加工。

(5) 穿透检测

上海交通大学的专利 CN111331211B 名为电火花小孔加工在线穿透检测方法及其穿透检测系统,其可采集穿孔加工过程中的原始信号,提取特征信号进行预处理,并生成加工状态图。在建模时,使用模式识别方法对已由人工分类的加工状态图进行处理,得到穿透判断模型,即分类模型;在检测模式时，读取所述穿透判断模型并使用模式识别方法，对实时得到的加工状态图进行分类从而得到穿透判断结果。本发明利用穿透现象发生前后加工状态会发生突然变化这一特性，对加工过程特征信号进行实时处理，将提取出的一定时间窗口内的特征信号变化趋势曲线集合视为表征加工状态的图像，采用模式识别算法，对所述的图像进行在线分类，实现穿透检测。

北方工业大学和北京石油化工学院2022年针对电火花小孔加工过程中电极损耗影响加工精度和加工效率的问题，提出一种基于支持向量机分类算法的实时穿透检测仿真模型，通过对穿透发生前后加工电压和电流变化的分析，采用加工电压、加工电流、脉冲间隔设定值和低电压持续时长作为特征向量，在MATLAB软件中完成支持向量机训练模块，并在现场可编程门阵列中搭建支持向量机决策模块流程图，得出可准确快速检测加工穿透发生的结论。

（6）自动更换电极丝及导向嘴

专利CN209681361U是一种数控机床电极导向器在线自动更换装置，包括电极装置本体，电极装置本体下方设置有一旋转刀盘，旋转刀盘与电极装置本体成30°夹角，旋转刀盘上等角度均匀安装有若干个导向器固定支架，每个导向器固定支架上都固定安装有导向器；该装置结构简单，制作安装容易，可根据不同机台的加工需要灵活变更导向器的数量；同时旋转刀盘通过伺服电机驱动，控制方便，精度高，动作单一；采用绝对编码器伺服驱动系统进行控制操作，无须安装零位开关，具有断电记忆功能，大大简化了装配工序的工作量，提高了劳动效率。

（7）上海交通大学六轴联动数控电火花加工机床

2014年11月，上海交通大学机械与动力工程学院赵万生教授带领的特种加工科研团队成功研制出"六轴联动数控电火花加工机床"（图7.2），并开发了配套的CAD/CAM软件和加工工艺，为制造闭式整体涡轮叶盘提供了一套全面技术解决方案。该方案包含3个直线运动轴和3个旋转运动轴，是一种全新的路径规划和插补方法，大大提高了6个轴之间轨迹的平顺性和同步精度。

（8）瑞士SARIX微孔放电加工机

来自瑞士SARIX微孔放电加工机高配可达7轴，表面粗糙度（光洁度）可以达到B1级别（$0.1 \leqslant Ra \leqslant 0.05$）（图7.3），国内目前Ra只能达到0.1（图7.4）。

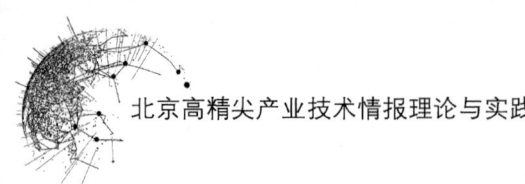

图 7.2 上海交通大学六轴联动数控电火花加工机床

资料来源：上海交通大学官网。

图 7.3 瑞士 SARIX 微孔机的核心技术、性能

资料来源：搜狐网、瑞士 SARIX 官网。

国产精密微孔数控电火花加工机	瑞士 SARIX 微孔放电加工机
	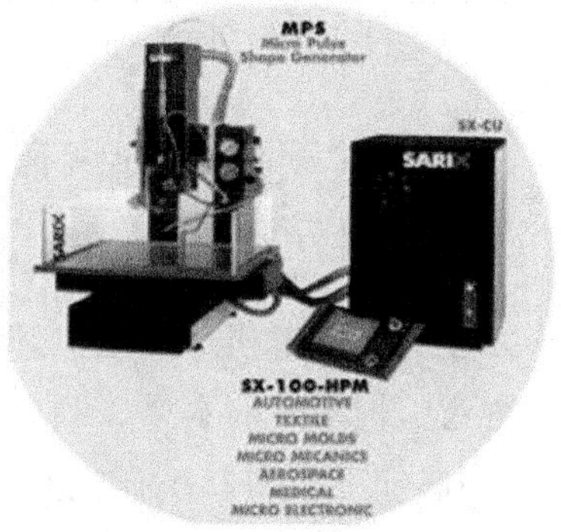 
加工表面粗糙度：Ra≤0.6 μm	加工表面粗糙度：0.1 μm≤Ra≤0.05 μm
加工孔径范围：φ0.1~0.5 mm	加工孔径范围：φ0.045~3.0 mm
自动补偿，自动定位	自动轴定位控制
轴速不明	z 轴最大速度 600 mm/min x/y 轴最大速度 600 mm/min
孔的加工精度范围：±5.0 μm	孔的加工精度范围：±2.0 μm
工作台行程：320 mm×250 mm	工作台行程：510 mm×270 mm

图 7.4　国内高端火花机 PK 瑞士 SARIX

（9）牧野微孔加工机 EDBV8

风靡国际航空发动机制造行业的牧野 EDBV8 微孔加工机受到航空发动机巨头 RR 和 GE 等广泛青睐，国内首台微孔加工利器落户广东。涡轮叶片通常采用耐热、耐腐蚀的镍基合金这种难加工材料，且每个叶片上都有超过 200 个冷却孔，为了更好、更高效地冷却叶片，就要求冷却孔的上部形状加工成扩散口，以提高弯曲表面的冷却效率。EDBV 凭借其优异的性能、高效的加工、最佳的速度及稳定的可靠性使加工这些冷却孔比以往机床更易、速度更快，极大缩短了总加工时间，工作液从管电极的孔中以 7MPa 的高压冲出，冲洗切屑同时保证高速加工。在高速下可实现稳定的加工。而在电极穿透工件的孔加工过程中，放电仍会保持加工稳定（扩散器：24s，孔：6s）。A/B 轴旋转工作台便于加工各种形状的涡轮叶片。使用现成的管电极，无须制作新电极便可加工多种不同的孔径，方便加工扩散孔和其他各种孔包括圆孔。穿透检测功能避免了在加工涡轮叶片时电极与工件另一侧的接触。梭子电极更换器交换了定位导轨和其电极，提高了更换电极和连续加工多种规格电极的可靠性。

7.5.3 该技术领域有待突破的技术瓶颈，或者有待深入研究的技术细分方向

从国外的电加工机床来看，不论从性能、工艺指标、智能化、自动化程度都已达到了相当高的水平，目前国外的新动向是进行电火花铣削加工技术（电火花创成加工技术）的研究开发，这是一种替代传统的用成型电极加工型腔的新技术，它是用高速旋转的简单的管状电极做三维或二维轮廓加工（像数控铣一样），因此不再需要制造复杂的成型电极，这显然是电火花钢铁模具成型加工领域的重大发展。

7.5.3.1 电火花成型加工设备结构的改进

借鉴现代切削加工机床的发展经验，电火花成型加工设备向数控化方向发展是一个不可逆转的趋势。一方面应以高精度、高速度、自动化为追求目标，以技术优势占领市场；另一方面应充分考虑设备的性能价格比，通过对机床功能的合理定位，进行结构改进和模块化设计，采用开放性的数控系统，提高机床设计的合理性，以最低的价格和足够的功能向用户提供可满足不同加工需要的各类电火花成型加工机床。

电火花成型加工设备主要发展方向表现在以下两方面。

(1) 直线伺服系统的应用

电火花成型加工设备采用直线电机伺服系统可使加工性能获得明显改善，具体表现为：①可实现轴的直接直线运动，省去丝杠-螺母传动环节，从而保证轴的高速运动；②采用直线电机与滑板一体化结构，可消除滑板与电机之间因存在中间环节而引起的机械响应滞后现象，提高系统的灵敏度，缩短动态响应时间，保证加工过程的稳定性；③直线电机伺服系统的运动方式决定了其位置检测环节必须采用直线位置反馈元件，实现无中间环节的直接位置检测，从而构成一个全闭环系统，保证加工过程的高精度及精度保持性。目前，直线伺服系统的应用在深窄、微小型腔加工及模压零件一模多腔加工方面具有明显的技术优势。但是，这些技术优势要真正实现，除需结合电火

花成型加工放电过程特性，解决直线伺服系统本身的技术难题外，还必须解决一系列与直线伺服系统配套的相关技术，如直线运动系统的动力平衡、工作台的结构改进等。

（2）机床运动方式的改进

突破现有电火花成型加工机床运动方式的局限性，是发挥其技术优势、推动其产业发展的另一重要途径。借鉴现代切削加工技术的发展经验，可在机床主要的加工成型运动基础上引入圆周运动，特别是采用多轴回转系统与多种直线运动协调组合成多种复合运动方式，以适应不同种类工件的加工要求，扩大电火花成型加工的加工范围，提高其在精密加工方面的比较优势和技术效益。目前，国内外许多电火花成型加工机床在运动方式上作了一些改进，如瑞士阿奇公司生产的 AGIF MonDO STAR20（50）机床拥有 EQUIMODE 功能，能实现空间任何方向的半球平动，这种平动功能在实际加工中具有很高实用价值。但目前电火花成型加工机床增设的运动方式还较为单一，应用范围有限。电火花成型加工若在加工精度、加工效率、加工范围等方面取得重大突破，一个重要的发展方向就是对机床成型运动方式的创新和多样化。最近，日本东京大学余组元博士、增泽隆久教授等提出了电极等损耗概念，即通过对加工路径的合理规划，可使电极损耗处于等损耗状态，从而使电极损耗的补偿变得极为简单。这一概念的提出为电火花成型加工运动方式的改进提供了必要的理论依据。当然，由此产生的机床结构改变及其相关技术理论的研究还需进一步深入与完善，甚至有可能发展出一种全新的加工理论。

7.5.3.2 电火花成型加工数控系统的发展趋势

电火花成型加工在数控系统方面的发展趋势主要表现在以下方面。

（1）建立基于 PC 机的开放式数控体系

与以前的数控系统相比，基于 PC 机的数控系统具有以下优点：①系统具有更高的集成度和可靠性；②资源丰富，适于产品开发；③控制功能强大，形式多样，可实现多机控制、多目标控制；④系统具有更高柔性。目前应用于数控机床且基于 PC 机的数控系统多为专用型结构，虽具有结构较简单、技术较成熟、开发成本较低等优点，但随着技术的进一步发展，其软、硬件具有封闭性的缺点愈益明显。例如，这种结构的数控系统很难及时应用计算机技术的最新成果；不同系统之间很难相互兼容；用户不易增设或改进适合自身实际的专用功能；PC 机资源利用率低，难以完全发挥 PC 机的优势；控制系统功能不完善等。针对上述缺陷，建立基于 PC 机的电火花成型加工数控系统应将重点放在以下三方面。

①模块化系统。应根据开放性数控体系的统一规则建立模块化的系统结构，通过对电火花成型加工的系统研究，精选必要的功能，扩充可选功能，剔除不必要的功能。同时各模块应具有标准化的应用程序接口，不同的模块可运行于不同的系统平台，相互之间应具有协调工作的能力。

②缩放性。用户可根据自己的加工要求，通过增添、剔除特定的功能模块，实现用户的"专用系统"。

③互换性。具有相似功能及可靠性水平的模块之间可以相互替换。

（2）实现加工过程控制的智能化

提高电火花成型加工过程的自动化是该加工技术发展的必然趋势。由于电火花成型加工是在复杂环境下基于复杂任务对复杂对象的控制，传统的控制系统已不能满足自动化加工的要求，因此需要建立多输入、多输出的控制系统，智能控制将是解决此类复杂问题的有效途径。智能控制系统具有自学习和自适应功能，能自主调节系统的控制结构、参数和方法，进行决策规划和广义问题求解。它就如同一个有经验的操作者，可通过对加工信息的定性刻画，模拟熟练操作者的思维方式，根据当前的加工状态调整加工参数，进而实现提高加工效率、加工精度、加工过程稳定性以及简化操作过程，拓宽加工范围的目的。加工过程的智能控制主要包括三方面内容：①人工神经网络技术；②模糊控制；③专家系统。

虽然智能控制系统在电火花成型加工中得到了大量应用，但仍有许多不完善之处，主要需解决以下问题：①根据不同加工要求确定工具电极与工件加工表面之间的合理间隙和合理加工参数；②开发能根据加工过程中间隙状态的改变而自适应变化的脉冲电源；③工作液的合理选用及其对加工过程的影响；④降低各种干扰对加工过程的影响。针对以上问题，电火花成型加工智能控制系统应重点研究和应用以下技术。

1）专家系统的应用

专家系统是数控电火花机床智能化的重要体现，它的智能性体现在精确的检测技术和模糊控制技术两方面。专家系统采用人机对话方式，根据加工的条件、要求，合理输入设定值后便能自动创建加工程序，选用最佳加工条件组合来进行加工。

2）人工神经网络技术的应用

虽然专家系统可使计算机控制系统具有类似人类专家解决问题的能力，但其在知识的获取方面存在困难，自学能力差。人工神经网络是一种通过利用计算机对人类大脑功能进行抽象、简化和模拟而建立的高度非线性系统，它具有自组织、自学习、容错性和并行处理信息的能力，特别适合处理复杂问题，是对专家系统的有力补充。目前，人工神经网络技术已有多种不同的结构模型，今后应将多种结构模型合理结合，充分发挥人工神经网络技术的自身优势，与专家系统、模糊控制技术互相取长补短，提高对放电状态、加工效率、放电位置等的预测精度，提高在线实时控制效果，推动电火花成型加工过程控制向更高层次发展。

3）模糊控制技术的应用

模糊控制技术是在模糊集合论、模糊语言变量及模糊逻辑推理技术的基础上发展起来的先进计算机控制技术，通过输入少量参数，模糊控制系统即可自动选择最优参数，自动监控加工过程，实现自动化、最优化控制。此外，将自适应和学习能力引入模糊控制系统，可实现对模糊控制规则、隶属函数和模糊量化在控制中的自动调整和完善。由于电火花成型加工机理尚未得到充分认识，因此模糊控制技术在电火花成型加工中的应用还存在许多不完善之处，需要进一步深入研究，如模糊集合隶属函数的求取、模糊控制参数调整的优化方法、用模糊方法对加工状态建模、模糊预测的设计、运算速度的提高等。有必要进一步完善模糊控制与自适应控制、人工神经网络、专家系统的结合，充分发挥各种控制方法的优势，以解决加工难题，实现高效率、高精度、低损耗、稳定的加工过程控制。

7.5.3.3 微孔加工方式

不同的微孔加工方式都存在一些不足，例如工具损耗、加工效率、加工稳定性、加工成本等方面。加工出的微孔也存在重铸层、微裂纹、锥度、圆度、精度等问题中的部分问题。对此，如何实现高效率、高深径比、高精度微孔加工仍有很多地方值得去研究：

①电化学微孔加工中针对不同的工件材料开发更多新的复合电解质和确定最佳电解质浓度，以提高材料去除率和微孔的表面质量。另外，开发三角

形微电极并辅以超声波振动,来提高不同材料工件中深圆形微孔的精度和深径比。

②微细电火花微孔加工中工具电极的磨损是一个主要问题,可以尝试金刚石涂层(磨损补偿技术)等高耐磨电极材料的开发,以用于未来的研究工作。另外,在线加工过程监测、新型微细电极材料的开发也是未来的研究方向。

③实现全自动多层钻铆一体。目前的航空制孔机器人在钻孔作业前需要进行钻孔点法向测量、机器人位姿调整、钻头位姿校正等步骤,以确保钻孔角度偏差满足精度要求。而现在大多数航空制孔机器人的钻孔末端执行器是单一钻头,这就意味着每次进行不同孔径的钻孔作业时需要人工操作机器进行刀具更换,还需要重新校正钻头位置,既影响自动制孔效率,还增加了人工培训成本。在工业自动化的号召下,设计全自动更换刀具的末端执行器和钻孔系统,使得机器人钻孔末端执行器根据作业任务需求,自动从刀架上选取、更换钻头,提高制孔效率,实现智能化制孔。

7.6 本章小结

本章以五轴数控皮秒激光加工机床关键技术、六轴联动高精密数控加工关键技术、多轴联动精密数控加工装备关键技术 3 个方向作为高档数控加工装备的前沿技术,进行了前沿技术动态监测,分析了 3 个技术方向的研究现状和发展趋势。

第8章　基于专利数据挖掘的生物健康产业前沿技术分析

8.1　研究目的及意义

现阶段技术情报方法研究方向分两个，一是主题模型在技术预测中的应用研究，另一个是技术路线图的智能化构建及其应用研究。①主题模型在技术预测中的应用研究：研究人员侧重于探究数据挖掘技术中各类改进方法在技术预测中的应用，如文献计量法、文本挖掘、专利挖掘、技术挖掘、自然语言处理、主题模型等。主题模型是数据挖掘方法中的一种，主要是对文档中隐含的主题进行建模，且考虑了上下文语义之间的关系，应用较多的是LDA模型。通过LDA主题模型，能够挖掘数据集中的潜在主题，进而分析数据集的关注焦点及相关特征词。②技术路线图的智能化构建及其应用研究：随着计算机与数据库技术的不断发展，研究人员的焦点也逐渐转向了如何在大数据背景下进行技术路线图的构建，相较于传统的技术预测方法，该技术预见更具前瞻性和目标性，从回答"技术可能如何发展"到致力于寻求"技术应该如何发展"。

生物健康产业作为我国重要的战略性新型产业之一，在一系列的国家战略和宏观政策调控下，正处在快速发展时期。以技术情报方法在北京高精尖产业医药健康行业（表8.1）应用为例，选取西洋参和糖尿病作为研究对象进行其专利数据挖掘和可视化分析，以验证技术情报方法在医药健康产业的可行性和可操作性。

表 8.1　北京高精尖产业医药健康行业分类表

序号	行业小类	代码	名称	经营范围表述
1	新型制剂	2720	化学药品制剂制造	制造化学药品制剂
2	中成药智能制造	2740	中成药生产	生产中成药
3	兽用新药药品	2750	兽用药品制造	制造兽用新药药品；制造兽用疫苗
4	新型生化药物	2761	生物药品制造	制造生物药品
5	基因工程药物和疫苗	2762	基因工程药物和疫苗制造	制造基因工程药物和疫苗
6	医疗器械	3581	医疗诊断、监护及治疗设备制造	制造Ⅰ类医疗器械；制造Ⅱ类医疗器械；制造Ⅲ类医疗器械
7	医疗器械	3582	口腔科用设备及器具制造	制造Ⅰ类医疗器械；制造Ⅱ类医疗器械；制造Ⅲ类医疗器械
8	医疗器械	3583	医疗实验室及医用消毒设备和器具制造	制造Ⅰ类医疗器械；制造Ⅱ类医疗器械；制造Ⅲ类医疗器械
9	医疗器械	3584	医疗、外科及兽医用器械制造	制造Ⅰ类医疗器械；制造Ⅱ类医疗器械；制造Ⅲ类医疗器械
10	医疗器械	3585	机械治疗及病房护理设备制造	制造Ⅰ类医疗器械；制造Ⅱ类医疗器械；制造Ⅲ类医疗器械
11	医疗器械	3586	康复辅具制造	制造Ⅰ类医疗器械；制造Ⅱ类医疗器械；制造Ⅲ类医疗器械
12	医疗器械	3589	其他医疗设备及器械制造	制造Ⅰ类医疗器械；制造Ⅱ类医疗器械；制造Ⅲ类医疗器械
13	新一代互联网在线问诊平台	6432	互联网生活服务平台	互联网在线问诊平台
14	新一代互联网远程医疗协同办公平台	6433	互联网科技创新平台	互联网协同办公平台

续表

序号	行业小类	代码	名称	经营范围表述
15	人工智能医学应用软件	6513	应用软件开发	人工智能医疗服务软件开发
16	新一代医疗行业应用软件开发	6513	应用软件开发	医疗行业应用软件开发

8.2 基于 LDA 模型的西洋参专利热点内容及创新趋势分析方法研究

西洋参（PANACIS QUINQUEFOLII RADIX）又称花旗参，原产于美国、加拿大，20世纪80年代开始在我国河北省种植，也是目前药食两用的常用药材之一。我国西洋参均为人工种植，集中在辽宁、陕西、吉林和山东等地。西洋参味苦，性凉，入心、肺、肾经，功能以补益为主，补气养阴，清热生津，用于气虚阴亏、内热、咳喘痰血、虚热烦倦等症。

目前对于中药相关专利主题的分析研究通常以专利数据结构化信息挖掘为主，而进行文本分析时，关键词分析是最常见的主题分析方法，但是在专利文献中并不包含关键词字段，所以通常采用专利分类代码（如 IPC 分类号）进行分析研究，或者基于词频统计词代替关键词进行相关专利技术主题聚类分析。这些方法主要存在以下局限性：中药专利分类代码不能与相对应的技术领域充分契合，多数专业词汇往往被高频词所淹没，分类过于粗泛，造成主题模型在专利文献分类的准确率不高，需要深入专利文本内容进行挖掘分析。

本研究采用 LDA 主题模型可以判断文本的相关程度，从而识别大数据语料集背后潜藏的主题信息，其效果优于混合主题模型等其他主题划分方法。LDA 对新兴领域潜在主题分析研究具有明显优势，在中药相关专利新领域中所体现的前沿技术主题分析上也具有优势，采用 LDA 主题模型与西洋参专利文本相结合，解决以往专利主题分类中存在的局限性问题，采用语义分析的文本挖掘研究方式对西洋参专利进行文本分析和创新趋势研究。

8.2.1 LDA 模型主体及相关研究

8.2.1.1 LDA 模型主体

2003 年，D. M. Blei 等在 PLSA 基础上，加入了 Dirichlet 先验分布概念，提出了隐含狄利克雷模型（Latent Dirichlet Allocation，LDA），LDA 模型是一种能够提取文本隐含主题的非监督学习模型。LDA 模型假定每一个主题都由特点的多项分布构成，利用 LDA 建模，构成主题和词的概率分布，矩阵表示如下：

$$[p(w_N|z_1) \ p(w_N|z_2) \ \cdots \ p(w_N|z_k)].$$

假设文档集含有 N 个词语，词 w_i 对主题 z_j 的概率分布为 $p(w_i|z_j)$，$i = 1, 2, \cdots, N, j = 1, 2, \cdots, k$。对于矩阵中的任意一列，对其中的元素按照从大到小排序，取出高概率的特点，形成对主题 z_j 的描述。对每个隐含主题都取前 n 个特点之后，对所有的特点取并集，作为最终的特点集 W。

LDA 是一种基于"词袋"假设的可靠且有效的主题模型方法，目前它被广泛应用在主题聚类、趋势分析、关联分析等方面。

8.2.1.2 LDA 模型在专利文本聚类中的应用

LDA 主题利用文本、主题、词语之间的关系解决文本聚类中语义挖掘的问题，是基于三层贝叶斯网络结构，即："文档—主题—词"的三层结构，在这样的假设下主题模型忽略了文档中词语出现的先后顺序和文档的语法结构，形成文档由若干主题描述，主题又由若干词汇构成的空间模型，通过主题模型的训练，文档从词汇空间表示变成了主题空间的表示，同时具有语义上的特征。图 8.1 为基于 LDA 主题模型的专利文本聚类流程。

由图 8.1 所示，聚类算法基于主题层实现，由主题实现文档集的划分。同时主题是由词项描述，通过获得实现聚类的最佳主题，提取该主题的特征词项可作为每个类簇的聚类标签，实现对聚类结果的描述。

孙伟等提出一种基于词加权的有监督 LDA 主题模型用于专利文献的分类，从专业词与高频词的共现关系出发，利用 KeyGraph 算法选取特征表征能力更优的关键词，再利用互信息函数计算各关键词权重，建立专业词字典。丁鹏斐等提出了一种基于 LDA 模型的中药专利内容热点领域分析方法，并以中药

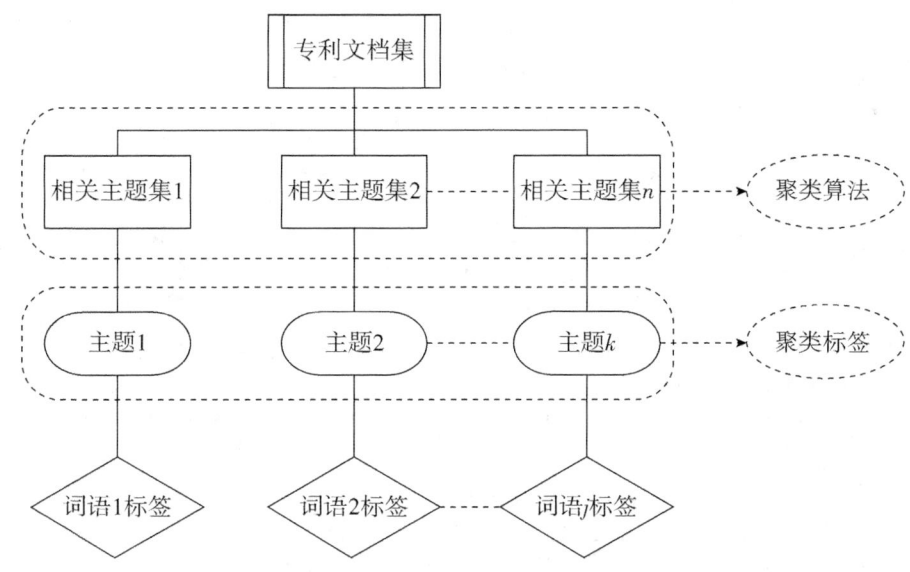

图 8.1 基于 LDA 主题模型的专利文本聚类

材三七为例,实现了中药专利领域主题细分和热点子领域判断。张涛等提出了一种基于 LDA 主题模型的政策文档聚类,经过政策文档模拟数据的预处理、导入政策词表、LDA 模型生成基础数据、利用加权算法进行文本计算等流程对政策文档聚类。

国内外相关学者针对主题模型及聚类方法开展了大量的研究工作,国内外对专利文本聚类的研究较多,而对中药领域专利文本聚类的研究相对较少,本研究基于西洋参专利文本的特点并结合文本聚类中存在的问题,通过引入 LDA 主题模型,提升专利文本聚类的精准度。

8.2.2 西洋参专利内容实证研究

以西洋参的专利数据为研究对象,在 Thomson Innovation、Innography、incoPat 数据库中,以"主题=西洋参"为检索式进行检索,"时间跨度=所有年份",截至 2018 年 10 月底,本研究最终检索到全球范围内西洋参专利总数 7701 件,进行数据采集和清洗,将 LDA 主题模型运用于专利文本分析,对所有专利开展情报分析,同时进行 LDA 模型可操作性和有效性检验。西洋参专利文档聚类分析过程如图 8.2 所示。

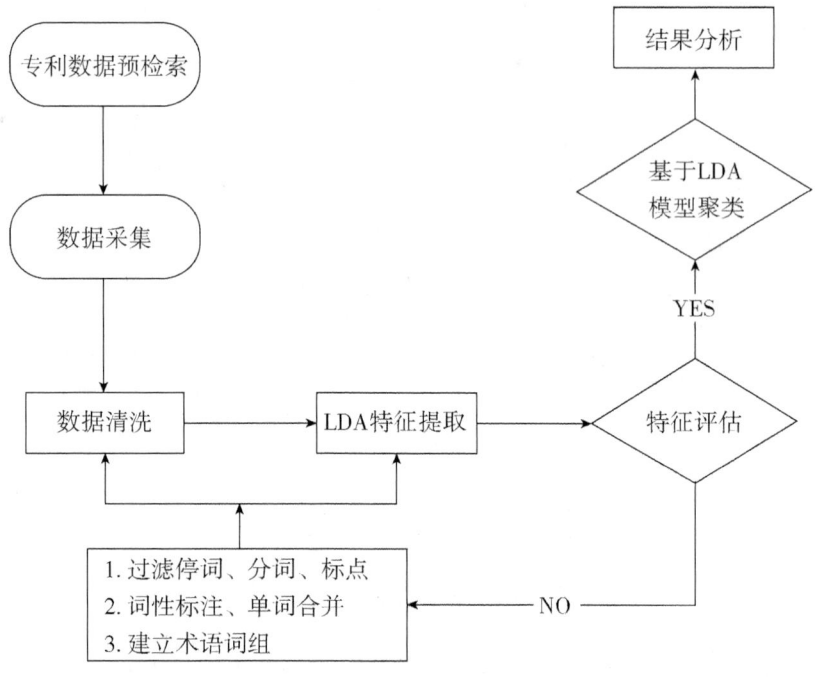

图 8.2　西洋参专利 LDA 主题模型聚类实验流程

8.2.2.1　数据来源

研究数据来源于 Thomson Innovation、Innography、incoPat 数据库等专利数据库，本研究采用 3 个数据库，既保证了西洋参专利文本数据的全面性和准确性，又便于比较不同专利平台下的文本聚类结果，验证 LDA 模型的可行性。

8.2.2.2　检索策略及优化

本研究采用《国际专利分类表》（IPC）分类号和主题词相结合的方法，并利用关键词和 IPC 分类号排除、人工阅读检验等途径反复去噪，获得分析数据集合。涉及的 IPC 号主要有 A61K（医用、牙科用或梳妆用的配制品）、A61P（化合物或药物制剂的特定治疗活性）、A23L（食品、食料或非酒精饮料；它们的制备或处理；食品或食料的一般保存）、A23F（咖啡；茶；其代用品；它们的制造、配制或炮制）；涉及的主题词包括西洋参及其伪品相关关键词："American Ginseng、*Panax Quinquefolium L.*、*Panax Quinquefolium* Root、Panax Quinquefolius Root、Canadian Ginseng、American ginseng root、Western ginseng、Guangdong ginseng、American ginseng leaves、American ginseng flowers、American ginseng fruits、*Panax* ginseng、GINSENG RADIX ET RHIZOMA、Red Ginseng、Jilin Ginseng"。

8.2.2.3 数据清洗

数据清洗又称数据规范,是影响专利分析效果至关重要的一步,即对已经检索到的专利文献进行相关性筛选,符合条件的数据纳入分析数据集。前面数据检索保证了专利数据的查全率,不足之处在于检索到的专利文献有一些是重复的,如同族专利,此外,许多专利的专利权人和发明人都是由中文翻译成英文,或英文翻译成中文,容易出现重名或者多种翻译的现象。为保证数据的准确率,将已检索到的全部数据进行规范,即逐一阅读每条专利文献,与本研究相关的文献保留,不相关的删除。

8.2.2.4 文本内容分析

图 8.3 呈现的是基于 IPC 分类号西洋参在各技术方向的专利数量分布情况。从图中可以看出,西洋参的专利申请主要集中在 A 部和 C 部。其中 A61K(医用、牙科用或梳妆用的配制品)和 A61P(化合物或药物制剂的特定治疗活性)专利数量最多,因此可以认为是西洋参的关键和热点技术领域,代表

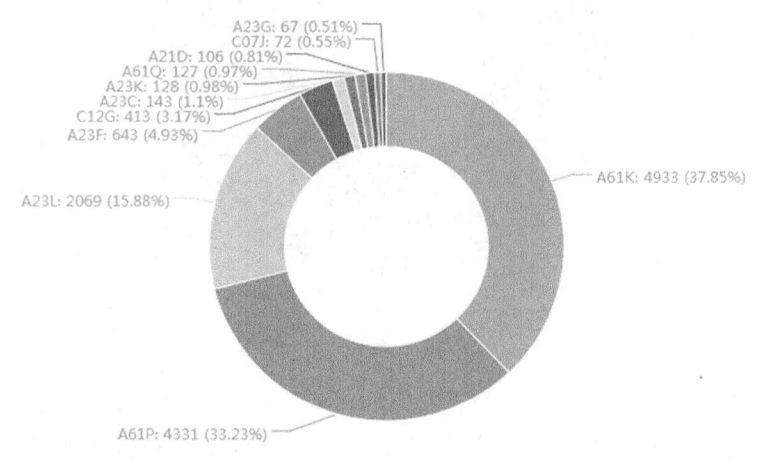

图 8.3　西洋参专利 IPC 技术分类构成

着西洋参技术创新的未来发展趋势。此外，西洋参应用于 A23L（食品、食料或非酒精饮料；它们的制备或处理；食品或食料的一般保存）的研究较多；在咖啡、茶、其代用品，它们的制造、配制或炮制，果汁酒、其他含酒精饮料，奶、黄油、干酪，奶或干酪的代用品，专门适用于动物的喂养饲料、其生产方法，化妆品或类似梳妆用配制品的特定用途，可可，可可制品（如巧克力），糖食，口香糖，冰淇淋等领域也有应用。

图 8.4 展示的是基于词频统计对西洋参专利进行聚类分析，共分为 429 个文本簇，内环代表一级技术点，外环代表二级技术点，大小代表专利量多少。从图 8.4 中可见西洋参专利最主要的 6 个核心研究主题为：①卫生保健（Health Care，包括中药、保健食品、保健茶、保健酒、制成品、牛奶粉等）；②副作用（Side Effect，包括药理、制剂、组合物、配伍、疾病等）；③药用部位（Parts of Radix，包括根、根茎、草药的部位）；④疗效（Curative Effect，包括药效、治疗作用、血液循环、疾病、组合物、食物、茶等）；⑤滋阴（Nourishing Yin，包含药粉、西洋参、口服液等）；⑥其他（Other Topics，包括枸杞、茶、山药、米酒、糯米等）。

图 8.4 西洋参专利文本聚类

由图 8.3 和图 8.4 可以看出，传统的内容分析方法效果并不明显，不同组之间是相交或包含关系，不能清晰区分出目前西洋参专利主要涉及的研究领域和各子领域的分布情况，也不能呈现出西洋参的热点技术领域和竞争对手分布情况。这样的结果不稳定,达不到从产业链角度具体研究领域细分的效果。

8.2.2.5 LDA 主题模型聚类分析

以西洋参专利数据为研究对象,使用 LDA 模型的"文档-主题"概率分布结果来计算主题下的专利数量和主题分布比例,通过对专利文本数据处理,再以 LDA 主题模型进行测试,得出西洋参专利文本的高频主题词。通过过滤停词、分词,单词合并等方法进行 LDA 特征提取,最后对主题词划分为 10 个主题,结果如表 8.2 所示。

表 8.2 基于 LDA 主题模型的西洋参专利领域主题分布

领域	主题标签	专利数量/件	内容
第一类	组方和组合物	2355	组合物、组方、配方、配伍、中药材、中草药
第二类	保健茶和保健酒	1893	茶、饮料、药酒、酒、米酒、枸杞、药粉、凉茶
第三类	保健食品	2106	食物、制成品、牛奶粉、营养、饲料、山药、糯米、口感、预防、豆浆
第四类	制剂	2831	制药、制粒、剂型、根、块根、部位、口服液、烘干、干燥
第五类	消化系统疾病	1210	消化道、消化系统、滋阴、血液循环、疾病、疗效、治疗作用、清热、生津
第六类	提取	1025	提取、加工、浓缩、炮制、浸泡、混合、粉碎
第七类	种植	479	种植、养殖、野生、栽培
第八类	加工器械	23	提取仪、采收、晒干
第九类	播种机	21	播种、仪器
第十类	检测	26	检测、杀菌、除菌、红外

根据 LDA 主题模型所得到的 10 个主题，是西洋参专利领域出现频次较高且能反应主题的特征词的集合，所以每一个主题代表一个细分研究领域和技术研究方向。通过专利数目占比界定西洋参的热门研究领域。由表 8.2 可知，目前西洋参研究涉及 10 个研究领域，这 10 个主题涵盖了西洋参整个产业链，从种植、采收、提取、制剂、检测到成品，以及疾病治疗等领域，第八类和第九类涉及西洋参种植和生产过程中需要的机械，属于西洋参产业链的上游。其中在制剂方法的研究最多，其次在组方和组合物、保健食品、保健茶和保健酒等西洋参成品的研究较多，而在西洋参的提取、加工和检测等技术方法的研究较少，可见西洋参的研发主要停留在基础和粗加工阶段，有关提取新技术和新方法的研究还需进一步提高。

将基于 LDA 主题模型所得到十类主题词进行聚类，结果见 3D 专利沙盘（图 8.5）。在图 8.5 中通过标记前 8 位专利权人专利分布，可比较各专利权人在西洋参领域主要研究方向并且掌握竞争对手的专利布局，并为自己专利布局制定合理策略。从图 8.5 可以看出，银川上河图新技术研发有限公司、青岛金佳慧食品有限公司和苏州市洋海电子有限公司的申请专利主要在西洋参保健食品开发领域，其中银川上河图新技术研发有限公司的专利最多，在该

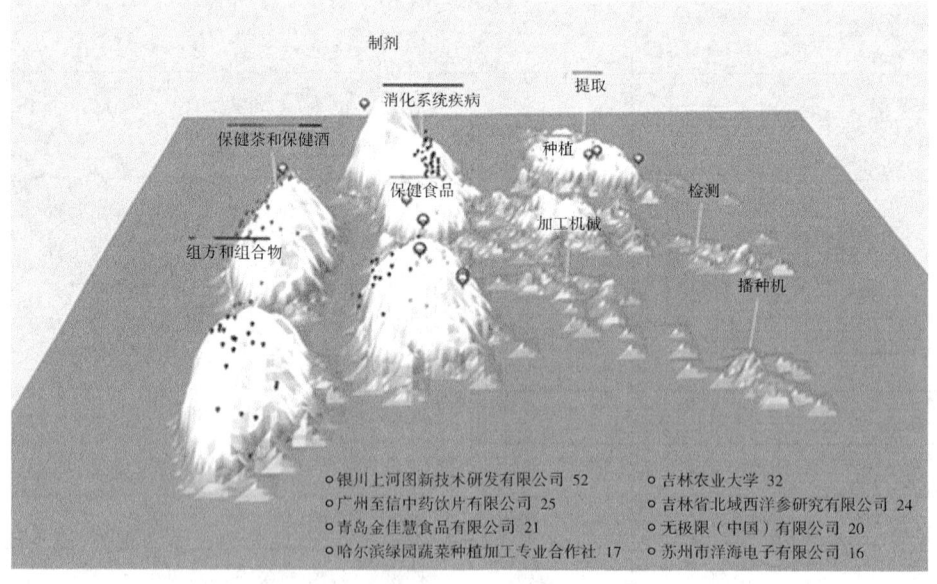

图 8.5　3D 专利沙盘

领域占主要优势；吉林农业大学主要在提取、种植和保健食品开发等领域，专利布局较为分散；吉林省北域西洋参研究有限公司、广州至信中药饮片有限公司和无极限（中国）有限公司申请的专利主要在保健茶和保健酒的研究开发领域，其中，这3家专利量差不多，竞争实力相当；哈尔滨绿园蔬菜种植加工专业合作社主要在西洋参的组方和组合物的研究上。此外，从图中可以看出西洋参领域高价值专利比较少，也主要分布在保健食品和提取方法领域。

8.2.3 小结

综上所述，专利文本聚类是情报学研究的一个重要问题，聚类结果是否为有意义的类别，聚类标签的描述是否能满足用户的需要，以便用户快速获得所需信息是聚类研究的核心。本研究将 LDA 主题模型应用到西洋参专利聚类分析中，运用 LDA 的无监督算法对检索结果进行求解计算，然后对"文本-潜在主题"概率分布信息进行聚类计算，并将最佳聚类主题的描述词项作为聚类标签对类簇进行标识，实现了西洋参专利领域主题细分、热点领域的判断和竞争对手分析，提高了专利分析的深度和准确度，更好地揭示了热门技术领域与产业发展结合的紧密性，结果更具有科学性，可为追踪西洋参及其相关产业动态提供有价值的信息。

8.3 基于专利分析法和 SWOT 模型的治疗糖尿病的中药组方专利信息分析

糖尿病是一种最常见的内分泌系统代谢紊乱慢性疾病，作为世界公共卫生问题之一，给家庭和社会经济带来了繁重的负担。据 IDF 最新统计，2019年，全球 20~79 岁人群中约 4.63 亿人患有糖尿病，且绝大多数为 2 型糖尿病，也就是说每 11 个成人中就有 1 名为糖尿病患者；其中中国是糖尿病重灾区，全球每 4 个糖尿病患者就有 1 个来自中国，预计这一趋势将持续到 2045年。目前，临床上常用的治疗糖尿病药物以西药为主，但西药的核心专利大多掌握在外国人手里，且西药治疗具有一定的毒副作用。相比而言，中药组方以中医理论作为基础，是我国为数不多的拥有原创性知识产权的技术。此外，中药组方多成分、多靶点、多途径的治疗方式更符合糖尿病多途径参与的发病机制，因此我国在治疗糖尿病领域具有得天独厚的优势。西医中糖尿病属于中医消渴病的范畴，因患者素体阴虚、饮食不节、劳欲过度等而发病，病机以阴虚为本，燥热为标，日久阴损及阳，痰瘀蔓延，则气阴两虚，痰瘀阻络。中医治疗消渴病经过几千年的实践，形成了多种的流派与学说，辨证方法各异，治疗方法亦不同，或滋阴润燥、或补气健脾、或疏肝理气、或温补肾阳、或活血化瘀，然而目标一致，即调节血糖、改善临床症状、延缓和治疗并发症。近年来研究发现具有降血糖作用的中药活性成分有黄酮类、萜类、生物碱、皂苷、多糖等。

该文利用 incoPat 和 World Traditional Medicine Patent Database（WTMPD）专利数据库提供的专利信息，从糖尿病产业链角度对中药组方发明专利进行分析；比较国内知名糖尿病中药生产企业在药物研发和专利布局方面的差异，以期为国内企业在治疗糖尿病中药的研发和专利布局等方面提供借鉴；摸索中药组方治疗糖尿病的用药规律，为进一步挖掘治疗糖尿病的中药新组方提供参考；SWOT 模型对我国治疗糖尿病中药专利发展中存在的优劣势以及面临的机遇和威胁进行归纳和分析，并在此基础上提出发展战略建议。

8.3.1 数据检索

该研究使用 incoPat 和 WTMPD 专利数据库作为数据源。采用 IPC 分类号和主题词相结合的检索方法，通过主题词、IPC 分类号和人工阅读检验等途径反复去噪，获得数据集。涉及的 IPC 分类号主要有 A61K36（药物制剂）、A61K35（医用配制品）、A61P5（治疗内分泌系统疾病的药物）；涉及的主题词包括糖尿病相关关键词"糖尿病、降血糖、消渴症、胰岛素、胰高血糖素、葡萄糖苷酶抑制剂、糖尿病并发症及其同义词"和中药组方相关关键词"中药、复方、组方、中成药、复合物"。对检索结果进行逐一阅读与手工筛选，排除发明点不在中药组方治疗糖尿病的专利。检索时间截至 2020 年 3 月 1 日，共计 3667 件专利，同族专利合并后为 2962 个专利族，均为发明专利。

8.3.2 专利分析

8.3.2.1 总体演化趋势分析

将治疗糖尿病相关中药组方专利数量按照申请时间进行统计可以看出（图8.6），2001—2010年，中药组方专利申请量增长缓慢，申请量在每年100件上下浮动，说明在2010年前中药治疗糖尿病领域一直处于技术低潮。可能是由于当时中医药工作者对知识产权的认知程度不高，或者宁愿采取技术秘密、中药品种保护条例等方式保护其知识产权。自2010年起，中药组方专利申请量出现井喷式快速增长，与中药组方治疗糖尿病的技术新突破有关，2015年、2016年申请量均突破300件，达到高峰，治疗糖尿病中药组方的研究已成为抗糖尿病研究领域的一大热点。2017年，申请量开始下降，步入衰退期，预计在未来数年间，治疗糖尿病中药组方专利的申请量继续呈下降态势。一般发明专利在申请后3~18个月公开，故2018年和2019年的专利数据不完整，暂时不纳入分析范围。

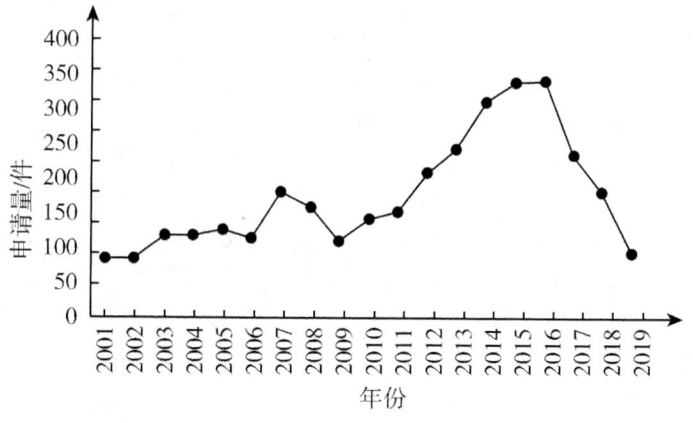

图8.6　专利申请趋势

8.3.2.2 技术分析

（1）技术构成

技术构成分析是指分析对象在各技术方向的数量分布情况，通过该分析可以了解分析对象覆盖的技术类别，以及各技术分支的创新热度。表8.3为糖尿病中药组方专利IPC技术分类构成及中文释义，从中可以看出，中药组方专利申请主要集中在 A 部、C 部和 G 部也有涉及。其中 A61K（医用、牙科用或梳妆用的配制品）和 A61P（化合物或药物制剂的特定治疗活性）专利数量最多，两者之和占总量的 92.61%，因此可以认为是中药组方治疗糖尿病的关键和热点技术领域，代表着中药技术创新的未来发展趋势。此外，治疗糖尿病的中药组方应用于 A23L（不包含在 A21D 或 A23B 至 A23J 小类中的食品、食料或非酒精饮料；它们的制备或处理，例如烹调、营养品质的改进、物理处理；食品或食料的一般保存）的研究较多，申请专利量达 285 件；在咖啡、茶、其代用品，它们的制造、配制或泡制；果汁酒、其他含酒精饮料等领域也有应用，说明用于治疗糖尿病的中药组方不仅可以汤剂和中成药的药用剂型呈现，也可以药膳、食谱、茶、饮料、果酒等形式治疗糖尿病，提高实用性，更易于让患病人群接受。

表8.3　中药组方专利 IPC 小类专利数量及中文注释

序号	IPC 小类	IPC 小类中文注释	专利数量/件	比例/%
1	A61K	医用、牙科用或梳妆用的配制品	3667	47.96
2	A61P	化合物或药物制剂的特定治疗活性	3414	44.65
3	A23L	不包含在 A21D 或 A23B 至 A23J 小类中的食品、食料或非酒精饮料；它们的制备或处理，例如烹调、营养品质的改进、物理处理；食品或食料的一般保存	285	3.73
4	A23F	咖啡；茶；其代用品；它们的制造、配制或泡制	104	1.36
5	C12G	果汁酒；其他含酒精饮料；其制备	79	1.03
6	G01N	借助于测定材料的化学或物理性质来测试或分析材料	24	0.31
7	A23C	乳制品，如奶、黄油、干酪；奶或干酪的代用品；其制备	23	0.30
8	A61M	将介质输入人体内或输到人体上的器械；为转移人体介质或为从人体内取出介质的器械；用于产生或结束睡眠或昏迷的器械	21	0.27
9	A61H	理疗装置；人工呼吸	11	0.14
10	C12R	与涉及微生物的 C12C 至 C12Q 小类相关的引得表	10	0.13

(2) 技术省市分布

图 8.7 展示的是糖尿病中药组方专利在各 IPC 应用领域内不同省份的数量分布情况，专利分布最多的省份为山东，北京第二，河南排名第三，其次广东、江苏和安徽也分布较多。通过对比分析，山东和河南地区的研究主要集中在糖尿病中药组合物药物制剂的开发与疗效研究，以及降糖茶及其代用品的开发，而北京地区的研究只集中在糖尿病中药组合物药物制剂的开发与疗效研究领域。

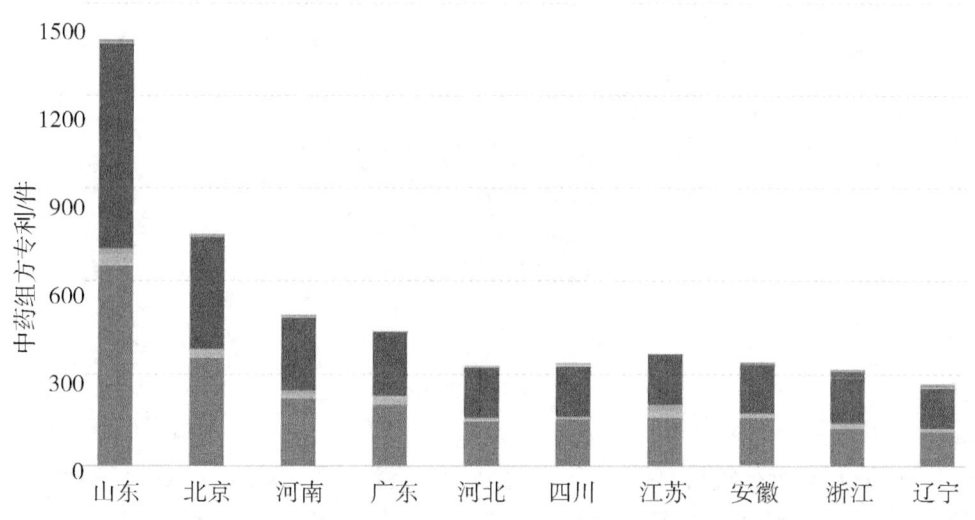

图 8.7 中药组方在各 IPC 应用领域内不同省份的数量分布情况

(3) 国民经济构成

图 8.8 展示的是治疗糖尿病中药组方在国民经济各行业的分布情况。通过国民经济行业构成的分析，可见中药组方在医药制造业（C27）、食品制造业（C14）以及酒、饮料和精制茶制造业（C15）的创新活跃度较高，尤其是在医药制造业最高，在整个国民经济行业的占比高达 92.91%。

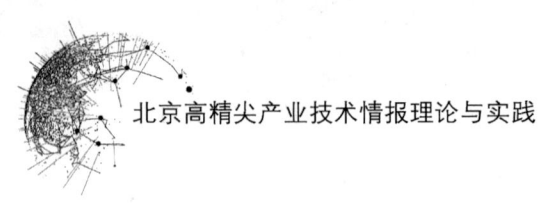
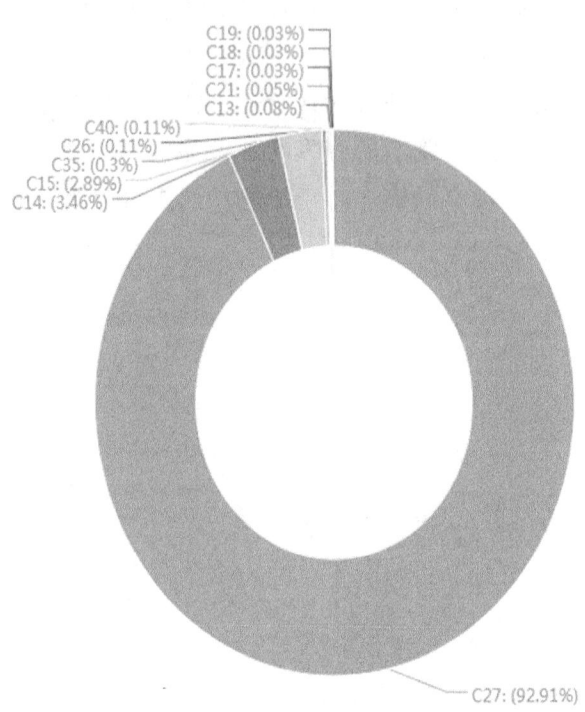

图 8.8 国民经济行业分类（大类）

注释：C27：医药制造业；C14：食品制造业；C15：酒、饮料和精制茶制造业；C35：专用设备制造业；C26：化学原料和化学制品制造业；C40：仪器仪表制造业；C13：农副食品加工业；C21：家具制造业；C17：纺织业；C18：纺织服装、服饰业；C19：皮革、毛皮、羽毛及其制品和制鞋业。

8.3.2.3 申请人分析

（1）申请人类型构成

对糖尿病领域相关中药组方专利申请的专利权人类型进行统计分析，结果如图 8.9 所示。从图 8.9 可以看出，治疗糖尿病的中药组方专利申请的创新主体主要为个人，占比为 57%，其次为企业，占比为 28%；科研单位、大专院校和机关团体在该领域的专利申请数量较少，占比均不足 10%。可见，国内糖尿病中药组方专利的研究属于基础型技术领域，其研发工作由个人占主导地位，产学研相结合的模式尚未形成。

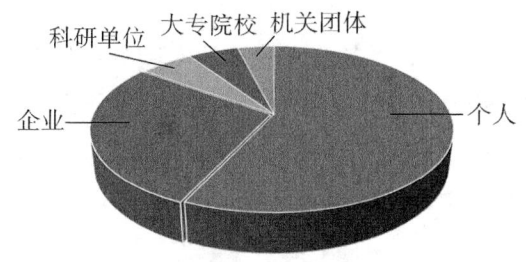

图 8.9　申请人类型构成

（2）申请人排名

对治疗糖尿病领域中药组方专利申请的创新主体进行统计分析，专利申请量排在前十的创新主体有 6 家企业、1 家研究院所、3 位个人（图 8.10）。从图中可以看出，在专利权人排名中，北京绿源求证科技发展有限责任公司的相关专利申请数量最多，其次为北京艺信堂医药研究所（63件），河北以岭医药研究院有限公司的申请数量位居第三（32件）。在治疗糖尿病领域相关中药组方专利申请的个人创新主体中，余内逊相关专利申请数量最多，拥有专利量高达 48 件，其次为芮育健和王伟，拥有专利量分别为 15 件和 13 件。此外，北京绿源求证科技发展有限责任公司和北京艺信堂医药研究所属于医药高新技术企业，拥有自己的专家团队和大量申请专利，却掌握着大量专利，进一步说明中药治疗糖尿病领域的技术和成果转化还不成熟。

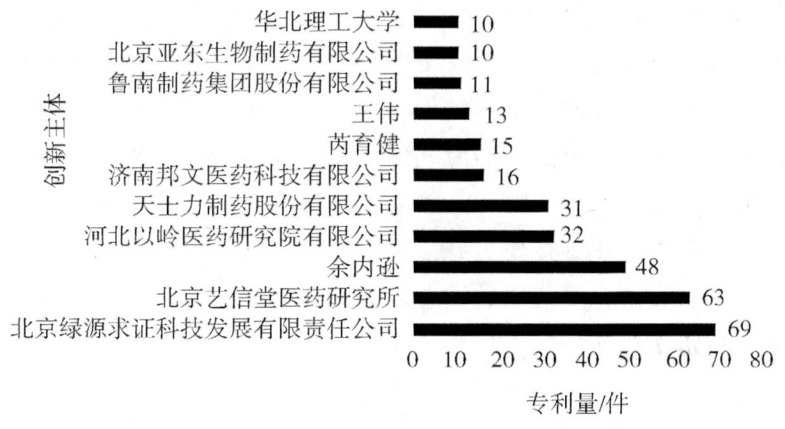

图 8.10　专利申请的创新主体构成

(3) 申请人技术构成

图 8.11 展示的是申请人在各技术领域的专利分布情况。通过该分析可以从技术角度研究主要申请人侧重的技术领域、技术方向和技术实力。从图中可以看出，排名前十的申请人在 A61K 和 A61P 技术领域均有研究，其中北京绿源求证科技发展有限责任公司最为活跃，相关申请专利最多。

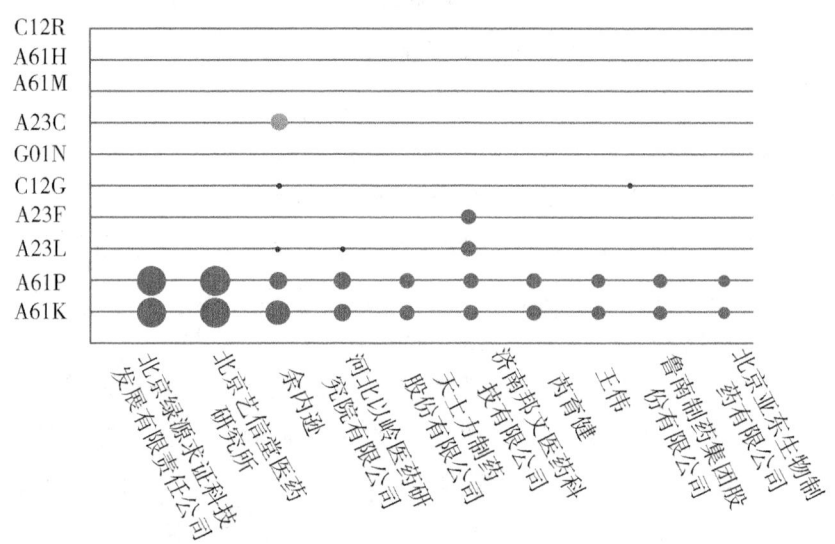

图 8.11　排名前十的申请人在各技术领域的专利分布

(4) 申请人专利价值

图 8.12 展示的是各申请人专利价值度分值的分布情况。专利价值度是参考技术稳定性、技术先进性和保护范围 3 个方面 20 余个参数，对专利进行分析后得出的关于专利价值的综合评价指标。研究申请人专利的价值度评分分布情况，可以宏观了解申请人的专利质量，从而客观评价申请人在专利方面的竞争实力。从图 8.12 可以看出，整体专利价值质量中等，大部分都在 4 以上，其中北京绿源求证科技发展有限责任公司、河北以岭医药研究院有限公司和天士力制药股份有限公司掌握着较多的高质量专利，在中药组方治疗糖尿病领域竞争实力较强。

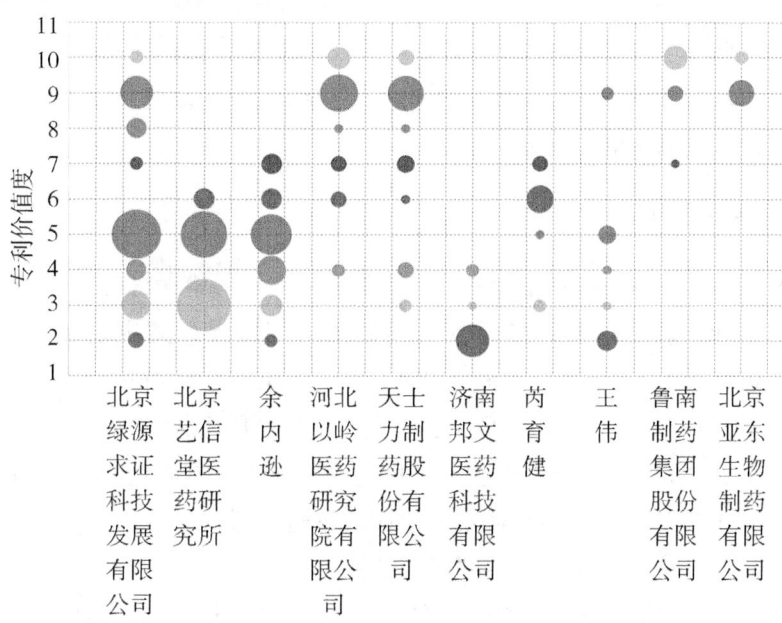

图 8.12 排名前十的申请人专利价值度分布

8.3.3 重点专利权人研发和专利申请策略比较

为了解不同企业在抗糖尿病中药组方专利申请方面的布局策略，本节选择河北以岭医药研究院有限公司（以下简称"河北以岭医药"）、天士力制药股份有限公司（以下简称"天士力制药"）和鲁南制药集团股份有限公司（以下简称"鲁南制药"）作为研究对象，从时间、数量、研发及专利申请策略角度比较了三者的差异。其中，河北以岭医药是以理论创新带动新药研发的国家重点高新技术企业；天士力制药善于收购优秀的老方技术，如糖敏灵滴丸、肾炎清片等；鲁南制药集团是以改革为动力、以市场为中心、以科技为先导的国家大型综合制药集团。

8.3.3.1 时间比较

从 2002 年开始，河北以岭医药对其产品"津力达"及制备方法开始申请相关专利，天士力制药和鲁南制药紧随其后。天士力制药于 2003 年对产品"消渴清"、制备方法和用途申请了相关专利。鲁南制药于 2004 年就产品"参芪降糖颗粒"和制备方法申请了发明专利。3家企业开始专利布局的时间比较接近,可见这3家企业在中药组方治疗糖尿病领域专利申请时可能存在相互借鉴的行为,并且上述时间也与图8.6中中药组方治疗糖尿病始于2001年并步入初步发展阶段的结论相吻合。

8.3.3.2 数量比较

图8.13为3家企业专利申请量分布情况。河北以岭医药申请抗糖尿病中药组方发明专利最多,并且进行专利布局的时间最早,共申请32项发明专利,最终获得授权17项。在2005—2014年,该企业每年都有新的申请专利,申请量在2012年达到顶峰,体现了该企业对治疗糖尿病领域中药组方研发技术的持续跟进和对新药知识产权保护的高度重视。天士力制药的专利申请量为31项,最终获得授权19项,该集团申请治疗糖尿病中药组方相关专利的申请时间主要集中在2003—2013年。鲁南制药的专利申请量为11项,获得授权9项,授权率高达82%,可见鲁南制药的创新技术水平在国内原研企业中处于较高水平。此外,2013年后,3家企业申请的专利量急剧下降,可能因为已有治疗糖尿病中药组方的专利布局基本完成,而现有自主研发的药物后劲不足。

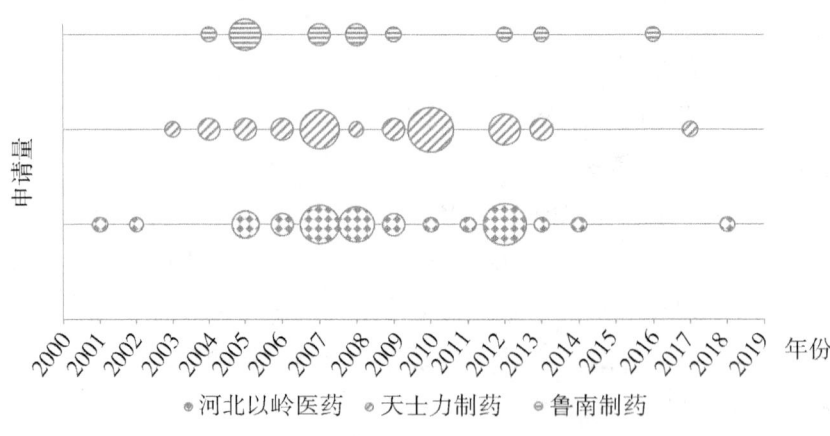

图8.13 三家企业的专利申请量分布

8.3.3.3 研发和专利申请策略比较

(1) 河北以岭医药

河北以岭医药集团董事长吴以岭教授以中医络病理论为指导,提出消渴从"脾"论治新观点,以络病理论指导临床特色科室建设和新药开发,已上市产品有治疗2型糖尿病的津力达颗粒、治疗糖尿病神经病变的桑桂周络通胶囊、治疗糖尿病视网膜病变的芪黄明目胶囊等,构成了企业治疗糖尿病的产品体系。该企业的通心络胶囊原应用于心脑血管病的防治,从2007年开始申请新用途专利用于治疗2型糖尿病和糖尿病神经病变、糖尿病足、糖尿病肾病、糖尿病勃起功能障碍、糖尿病合并冠心病等糖尿病并发症,拓宽了药物使用范围,表明该企业非常注重开发已有中药组方的新用途。该企业对大多数已上市或在研药物均已进行专利申请,并利用专利战略对外围专利积极开展布局,构成了密集的专利网络,是国内专利布局做得较好的企业(图8.14),该部分与耿胜燕等研究成果相吻合,进一步验证了河北以岭医药在中药治疗糖尿病领域的重要地位。

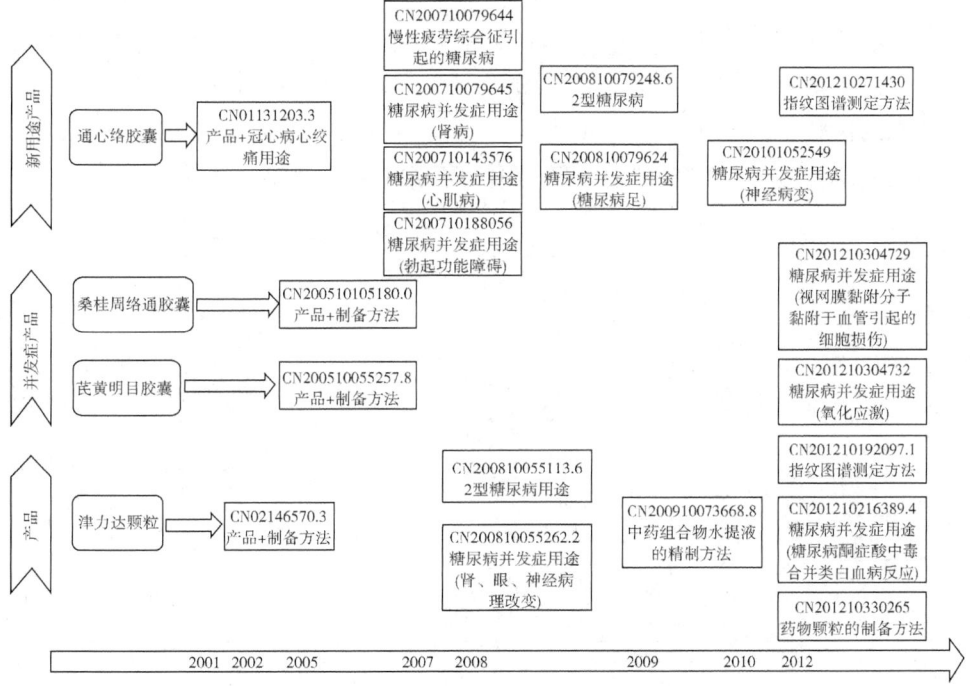

图8.14 河北以岭医药治疗糖尿病中药组方产品的专利脉络

(2)天士力制药

糖敏灵是天士力制药治疗糖尿病的重磅产品,专利授让于中国中医科学院广安门医院仝小林教授。围绕糖敏灵,该企业首先申请了其产品和制备方法、精制方法以及一系列的新用途专利,其次,利用 PCT 途径申请了一系列保护产品和提取方法的专利,同时进入美国、欧盟、俄罗斯、日本等 11 个国家。2012 年,该企业对其产品再次申请化学成分检测方法、提取物中水分含量控制方法等专利,在对产品质量过程进行控制的同时,同步实现了对该技术保护期限的延长。

消渴清是在古代经验方的基础上研制出的用于治疗 2 型糖尿病及其并发症的中成药,天士力制药的消渴清颗粒目前已上市。围绕消渴清,该企业不仅申请了复方专利,还申请了滴丸制剂、中药颗粒和球化颗粒等新剂型保护专利。2013 年,该企业就消渴清再次申请指纹图谱检测、含量测定和质量控制方法等专利保护,在实现对产品质量过程进行控制的同时,也实现了对该技术保护期限的延长。此外,天士力制药长期致力于优秀经典名方与临床验方的新药开发工作。比如,2010 年,该公司收购了北京军区北戴河疗养院的中药方剂肾炎清片并进行二次开发,申请获得 2 项用于治疗糖尿病肾病的药物专利。天士力制药治疗糖尿病中药组方产品的专利脉络见图 8.15,与河北以岭医药类似,围绕单一产品的专利布局比较完善,研发重点集中在对同一组方的制剂和用途的二次开发,但对中药组方本身的改动比较小。

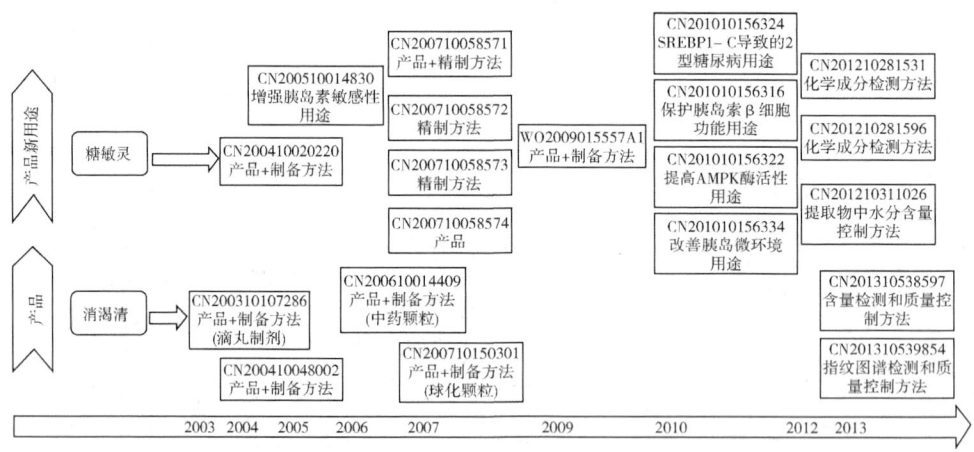

图 8.15　天士力制药治疗糖尿病中药组方产品的专利脉络

(3) 鲁南制药

鲁南制药治疗糖尿病的重磅产品是参芪降糖颗粒,参芪降糖颗粒源于传统中医药的经典验方参芪降糖,益气养阴,滋脾补肾,用于 2 型糖尿病。该产品充分发挥了中药整体辩证、防治结合、不良反应少、价格低廉的优点，市场份额较高。与河北以岭医药、天津天士力制药相比，该集团在治疗糖尿病领域的自主创新中成药相对较少，其专利布局主要围绕参芪降糖产品展开。该集团先后申请参芪降糖产品和新剂型、制备方法、检测方法以及一系列治疗糖尿病并发症新用途的专利，授权率高达82%，其次，2005年利用PCT途径申请了保护产品和制备方法的香港专利，并于2009年申请了2型糖尿病及其并发症新用途香港专利。该集团还开展外围专利布局，专利涵盖产品、制备方法、用途、精制方法、新剂型等，全方位、多角度来保护参芪降糖的核心知识产权。参芪降糖的专利网络如图8.16所示。

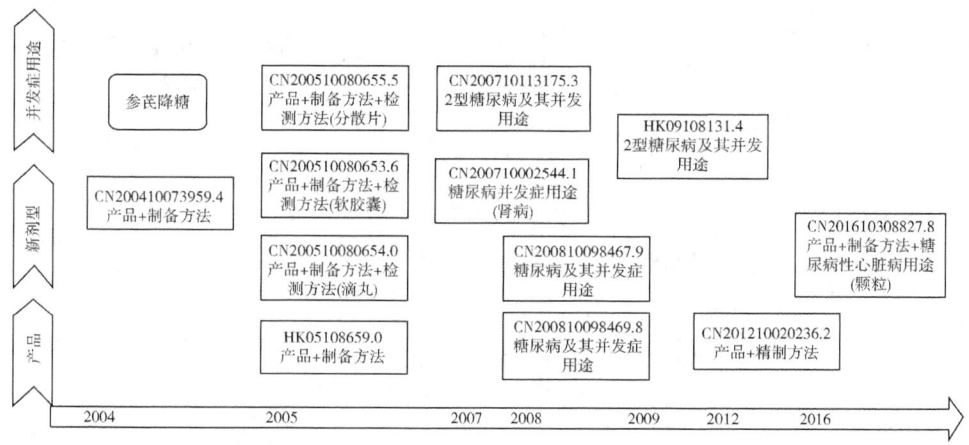

图 8.16　鲁南制药治疗糖尿病中药组方产品的专利脉络

8.3.4　用药规律研究

8.3.4.1　高频中药及性味归经、功效

对中药组方专利数据中中药材信息进行统计分析，得到中药组方中用得最多的10味中药材及相关组方的数量，位列前十的中药材分别为：黄芪、当归、丹参、山药、葛根、枸杞子、三七、麦冬、生地黄和甘草。统计分析发现，超过90%治疗糖尿病的中药组方使用了这10味中药材中的一种或多种，也就是说这10味中药材被普遍应用于糖尿病组方中（表8.4和图8.17）。进一步分析发现，10味高频中药中的补气药共有3味，养阴药2味，补血药、活血药、解表药、化瘀止血药和清热药各有1味；药味以甘为主，药性多温、

平，多归脾、肝经。其中，30%组方中使用了黄芪药材，15%～20%组方中使用当归、丹参、山药、葛根或枸杞子药材，10%～15%组方中使用了三七或麦冬药材，近10%组方中使用了生地黄或甘草。更有趣的是，该10味中药材中的3种还广泛应用于百姓的日常饮食中：黄芪益卫固表、补气升阳，常用来煲汤；山药健脾补肺、益胃补肾，常用做粥食；甘草，补气、润肺，常做茶饮。

表8.4 常用中药材的统计

中药材	频次	专利组方数	分类	药味	药性	归经	功效
黄芪	1083	614	补气药	甘	微温	脾、肺	补气升阳、益卫固表、托毒生肌、利水消肿
当归	759	394	补血药	甘、辛	温	肝、心、脾	补血活血、调经止痛、润肠通便
丹参	746	371	活血药	苦	微寒	心、肝	活血祛瘀、安神宁心、排脓、止痛
山药	660	366	补气药	甘	平	脾、肺、肾	健脾补肺、益胃补肾、固肾益精
葛根	640	308	解表药	辛、甘	凉	脾、胃	解肌退热、生津、透疹、升阳止泻
枸杞子	604	201	养阴药	甘	平	肝、肾	滋补肝肾、益精明目
三七	586	286	化瘀止血药	甘、微苦	温	肝、胃	散瘀止血、消肿定痛
麦冬	582	218	养阴药	甘、微苦	微寒	心、肺、胃	养阴生津、润肺清心
生地黄	565	198	清热药	甘、苦	寒	心、肝、肺	清热凉血、养阴生津
甘草	500	183	补气药	甘	平	心、肺、脾、胃	补脾益气、清热解毒、祛痰止咳、缓急止痛、调和诸药

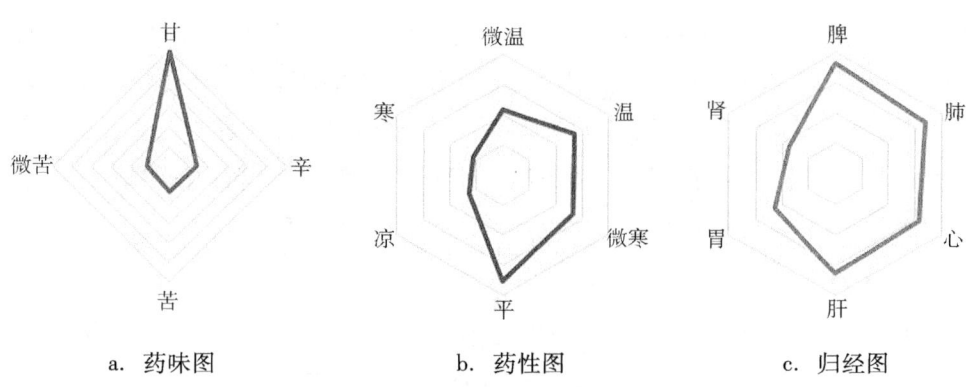

图 8.17 中药组方治疗糖尿病高频中药性味归经雷达图

8.3.4.2 高频药对

"药有个性之特长,方有合群之妙用",配伍是中医用药的特色和优势所在,故中药组方配伍规律的研究成为中医药领域研究的重点。从中药组方专利数据中挖掘出共现最多的 5 对中药材,分别为"黄芪-葛根""黄芪-麦冬""当归-生地黄""丹参-山药""山药-枸杞子"。设置支持度个数 300、支持度 28.6%、置信度 1,分析专利组方中对药使用情况,频次由高到低排列结果如表 8.5 所示。

表 8.5 治疗糖尿病中药组方专利共现最多的 5 项对药
(支持度个数=300,置信度=1)

中药材	频次	频率/%
黄芪-葛根	379	36.1
黄芪-麦冬	348	33.2
当归-生地黄	325	31.0
丹参-山药	312	29.7
山药-枸杞子	300	28.6

8.3.4.3 高频中药聚类

糖尿病容易引发全身大血管和微血管并发症,包括心血管疾病、糖尿病肾病、视网膜病变、糖尿病足病和神经病变等,其并发症致残、致死率高,严重影响患者的生活质量。以糖尿病并发症为维度,分析高频中药用药规律,结果如图 8.18 和表 8.6 所示。可见,黄芪是治疗糖尿病及其并发症的常用药物,当归和三七在糖尿病坏疽应用较多,丹参在糖尿病并发症心血管疾病(高血压和冠心病)中应用较多,中药的聚类分布也体现了中医辨证论治的特点。

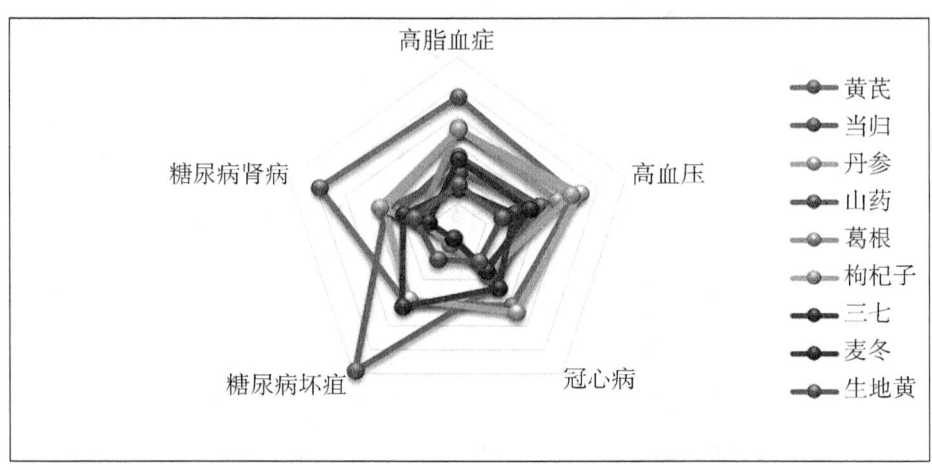

图 8.18　糖尿病并发症高频中药雷达图

表 8.6　糖尿病并发症高频中药用药情况

疾病\中药	黄芪	当归	丹参	山药	葛根	枸杞子	三七	麦冬	生地黄
高脂血症	93	41	71	52	72	71	30	50	33
高血压	83	57	87	59	71	81	40	51	32
冠心病	63	45	68	31	36	35	48	33	25
糖尿病坏疽	60	118	57	5	10	6	64	6	23
糖尿病肾病	98	51	52	43	27	56	39	21	31

8.3.5　SWOT 分析

8.3.5.1　国内治疗糖尿病中药专利的优势、劣势、机会和威胁

基于以上的专利分析结果,国内治疗糖尿病中药组方专利的 SWOT 模型归纳如下:①优势:国内专利数量占比最大,处于世界领先地位;以北京绿

源求证科技发展有限责任公司、河北以岭医药研究院有限公司和天士力制药股份有限公司为代表的专利权人掌握着较多的高质量专利，专利体系比较成熟，在治疗糖尿病领域竞争实力较强；中药组方专利的配伍规律和聚类分布体现了辨证施治的特色中医理论，亦是参与国际医药竞争的优势领域。②劣势：国内专利质量整体较差，授权率低，成果转化率低；中药组方专利，尤其是提取物组方专利发展较为薄弱；同族专利缺乏，国际化程度低，被侵权的风险高；具有代表性的3家大型糖尿病中药生产企业在技术创新和专利布局方面各具特色，但存在着原创技术动力不足的缺陷。③机遇：产业链上游专利保护薄弱；中国是糖尿病重灾区，随着国内糖尿病发病率上升，治疗药物需求量与日俱增；国家一直大力支持中医药产业发展，中医药在此次新冠疫情防治中发挥重要的作用，国家更加重视中医药产业的发展；相关政策的陆续出台，良好的市场需求和政策红利，中医药专利亦迎来了新的发展机遇期。④威胁：国内糖尿病领域仍以西药治疗为主，中药治疗为辅，国外药品对国内中药治疗糖尿病市场带来巨大冲击；国外专利质量大多数优于国内。

8.3.5.2 战略分析

基于SWOT分析法，构建治疗糖尿病中药专利的SWOT模型矩阵（图8.19），结合其内在优势和劣势以及外部机遇和威胁，提出以下战略。

内部环境 外部环境	机遇（O）	威胁（T）
优势（S）	SO战略 立足优势，利用机遇	ST战略 发挥优势，化解威胁
劣势（W）	WO战略 抓住机遇，改进劣势	WT战略 克服劣势，规避威胁

图8.19 治疗糖尿病中药专利的SWOT模型矩阵图

（1）SO战略

在国内良好的市场需求和政策环境下，国内专利权人应以治疗糖尿病的中药市场需求为契机，抓住机遇，充分发挥中药在改善糖尿病患者症状、提高生存质量等方面的优势。①借鉴河北以岭医药的专利模式，以络病理论指导临床特色科室建设和新药开发，构建具有中国特色的糖尿病产品体系。②参考用药规律结果，对于糖尿病的常用中药组合，进行拆方、改变配比或改进剂型等方式挖掘新颖性的专利，围绕糖尿病并发症进行多维度专利布局。

（2）WO 战略

在保持专利申请量上升趋势的同时，应注重专利的质量、授权和转化。①依据中医独特的理论体系开拓中药创新技术，并尽早申请核心专利，之后再有层次地申请外围专利，通过延长药物的保护期限实现利益最大化，如河北以岭医药的津力达颗粒、天士力制药的糖敏灵和消渴清以及鲁南制药的参芪降糖药物能长时间保持市场地位，与他们采用专利群的形式保护其核心专利是密不可分的。②申请外围专利时，主题可包括药物剂型、制备或精制方法、治疗新用途、质量检测方法、指纹图谱测定方法等，多角度、多层次进行保护，形成严密保护网，避免为竞争对手留下可进攻的空间。如鲁南制药积极地开展外围专利布局，主题涵盖了产品、制备方法、新剂型、用途、精制方法等，全方位、多角度保护了"参芪降糖"的核心知识产权。

（3）ST 战略

中国作为中医药的发源地，在寻找治疗糖尿病领域的新药方面具有明显的优势。①应增强高校、科研院所与企业的合作，使基础研究与产品开发相结合，申请迎合市场需求的相关专利。②强化"先专利、后产品"以及"先申请、后研发"的专利战略意识，提高专利市场布局意识。③国内重点专利权人应注重海外市场同族专利的申请，可优先考虑新加坡、马来西亚等中医药文化盛行国家和地区，降低专利进入国际市场的难度。

（4）WT 战略

在竞争激烈的国外大环境威胁下，国外药品对国内中药治疗糖尿病市场带来巨大冲击。①需建立专利预警和导航分析体制，分析国外专利布局战略，制定相应专利战略，有效降低我国专利在国际环境中的侵权风险。②充分发挥质量检测和指纹图谱测定方法专利的价值，推动其成为行业标准，增加其企业在行业内的话语权。如天士力制药不仅就其消渴清产品不同剂型进行保护，还对其含量测定方法、质量控制方法和指纹图谱检测方法申请了专利，并及时就新标准申请了专利，巩固其在糖尿病市场的主导地位。

8.3.6 小结

系统梳理治疗糖尿病中药组方专利信息,从专利总体演化趋势、技术构成和专利申请人等方面进行对比分析,把握其研究动态;通过对重点专利权人进行剖析,探寻国内 3 家典型制药企业(河北以岭医药、天士力制药、鲁南制药)在治疗糖尿病中药组方的研发和专利布局上的异同,为国内其他制药企业在新药开发和专利布局提供借鉴;并对治疗糖尿病中药组方专利数据挖掘,剖析其用药规律,期望能对临床辨证论治、处方用药及新药研发提供参考;基于 SWOT 模型,总结其发展过程中存在的优劣势,以及面临的机遇和威胁,并提出相应的应对战略,希望能为后续治疗糖尿病的中药组方专利申请和成果转化提供参考。

8.4 本章小结

本章在西洋参专利文本聚类分析中应用 LDA 主题模型,发现了西洋参专利文本的高频主题词,经分析得出目前西洋参研究涉及的十类细分研究领域。同时,运用专利分析法和 SWOT 模型对治疗糖尿病的中药组方专利信息进行分析,探讨中药组方治疗糖尿病的用药规律,分析糖尿病中药专利发展的情况。通过研究验证,技术情报方法在医药健康产业具有可行性和可操作性。

第 9 章 北京市集成电路产业发展现状及对策研究

9.1 研究目的及意义

2020 年,随着中美贸易摩擦愈演愈烈,美国对中国的技术封锁全面升级,华为和中芯国际被列入出口管制的"实体名单"。禁止华为海思使用 EDA 设计软件,禁止含有美国技术的代工企业生产芯片给华为,禁止荷兰阿斯麦公司出口深紫外光刻机(EUV)给中芯国际。没有 EDA,华为海思无法设计芯片;没有 EUV,中芯国际无法制造 7 nm 以下制程的高端芯片。中国的半导体产业发展被全面封锁,我国半导体集成电路与欧美的技术差距走入大众视野,国内对半导体和芯片的关注前所未有。

本章节从专家维度、政策维度、技术创新研发维度、文献调研等 4 个维度对集成电路领域的关键核心技术攻关及产业化可能性研究分别进行解析,论述了我国与世界高端水平的差距,最后综合 4 个维度研究结果,再结合专家的建议提出北京如何发展集成电路产业的布局。

9.2 集成电路技术及产业发展趋势

9.2.1 未来芯片技术发展预测

当前,集成电路技术逐渐逼近硅基半导体物理极限,曾经主导其发展的摩尔定律正遭遇物理学(硅基芯片的物理极限)和经济学(研发与生产成本巨大)的双重限制,而人工智能、物联网、超级计算等应用领域却对其提出了更高的性能要求。欧美等传统集成电路强国早已开始在前沿技术领域进行布局（附表1），探寻"转场"路径。

国际器件与系统路线图（International Roadmap for Devices and Systems，IRDS）是美国电气与电子工程师协会（IEEE）设立的一个组织，前身是国际半导体技术发展路线图（International Technology Roadmap for Semiconductors，ITRS），由美国半导体工业协会联合日本、欧盟、韩国等国家半导体工业协会制作，旨在评估和把握全球半导体工业未来15年的技术走向，为企业和学术团体的研发策略提供指导。从1965年开始，每年都会发布一份半导体领域技术路线图，2016年更名为IRDS，从而全面地反映各种系统级新技术。

IRDS路线图指出，从2024年开始，虽然半导体工艺还会有2.5 nm、1.5 nm线宽之分，但是这几种新工艺的栅极距等指标是没有变化的，也就是说晶体管并不会缩小，在5 nm节点后就不会变了。换句话说，传统CMOS电路将在2024年走到尽头，但是并不代表半导体技术就将停止发展。

IRDS白皮书中指出了新的发展方向，包括采用新的半导体材料和制造工艺缩小晶体管特征尺寸的"深度摩尔"（More Moore），使用3D堆叠等创新的系统集成技术"超越摩尔"（More than Moore），以及"新型器件"（Beyond CMOS）——使用CMOS以外的新器件提升集成电路性能。这3个方向上不断涌现出的新兴技术成为各国"转场"布局时的重要参考，其中"超越摩尔"和"新型器件"被称为"后摩尔时代"发展方向。

"深度摩尔"通过继续缩小尺寸和架构升级提高晶体管集成度，这仍是目前主流发展方向，也是我国正在追赶的被"卡脖子"的技术领域。台积电已经开始研发2 nm以下工艺，届时硅基芯片逼近物理极限逐步丧失优势，碳基材料、第三代半导体材料或二维材料是最有潜力的替代材料。

"超越摩尔"侧重于芯片功能的多样化，依靠异质集成技术将传感器件、射频器件、功率器件以及处理器等多模块集成在一个芯片内来提高系统的集成度，模块间的通信使用高速接口。"超越摩尔"是各国布局新兴技术重要发展方向之一，已涌现出3D异质集成、系统级封装（SiP）、硅基光电子芯片、传感器融合等技术。

"新型器件"是基于新原理、新材料、新架构、新工艺、新装备来设计和制造的新型器件或芯片，例如量子计算器件、自旋电子磁存储器（MRAM）、神经形态器件、存算一体芯片、人工智能芯片、碳纳米管存储器（NRAM）、石墨烯晶体管等。"新型器件"带来的不仅是集成电路性能的提升,更是整体系统架构的更新,并带动未来信息时代的新应用。"新型器件"是各国在集成电路前沿技术领域布局的重中之重。

为剖析未来芯片技术的市场应用前景,Gartner 技术成熟度曲线工具包从市场渗透率和潜在效益等级角度对这些技术进行了归类。未来芯片技术的潜在效益包括"变革性""高""中"三个等级,市场渗透率以当前技术市场占预期目标市场的百分数表示。其中,"变革性"表示所属技术将开创新的业务方式,导致行业发生重大转变;"高"表示所属技术将推动现有行业横向和纵向拓展,大幅提升企业收益或节约成本;"中"表示所属技术将逐步改进现有行业,帮助企业提升收益或节约成本。由表 9.1 可见,碳纳米管和神经形态硬件是潜在市场效益最高、市场渗透率却最低的未来芯片技术,技术研发和产业化风险最高,适合以科研机构为主开展尝试性前沿探索研究;相变存储器和自旋转移转矩磁性存储器是当前市场渗透率处于中等级别的未来芯片技术,技术研发和产业化风险相对较低,未来可依潜在市场效益级别确定研发布局力度;存内计算是潜在市场效益和市场渗透率均最高的未来芯片技术,目前处于早期主流应用阶段,技术研发和产业化风险最低,值得大力布局技术和产业化研究。

表 9.1　未来芯片技术的市场渗透率与效益等级情况

潜在效益等级	市场渗透率			
	<1%	1%～5%	5%～20%	20%～50%
变革性	碳纳米管 神经形态硬件	石墨烯 下一代晶体管	相变存储器	存内计算
高	氧化镓晶体管 碳纳米管存储器 量子计算	深度神经网络专用芯片 硅基氮化镓晶体管 碳化硅晶体管 片上互联中的硅光子技术		
中	阻性存储器	自旋转移转矩磁性存储器		

2021 年 1 月 14 日,Gartner 发布了对 2020 年半导体的营收预测。结果显示,继 2019 年下降 12% 之后,2020 年全球半导体收入反弹至总计 4498 亿美

元，较 2019 年增长 7.3%。

Gartner 研究副总裁安德鲁·诺伍德（Andrew Norwood）表示："2020 年初，人们认为新型疫情将对所有终端设备市场产生负面影响，但实际影响很小。汽车、工业和消费市场的某些领域受到企业和消费者支出减少的打击。但是，居家隔离极大地增加了家庭和在线学习的时间，从而使该市场从中获益。"

究其原因，是因为服务器需求强劲，超大规模客户（2020 年占服务器需求的 65% 以上）急于增加容量以应对 2020 年上半年锁定期间的额外需求。此外，企业和消费者对 PC 的强劲需求也将随之而来。在家工作和学习时间的增加导致 CPU、NAND 闪存和 DRAM 的强劲增长。

在报告中，Gartner 还披露了 2020 年前十大的半导体厂商。十大半导体厂商中，英特尔（intel）依然稳坐龙头，预计他们在 2020 年的营收超过 700 亿美元，增长了 3.7%，这得益于其核心客户端和服务器 CPU 业务的增长。排名第二的是三星电子，得益于存储芯片的销售，该公司在 2020 年的营收同比增长了 7.7%。紧随其后的是 SK hynix 和美光。

值得注意的是，高通（Qualcomm）的营收反超博通（Broadcom），成为全球第五，而联发科技（MediaTek）、铠侠（Kioxia）、英伟达（Nvidia）则增长迅速，分别从 2019 年的第 13、第 14 和第 16 名，跃升为 2020 年的第 8、第 9 和第 10 名。当中尤其是联发科技增长势头最猛，同比增长 38.3%，营收首次突破百亿美元。而以上 3 家和高通一起，成为 2019 年增长超过 30% 的 4 家半导体厂商。尽管智能手机市场整体放缓，但 5G 智能手机的强劲销售推动了高通和联发科技等半导体公司在 2020 年实现强劲增长。5G 的增长通过半导体数量的增加（包括更高的价格）抵消了系统单位增长的疲软，这包括 ASP 5G 芯片组以及其他 RF 前端组件和电源管理 IC。

Gartner 指出，存储器是 2020 年表现最佳的市场，得益于服务器的增加以及 PC 和超移动设备（从家庭工作和学习的转变）的需求。2020 年，全球存储器收入增加 135 亿美元，占 2020 年半导体总体收入增长的 44%。在存储器中，NAND 闪存表现最佳，收入增长 23.9%，达到 528 亿美元，比 2019 年增长 102 亿美元。2020 年的供应有限，这导致其在 2020 年上半年价格飙升。尽管超大规模客户和 PC OEM 的需求强劲，但疫情的影响确实导致 2020 年下半年的供过于求状况，从而抑制了整体年度收入增长。

9.2.2 全球主要科技强国相关政策和发展趋势

9.2.2.1 美国

美国全面推动下一次电子革命，侧重"扩展摩尔"和"超越摩尔"后摩尔时代发展方向。美国一直致力于维护其半导体技术的变革性创新发展优势，其依赖自身在集成电路领域较强的综合科技实力，持续部署系列重大战略举措，实行全面布局，以超越传统器件微型化的局限，在不再持续缩小尺寸的情况下，实现电子器件性能的持续提升。

2008年美国国防部高级研究计划局（DARPA）启动了总投资1.01亿美元的"神经形态自适应可塑可扩展电子系统"（SyNAPSE）项目；2014年美国总统奥巴马宣布光子集成技术国家战略（AIM Photonics），投入6.5亿美元打造光子集成器件研发制备平台。

近5年来，美国加大了对新材料、新工艺、新架构等"超越摩尔"技术的布局。2017年6月，美国国防部高级研究计划局DARPA启动"电子复兴计划（ERI）"，提出在三维异构集成、新材料和器件等重点研究领域开展技术攻关，计划未来5年投入15亿美元，加大对可重构物理架构、加速器组合架构、面向集成电路下一代逻辑和存储器件所需的候选材料等超越传统硅基半导体技术及发展下一代半导体制造方法等领域的研究与投资力度。同年，9月推出"三维单芯片系统""新式计算基础需求""特定领域片上系统""软件定义硬件""高端开源硬件""电子设备智能设计"六大研究项目。在此基础上，DARPA又进一步明确了ERI初步实施方案和ERI第二阶段研究部署，联合国防工业基地、学术界、国家实验室等机构重点解决三大关键问题：打造新型电子制造能力，探索传统互补金属氧化物半导体（CMOS）缩放的补充和替代方案；实现电子组件从设计到应用的可追溯性，开发能抵御安全风险的电子产品；加强ERI基础研究到技术应用间的联系，促进ERI的国防应用。其中，ERI第二阶段部署的首个项目"面向极端可扩展性的封装光子（PIPES）"将探索把光子学带入芯片的技术。此外，下一代氮化镓晶体管、超导电路设计工具、生物基半导体等技术也是美国政府关注的重点。

为适应半导体技术进入发展新阶段，协调政府实验室、学术界、产业界的相关工作，IEEE"复兴计算计划"资助了"IRDS"的编制工作。2018年4

月发布的 2017 年版 IRDS 提出了未来半导体技术发展总设想，即通过"管芯三维堆叠、层间致密互联、异质异构集成、器件低功率化"等方案变相实现微缩化，借以延续芯片性能增长。随着 CMOS 的尺寸缩放逐渐接近物理极限，研究人员正在探索新信息处理和存储器件、多功能的异构集成新技术、系统架构的新范式，以延续集成电路的功能扩展节奏。这一目标主要通过延续摩尔定律（More Moore）、超越 CMOS（Beyond CMOS）两大方案来实现。2017 年美国全球科技、国防及航空航天工业领导者联盟（SRC）发布《半导体研究机遇：行业愿景与指南》（2017 年），提出先进器件、材料和封装，先进架构及算法，智能记忆和存储，下一代制造模式等 14 个方面的发展方向。

2018 年中美贸易战以来，美国继续支持前沿技术方面的研发，并加大对芯片制造业的支持力度。2020 年 10 月，美国半导体行业协会（SIA）和半导体研究公司（SRC）联合发布《半导体十年计划》，提出未来十年应围绕智能传感、新型内存技术和存储器架构等进行重点研究。2020 年，美国国会的《为芯片生产创造有益的激励措施法案》（2020 年）（CHIPS 法案）提出投资 120 亿美元创造新的研发项目；《美国晶圆代工业法案（AFA）》（2020 年）将投资 250 亿美元以激励本土微电子研究和制造的现代化，实现设计、制造、封装等本土芯片产业链重构，并支持下一代微电子技术研发。

9.2.2.2　欧盟

欧盟重点关注"扩展摩尔"和"超越摩尔"的解决方案，迫切期望打破美国技术封锁。欧盟通过巩固车用电子和新能源等强项应用领域来维持后摩尔定律时代半导体产业的发展，重点关注应用驱动的半导体衍生性（derivatives）技术以及超越摩尔定律的解决方案。

2014 年 2 月，欧盟未来新兴技术（FET）石墨烯旗舰计划发布了首份招标公告和科技路线图，介绍了拟资助的研究课题和支持课题，以及根据领域划分的工作任务。根据路线图，石墨烯旗舰计划将分初始阶段和稳定阶段两部分进行。初始阶段：2013 年 10 月 1 日—2016 年 3 月 31 日，共资助 5400 万欧元（6102 万美元）；稳定阶段：2016 年 4 月开始，预计每年资助 5000 万欧元（5650 万美元）。该科技路线图的核心内容是提出了 13 个重点研发领域，其中包括 GRM 与传统的基于硅、砷化镓（GaAs）、氮化镓（GaN）、磷化铟（InP）的半导体器件的集成，以及面向下一代计算与通信系统，开发集成

GRM 与硅波导和无源光路的方法，特别是可使现有的类 CMOS 硅制造基础设施在未来实现晶片规模集成的可扩展方案。

欧盟委员会于 2018 年 12 月通过了法、德、意、英四国共同提出的"微电子联合研究创新项目"，并将在 2024 年前向该项目投资 17.5 亿欧元，预计会带动 60 亿欧元的私有投资，用于研发芯片、集成电路、传感器等创新性技术与元器件。该项目针对家电和自动驾驶汽车等消费类设备以及电池管理系统等新能源产业应用领域，重点研发高能效芯片、功率半导体、智能传感器、先进的光学设备、替代硅的复合材料五大技术领域。此外，欧委会还于 2018 年 3 月推出欧洲处理器计划（EPI），以协同设计和开发一款低功耗微处理器，并将其纳入欧洲预百亿亿次系统和百亿亿次系统。

欧盟国家电子元件和系统领导地位联合执行体（ECSEL JU）发布《多年度战略计划（2020）》，明确重点关注异构片上系统（SoC）集成、先进封装和智能封装系统（SiP）等"扩展摩尔"技术以及先进的逻辑和存储技术等"超越摩尔"技术。2020 年 12 月欧盟 17 国发表了《欧洲处理器和半导体科技计划联合声明》，宣布未来两三年约投入 1450 亿欧元强化处理器和半导体生态系统，迈出了半导体产业合纵抗美的关键一步。

9.2.2.3 日本

日本重点关注涉及新材料的未来芯片技术，强化在材料领域的优势。日本内阁府于 2014 年 5 月在其"战略性创新创造计划（SIP）"内推行以下一代材料（SiC、GaN）为中心的"下一代电力电子研究开发计划"。2018 年日本文部科学省发布《纳米技术和材料科学技术研发战略》，侧重于半导体尖端技术飞跃发展所需的材料革新。2020 年经济产业省提出对开发新一代低能耗半导体材料"三氧化镓"的私企和大学提供财政支持，未来 5 年的投资额预计将达到 8560 万美元。

9.2.2.4 韩国

韩国在强化存储器和晶圆代工优势的同时进行全面布局，力争在 2030 年成为综合半导体强国。2019 年韩国科学技术信息通信部提出的《系统半导体愿景与战略》强调要全面开发改变产业模式的新一代半导体核心技术，包括人工智能芯片、存内一体芯片等"超越摩尔"方向的技术。2020 年 12 月，科学技术信息通信部发布了下一代智能半导体（器件）研发计划 2021 年项目实施计划，特别关注新器件技术（如 3D 集成、内存计算、器件系统架构等），10 年（2020—2029 年）内投资金额达 2405 亿韩元。2021 年 5 月韩国产业通商资源部和国防部确定了"X-band 氮化镓（GaN）半导体集成电路"国产化课题。

9.3 北京集成电路产业发展现状

9.3.1 北京集成电路产业优势

北京布局集成电路由来已久，也历来重视集成电路产业发展，是我国最早的三大微电子基地之一。其产业规模和技术水平在全国一直占据着举足轻重的地位。而当前北京正处于构建高精尖产业结构的调整期，作为我国重要的集成电路产业重镇之一，在中央政府的大力支持下，充分发挥区位优势，大力发展集成电路产业，将对首都经济社会发展产生全局带动和引领作用。

自 2000 年国务院第 18 号文件颁布以来，北京市集成电路产业进入了快速发展阶段，从 2000 年到 2016 年，北京集成电路产业销售收入从不足 5 亿元增长到 570 亿元，排名全国第三，复合年均增长率达到 32%。其中集成电路设计产业销售收入从不足 2 亿元增长到 325.61 亿元，设计企业数量从 2000 年的 23 家增加到 100 多家。北京集成电路产业经过十多年的发展，初步建立起产业链相对完备的产业格局，并呈现出设计为龙头引领，制造做支撑、材料设备业稳步成长的态势，产业规模和技术水平在全国均占据着举足轻重的地位，已成为支撑我国集成电路产业创新发展的重要支柱力量。

9.3.1.1 产业规模国内前列

2016 年，北京集成电路产业实现销售收入 570 亿元（含豪威科技 90 亿元的合并报表收入），约占全国的 13%，位列全国第三。其中设计业实现销售收入 325.6 亿元，同比增长 12.1%，占全国的比重为 16.73%；制造业实现销售收入 72.6 亿元，同比增长 36.47%，占全国的比重为 6.44%；封装测试业实现销售收入 102.9 亿元，同比增长 27.99%，占全国的比重为 6.58%；装备材料等支撑产业实现销售收入 68.8 亿元，同比增长 32.5%。

9.3.1.2 设计与制造业技术水平先进

北京集成电路产业结构呈现以设计业为引领，制造、封测、材料与设备产业稳定增长的态势，2016 年各产业链比重分别为 57.1%、12.7%、18.1%、12.1%。尤其是近 5 年来以创新研发为主导的集成电路设计业在产业链中的比重逐年提高，体现了北京调整疏解非首都核心功能，优化产业结构，大力投入高精尖产业的发展成果。在通信芯片、存储器、物联网以及北斗导航、智能电网、图像传感器、12 in* 先进逻辑工艺、12 in 28 nm 核心集成电路装备等多个领域，北京集成电路企业保持国内领先，并在非硅基集成电路器件、人工智能芯片、区块链专用芯片等新兴前沿领域引领全球。

"十三五"时期北京积极推进国家自主可控发展战略，在集成电路关键产品、集成电路工艺设备等方面的自主自研能力不断提升。龙芯高性能处理器产品全面服务于党政军用市场，兆易创新的存储器和 32 位控制器产品进入与国际巨头厂商同台竞争的阶段。在 02 专项的实施带动下，中芯国际（北京）、中芯北方将面向主流工艺节点的关键集成电路设备国产化，验证效率提升 4 倍，北方华创、屹唐半导体的介质刻蚀设备、清洗机、退火/RTP 等主要设备进入到先进工艺节点验证阶段，北京目前已经实现除光刻机整机以外的其余所有关键集成电路设备国产化布局，为"十四五"时期继续增强集成电路产业链供应链自主可控能力打下坚实基础。

9.3.1.3 创新资源优势明显

北京集成电路产业高端人才等创新资源优势明显，全国集成电路领域引进的高端人才中约 1/3 集中在北京，中国科学院与集成电路技术相关的研究所约有 50% 设立在北京，全国 10 个集成电路人才培养基地中有 4 个设在北京。"十二五"以来，北京集成电路企业及高校院所承担国家重大科技专项约 30% 重大任务。其中，承担 01 专项中的芯片项目 17 项，项目总预算约 11 亿元；02 专项 44 项，项目总预算约 186 亿元，并取得专利 15 000 多项，其中国际专利超过 2000 多项。

---

* 1 in ≈ 25.4 mm。

9.3.1.4　空间发展布局合理

自 2000 年国务院第 18 号文件颁布以来，北京市集成电路产业进入了快速发展阶段，经过 20 年的谋划、布局、发展，初步建立起产业链相对完备的产业格局，形成"亦庄制造、海淀设计、顺义化合物"的空间发展格局，呈现出制造带动、设计引领、装备材料稳步成长的态势。北京产业规模和技术水平一直在全国占据着举足轻重的地位，集成电路产业已成为北京构建首都"高精尖"经济结构、全面实现科技创新中心的龙头产业。

北京经济技术开发区（亦庄）作为当前国内集成电路产业聚集度最高、技术水平最先进的区域之一，已初步形成涵盖"芯片设计、晶圆制造、封装测试、专用装备、核心零部件及关键材料"等较为完备的集成电路产业链生态，集成电路产业规模占到北京市集成电路产业规模的一半。北方华创、屹唐半导体、中电科、华卓精科、国望光学、科益虹源、东方晶源等一批集成电路装备企业均在亦庄聚集，亦庄已成为全国最重要的集成电路装备产业集聚区。集创北方、矽成半导体（ISSI）成为全国显示驱动芯片、汽车电子领域的龙头企业。北京经济技术开发区管委会主任梁胜透露了亦庄的芯布局规划，投入 1000 亿元，努力培育 100 家龙头企业，打造 10 平方公里的集成电路生态产业园。2021 年 2 月集中签约 129 个"两区"建设项目，集成电路项目投资额就超过 2000 亿元。

中关村集成电路设计园（IC Park）从规划初始就遵循"高标准、专业化、智慧化"的原则建设，计划以集成电路设计为核心，聚集集成电路产业上下游企业，形成一体化产业链条，并延伸到软件应用、智能硬件、互联网、物联网，构建"泛集成电路设计园"。如今有包括兆芯、兆易创新、君正、比特大陆、同源微等一大批优秀的设计企业入驻。

顺义是国家批准建设的第一个化合物半导体基地。目前已聚集化合物半导体企业 140 余家，初步形成了从装备到材料、芯片、模组、封装检测及下游应用的全产业链格局。

9.3.1.5　科研资源全国领先

北京市的科研创新资源聚集，在集成电路前沿技术领域具备先导研发优势。北京拥有多所示范性微电子学院，高校、科研院所集成电路科研人才储备雄厚，已建设多个一流新型研发机构，在集成电路领域已集聚了一批战略性科技创新领军人才及其高水平创新团队（附表2）。

北京航空航天大学集成电路科学与工程学院赵巍胜团队，在超低功耗新型信息器件领域持续开展研发工作，提出自旋轨道矩与自旋转移矩结合以实现高速读写的新型自旋电子存储器件。通过自旋轨道矩调控反铁磁/铁磁异质结中的磁矩和交换偏置场对发展高性能自旋电子器件（如磁隧道结和磁传感器等）具有重要意义，是当前自旋电子学领域的研究热点。赵巍胜教授团队近期深入研究了 IrMn/CoFeB/MgO 垂直磁各向异性异质结，利用反铁磁材料 IrMn 产生的自旋轨道矩实现了 IrMn/CoFeB 界面交换偏置场的有效调控。研究揭示了反铁磁/铁磁异质结中电学调控交换偏置场的物理机理，通过与隧穿磁阻效应结合，可以实现全新的数据存储和数据写入方法，有望进一步提高数据存储密度、降低数据写入功耗，具有重要意义。

清华大学施路平、吴华强研究团队研发了一种"天机"类脑计算芯片架构，它高效集成了计算机微电子科学与生物神经科学，是面向人工通用智能的世界首款异构融合类脑计算芯片。该芯片采用具有计算存储融合和去中心化的众核架构，每块芯片含有 156 个计算功能核，约合 4 万神经元和千万突触和流线型数据流的混合编码方案，既能同时独立支持基于计算机科学的机器学习算法和神经科学主导的算法以及神经科学中的多种编码方案，还支持两者的异构混合建模，提供新的解决方案。该项研究有望为更通用的硬件平台发展铺平道路并推动通用人工智能的发展。

北京元芯碳基集成电路研究院是北京市和北京大学共建的面向后摩尔时代集成电路技术的新型研发机构。该院中国科学院院士、北京大学教授彭练矛和张志勇教授带领的团队研究发展了一套完整的碳基集成电路技术路线，探索实践出高性能碳纳米管 CMOS 晶体管的无掺杂制备方法，通过控制电极功函数来控制晶体管的极性，实现了性能接近量子极限的碳基晶体管、三维光电集成系统。有望将集成电路技术推进到 3 nm 节点以下，实现速度更快、功耗更低、集成度更高的新型碳基集成电路芯片，推动未来信息技术的发展。2020 年，彭练矛、张志勇团队更是突破了半导体碳纳米管关键材料的瓶颈，且制备出的器件和电路在真实电子学表现上首次超过了硅基产品，这意味着碳基集成电路已经初步具备工业化基础。

中国科学院微电子所先导中心朱慧珑研究员团队系统地研发了一种面向

3 nm以下的环栅纳米结构的新型集成电路刻蚀技术——各向同性和硅选择性的锗硅准原子层刻蚀技术（quasi-Atomic Layer Etching），简称 qALE 技术。qALE 通过准自限制的氧化并将其选择性去除的方式，根据锗硅和硅被氧化的程度不同，达到选择性刻蚀锗硅的目的，刻蚀量精确可控。此方法具有工艺窗口大、工艺波动小、负载效应小以及各向同性的优点，从而适用于高密度复杂三维结构的刻蚀。此外 qALE 操作简单、成本低、可批量操作，因而具有用于大规模 IC 制造的潜力。利用 qALE 技术，先导中心已经实现了首个具有自对准栅极的叠层垂直纳米环栅晶体管，其集成工艺与主流先进 CMOS 制程兼容。

包云岗研究员领导的前沿系统研究团队的主要研究方向为开源芯片生态，软硬件协同的云计算数据中心系统。开源芯片已经成为一个新的发展趋势，前沿系统实验室在 RISC-V 处理器设计，处理器敏捷设计方法等方面开展一系列前沿研究，已在国内外形成一定的影响力。另外，实验室与华为、阿里、腾讯等公司长期合作开展云计算数据中心领域的软硬件优化技术研究。包云岗研究员领导的前沿系统研究团队（包括 1 位研究员、3 位副研究员、1 位高级工程师、1 位助理研究员）针对上述问题开展软硬件协同的数据中心系统架构研究。前沿系统实验室提出标签化冯诺依曼体系结构 LvNA，设计 PARD 软件定义服务器新架构；设计与实现新一代数据中心资源管理技术、数据中心软件栈自动调优技术，在华为等企业部署应用。

北京微芯区块链与边缘计算研究院是在北京市委市政府的指导和支持下，由北京市科学技术委员会和海淀区人民政府推动成立，依托国际化顶尖人才梯队共建的新型研发机构。微芯研究院瞄准物联网、芯片设计与制造、区块链、人工智能技术前沿，建设世界一流的边缘计算核心技术研发平台，汇聚全球顶尖科技人才及其创新团队，开展重大科技任务攻关，推动边缘计算科学理论、方法、工具、系统等方面取得变革性、颠覆性突破，产出一批重大原始创新理论研究成果和自主可控的核心技术。

9.3.2 北京集成电路产业存在的问题及成因

9.3.2.1 产业发展增速放缓，国内占比大幅下滑

"十三五"时期北京集成电路产业总量和增长率经历了先涨后跌的动荡发

展局面，但整体规模依然从 2015 年的 606.4 亿元增加到 2020 年超过 900 亿元，年均复合增长率为 8.4%。如果不考虑设备、材料等支撑业，北京集成电路产业年均复合增长率为 5.7%。对比全国集成电路产业的同期数据，从总量上看，北京集成电路产业"十三五"时期占全国的比重从 16% 下降到 8%，从增速上看，北京增速 5.7% 不到全国增速 19.4% 的 1/3。因此无论是产业规模还是增速，北京集成电路产业的发展情况都不容乐观，与北京科创中心的定位和长期以来国内领先的集成电路产业地位极不相符。

9.3.2.2 产业结构不够均衡，支柱环节下滑严重

集成电路设计业一直是北京集成电路产业的支柱环节，长期以来在全行业的占比超过 50%。"十三五"时期尽管集成电路设计业对北京集成电路全产业的贡献度仍然超过 50%，但是发展增速却严重放缓，年均复合增长率仅为 2.6%，对比全国集成电路产业的同期数据，国内设计业增速则为 22.7%，相差 10 倍。同时，北京和深圳、上海在国内集成电路设计领域三分天下的格局也被打破，北京在国内设计业的规模占有率从 32% 下降到 13%。而得益于中芯国际（北京）、中芯北方的产能放量和快速发展，北京集成电路制造业在 5 年内保持了年均复合增长率 28.1% 的快速增长，高于全国同期平均水平。在封测领域，由于该领域对中低端劳动力需求大并且成本控制较设计、制造业而言更为敏感，因此受限于北京的劳动力和成本条件约束，封测企业近年来产值快速下降，在 5 年内平均复合增长率仅为 -2.6%。

9.3.2.3 对大企业依赖严重，中小企业增长乏力

"十三五"时期，北京集成电路产业极度依赖几家重点大型企业的发展情况，如 2017—2018 年年均增速超过 50% 是由于比特币价格高涨导致比特大陆当年营收快速增加；2020 年设计业快速下滑主要缘于紫光展锐、豪威科技两家规模超百亿的头部企业总部迁到上海；制造业和设备材料业的增长也主要依托于中芯国际及北方华创等上市公司的表现。北京集成电路产业收入对大企业的依赖也反映出目前百余家中小企业的增长乏力，接近 50% 的北京集成电路中小企业 2015—2020 年增速在 10% 以下，5 年来登录科创板、创业板的北京市集成电路企业不超过 5 家，而上海则超过 15 家以上。北京集成电路中小企业创新不活跃的缘由，一方面有大企业较多，造成对产业链上下游中

小微企业在政策和融资上或存在挤出效应；另一方面也有北京集成电路创业环境受商务成本、人才落户等现实条件约束较大，加之有力度的政策较少，影响中小企业在京发展的积极性。

9.3.2.4 重大前沿创新活跃，本地转化效率不高

"十三五"时期北京集成电路产业在前沿技术创新上不断出现新成果和新突破。在架构方面，清华大学在可重构计算架构、类脑计算架构和存算一体的创新研究上都位居全球领先水平，并正在快速进行产业化探索。在存储器方面，清华大学、北航、中国科学院微电子所在 RRAM、SOT-MRAM 器件与集成技术方面不断取得突破，瞄准国家重大战略需求与国际科技前沿，为我国存储器行业征战新的技术革命提供了新方法与新思路。此外，脑机接口芯片、碳基集成电路、量子芯片等原始创新与颠覆性前沿技术的重大成果也不断涌现。尽管科研创新活跃，但这些成果在京转化效率却不高。一方面是科研主体和市场主体结合度低；另一方面随着北京各高校与外省市逐步开展"校地共建"，一些高校创新成果倾向在政策条件更为优厚的外地进行转化。

9.3.2.5 区域协同阻力较大，应用协同逐渐强化

京津冀协同发展是一项国家重大区域发展战略，"十三五"时期在交通一体化、生态环境协同治理等重点领域取得明显的阶段成效，但在集成电路产业区域协同上进展相对缓慢。主要由于京津冀三地在集成电路产业方面存在明显的发展水平差距，包括政策、基础设施、配套条件、公共服务等多方面的差异和障碍而导致京津冀三地集成电路人才流动和产业转移也因此遇到较大的阻力。在产业链协同方面，由于北京具有大量央企国企以及小米、联想、百度等总部企业，具备场景输出能力的同时也对集成电路有巨大的需求，具备推进集成电路产业上下游联动合作的基础。北京市出台了《加快应用场景建设推进首都高质量发展的工作方案》，统筹推进全市应用场景建设工作，积极引导推动大量央企国企、总部企业与北京集成电路企业合作，加大本市集成电路技术和产品在企业供应链中应用替代。

9.3.3 北京相关产业政策梳理

据不完全统计，目前我国 22 个集成电路产业发展较为活跃的城市出台了

针对集成电路产业的专项资金扶持政策。从地域分布来看，长三角和珠三角地区最为活跃，分别涉及城市 6 个；珠三角和京津冀分别涉及城市 3 个；此外大连、厦门、晋江、济南也结合自身发展特点，出台了集成电路产业相关政策。

从产业链覆盖程度来看，北京、天津、成都等 12 个城市仅出台了支持集成电路设计业发展的相关政策，而上海、南京、合肥、武汉等 10 个城市的政策则几乎覆盖了集成电路全产业链。从支持的相关内容来看，其中有 19 个城市的支持政策将人才吸引纳入；18 个城市的支持政策明确了流片补贴的支持比例及额度；此外，各地支持政策对投融资、联动发展、配套补贴、企业成长、平台搭建、IP 购置、房租补贴、固定资产补助表现出较高的关注度。

从财政支持力度来看，各地根据自身情况而有所差异。如北京、上海、深圳等地在与集成电路设计相关的补贴（如流片补贴、整机联动、平台建设、IP 购置等方面）支持力度最大，其中上海流片补贴最高额可达 1500 万元，平台建设方面深圳的支持上限最高为 3000 万元。另外，为吸引行业龙头投资制造、封测等环节建设，重庆、合肥、大连、厦门等集成电路新兴地区补贴力度较大，支持上限在千万级甚至上亿，支持方式也较为灵活。此外，对于重大的产业项目，各地均是采取一企一策、一事一议的方式给予支持。

总体上看，各地在集成电路产业政策的制定上普遍综合考虑了自身资源禀赋、产业基础，形成发展集成电路产业的不同定位和思路；但是，基本上都是结合各产业链环节特点从推动该环节发展的必备要素入手（流片、IP、生产线建设、重大专项配套），并结合产业环境培育或优化方面的需求（人才、平台、金融支持）出台相关政策。

9.4 北京集成电路产业发展的对策建议

9.4.1 对北京集成电路产业"十四五"期间的发展建议

"十四五"期间，北京集成电路产业发展也进入从注重规模和体系完整性向注重质量和基础能力转变的重要窗口期，因此应该进一步认识差距，找准定位，精准施策。

9.4.1.1 加强整体组织统筹和顶层设计

国家已成立由刘鹤副总理牵头的国家集成电路产业推进领导小组，建议我市成立由市领导牵头，相关委办局负责人组成的市级推进小组。强化顶层设计，统筹规划产业发展的资金、土地、政策等资源，解决重大问题，全面对接国家相关部委的支持政策。同时，建议设立北京集成电路专业委员会，广泛吸收高校科研院所、企业及金融机构相关专家，针对产业发展、技术演进、产业生态、产业基金、重大项目等关键问题为北京市提供研讨与咨询。

9.4.1.2 加快实施重大战略性标杆项目

一是，围绕国家经济社会发展重大需求，紧密结合国家重大战略，加强与国家部委的衔接，通过引进培育、央地合作等多种举措，加快组织实施一批有行业影响力的、有标杆示范效应的重大战略性项目。

二是，依托重大项目作为抓手，在全球范围内吸引一批能够承接重大任务、取得尖端成果、做出卓越贡献、形成"塔尖效应"的顶尖创新资源，突破一批具有全局性、带动性的关键共性技术，培育具有国际竞争力的研发创新体系，打造全球集成电路前沿创新的战略策源地。

9.4.1.3 出台更有力度和针对性的政策

研究制定更有针对性、更有力度的专项政策，支持集成电路行业领军企业、独角兽企业和隐形冠军企业发展，在资金、项目用地、用房、人才落户等方面给予重点支持和资源倾斜。尤其是在重大项目建设和重点团队引进上要全市上下协力，加强企业创新能力培育，推动企业快速发展壮大，在集成电路设计及EDA、装备、化合物半导体等多个优势产业环节继续形成引领态势，在制造代工、封装测试等产业板块进一步提升竞争力。

9.4.1.4 落实京津冀产业配套与协同

一是，探索在化合物半导体产业领域推动京津冀产业链协同，建立三地化合物半导体产业支持政策联动机制，优先支持协同合作的重点项目，共同培育扶植区域龙头企业和配套产业链，促进区域化合物半导体产业链上下游协同和产业布局优化。

二是，加强宏观指导和政策支持，引导工业半导体、显示芯片等北京集成电路产业链优势细分领域的龙头设计企业，结合产业链布局需要，发展 IDM 或虚拟 IDM 模式，推进其在京津冀地区布局制造或封测产能，实现联动发展。

9.4.1.5 积极布局前沿创新成果转化

一是，发挥北京在集成电路科教资源集聚的优势，释放高等学校和科研院所创新效能，加强与国家科技计划（专项、基金等）衔接，统筹布局集成电路重点领域原始创新，引领我国集成电路前沿领域关键科学问题研究。

二是，支持北京集成电路企业加强与高等学校、科研院所的产学研合作，瞄准国际科技前沿，以国家目标和战略需求为导向，整合优势力量，积极布局。

9.4.2 对北京未来芯片技术"换道超车"布局的建议

（1）实施集成电路前沿技术战略

紧跟全球集成电路前沿技术的发展趋势，尽早参与新技术的创新竞争，避免错失"超车"机遇。

第一，制订战略规划，加大科技投入，汇聚高端人才资源，在"新赛场"构筑新优势。充分调研北京在集成电路前沿技术领域的创新资源，在未来 10～20 年，加强下一代半导体技术的先导性探索，力求在未来的半导体技术换场中占据主动。

第二，充分依靠智库和专家，强化科学民主决策。政府部门在对集成电路前沿技术进行评估和立项时，应引入来自华为、中芯国际等产业界领军企业的专家参与决策，充分参考产业界对前沿发展趋势的预判，确保柔性施策、精准施策，最大限度地降低决策风险。

（2）布局未来芯片技术，梯次推进技术突破与产业化，平衡机遇与风险

新兴技术从萌发到成熟的过程中存在一系列的"入场"机会，机遇与风险共存，北京应对标美国全面布局未来芯片技术，再依据具体技术的成熟度（图 9.1）、风险、潜在收益等因素做差异化投入，优先推进北京具有领先优势的技术项目，同时也要布局尚没有研究基础但是未来潜力巨大的项目。

第一，聚焦 RISC-V、自旋电子磁性存储器和光通信硅光等技术。这批技

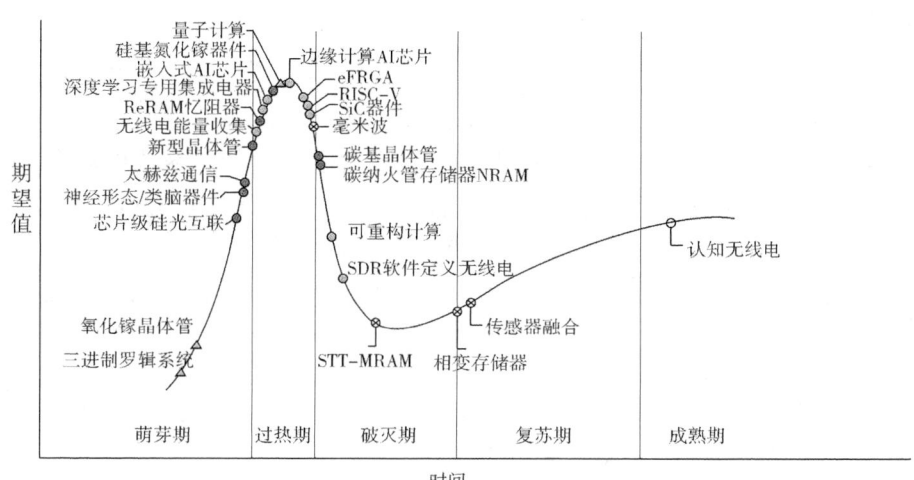

图 9.1　未来芯片技术成熟度曲线

术处于产业爆发前期，Gartner 预测有望在 2~5 年进入主流应用，且北京具有领先优势，研发和产业化风险相对较低，是最有希望取得突破的前沿技术领域，建议集中优势力量，优先大力布局技术研发和产业化研究。

第二，聚焦神经形态器件、芯片级硅光互联和碳基晶体管等技术。这批技术目前刚刚进入工程化研发，尚有部分理论与技术问题待解决，进入主流应用需 5~10 年。但是未来发展潜力巨大，它们在少数应用领域已有产品问世，建议在相对较成熟的应用领域推动产业化布局，在技术和产品未成熟的应用领域配套先导研发资源。

第三，聚焦碳基芯片、三氧化镓芯片等新材料芯片，以及量子计算芯片。这批技术处于较为早期的原型阶段，技术成熟度较低，进入主流应用至少需要 10 年以上，且这类技术对现有集成电路行业具有较高的颠覆性，将导致行业发生重大转变，风险较高，适合以科研机构为主开展尝试性前沿探索研究。

（3）围绕集成电路前沿技术领域实施特殊政策

第一，建立"特事特办、一事一议"的制度。对前沿技术项目的决策不能走以往耗时较长的审批流程，具有审批权、决定权的领导携相关职能机构定期与前沿技术团队或企业召开联席会议，现场做出决策，解决具体问题，事后组织审核和论证，评估决策的科学性和有效性。

第二，实施专项人才政策。给符合前沿技术领域的人才配套专项人才引进政策，避免技术团队和孵化的初创企业流失。

第三，加大基础设施建设的政府投入。在北京建立针对集成电路前沿技术的开放性研究平台和中试研发线，由政府出资协助项目团队对接商业公司的流片线。

9.5　本章小结

本章梳理了美国、欧盟、日本、韩国集成电路产业的相关政策和发展情况，并对芯片的未来发展进行前瞻性分析。同时，针对北京集成电路产业的相关政策进行梳理，分析了北京集成电路产业的优势、存在的问题及成因，并分别对"十四五"期间北京集成电路产业的发展和北京未来芯片技术的布局提出对策建议。

第 10 章　新材料领域前沿技术及产业发展研究

10.1　研究目的及意义

前沿新材料是指新出现或正在发展中的具有传统材料所不具备的优良性能的材料。《中国制造 2025》指出，革命性新材料的发明、应用一直引领着全球的技术革新，推动着高新技术制造业的转型升级，催生了诸多新兴产业。同时，《中国制造 2025》提出，到 2025 年，实现前沿新材料技术、标准、专利等有效布局；前沿新材料取得重要突破并实现规模化应用，部分领域达到世界领先水平。

前沿新材料作为制造业的两大"底盘技术"之一，是支撑战略性新兴产业和重大工程不可或缺的物质基础。它与信息技术的深度融合，能共同推动制造业向高端化发展。本章节结合当前和未来材料领域的技术研发需求，从政策、文献、专利 3 个维度对新材料领域的前沿技术进行梳理，并结合梳理出来的前沿技术领域进行综述研究。

10.2　研究思路及方法

10.2.1　研究思路

总体思路：从政策分析、文献分析、专利分析 3 个维度对前沿技术领域分别进行解析，从而综合 3 个维度分析出来的研究热点领域确定新材料前沿技术重点方向，然后在顾问专家的基础上确定本研究重点关注方向，最后通过文献详细调研分析实现新材料前沿技术领域的动态跟踪。

10.2.2 研究方法

研究主要采用文献计量法、热词分析法、专家访谈法、综合评价法等方法开展研究。

10.3 新材料前沿技术热点领域分析

10.3.1 基于政策分析的"前沿新材料"技术领域

2015年10月发布的《中国制造2025》指出，前沿新材料的重点发展领域是3D打印材料、超导材料、智能仿生与超材料及石墨烯材料。其中3D打印材料包括低成本钛合金粉末、铁基合金粉末和高温合金粉末等；超导材料包括强磁场用高性能超导线材、低成本千米级YBCO涂层导体、高电压等级超导限流器等应用产品；智能仿生材料与超材料包括可控超材料与装备、仿生生物黏附调控与分离材料、柔性智能材料与可穿戴设备；石墨烯材料包括电动汽车锂电池用石墨烯基电极材料、海洋工程等用石墨烯基防腐蚀涂料、柔性电子用石墨烯薄膜、光/电领域用石墨烯基高性能热界面材料。

2015年12月，为了深入贯彻《中国制造2025》，北京市发布了《北京行动纲要》，聚焦发展创新前沿产品，全力打造"北京创造"品牌。重点布局的前沿新材料领域包括：超导材料、纳米材料、石墨烯、生物基材料等新材料产品，率先布局，加快突破，取得一批拥有自主知识产权的原始创新成果。

战略性新兴产业是引领国家未来发展的重要决定性力量，对我国形成新的竞争优势和实现跨越发展至关重要。在《中华人民共和国国民经济和社会发展第十四个五年规划和2035年远景目标纲要》中明确了要"发展战略性新兴产业"。在2012版和2018版的《战略性新兴产业分类》中，前沿新材料包括：3D打印材料、超导材料、智能仿生与超材料、纳米材料、生物医用材料制造和液态金属等。战略性新兴产业重点关注的是各类前沿新材料的制造技术。

在 2021 年 8 月印发的《北京"十四五"时期高精尖产业发展规划》抢先布局一批未来的前沿产业，重点突破石墨烯等纳米材料、生物医用材料、3D 打印材料、超导材料、液态金属、智能仿生材料、创新环保低碳材料等前沿新材料产业，培育一批专精特新企业，打造面向未来的高精尖产业新体系。

在 2021 年 11 月印发的《"十四五"北京国际科技创新中心建设战略行动计划》支持研发光电子核心材料、器件，研发第三代半导体相关批量制备技术，开展碳基集成电路规模化制备材料、关键工艺研究等关键新材料技术的攻关。

10.3.2 基于文献分析的"前沿新材料"技术领域

10.3.2.1 数据来源及分析工具

本研究选用科睿唯安的 SCI 收录数据库"Web of Science"检索 2016—2021 年的期刊论文，并利用 CiteSpace 分析软件进行"新材料"领域研究热点分析，根据前文基于政策的分析，聚焦于前沿新材料中的二维材料（即低维纳米材料），生物医用材料，3D 打印材料，超导材料，智能、仿生与超材料以及液态金属。检索式为：

[1]（TS =（（（two-dimension nano materials）OR（two dimensional layered structure））AND（（graphene）OR（graphdiyne）））AND（（CVD）OR（oxidation-reduction）OR（epitaxial growth）OR（Raman spectra）OR（FTIR）OR（SEM）OR（TEM）OR（XRD）OR（XPS）OR（AFM）OR（STM））））AND PY =（2016 – 2021）

[2]（TS =（（（（biomedical materials）OR（biomaterials））AND（（biomedical metallic materials）OR（biomedical polymer）OR（biomedical ceramics）OR（biomedical composites）OR（biomedical derived materials）））AND（（bionic Manufacturing）OR（bionical Forming）OR（biological Manufacturing）OR（bioremoving forming）OR（biolimited forming）OR（biogrowing）OR（forming）OR（Raman spectra）OR（FTIR）OR（SEM）OR（TEM）OR（XRD）OR（XPS）OR（AFM）OR（STM））））AND PY =（2016 – 2021）

[3] (TS = (((3D printed materials) OR (additive manufacturing)) AND ((titanium) OR (Al) OR (Ag) OR (Au) OR (SS) OR (ceramics) OR (gypsum) OR (plaster) OR (gesso) OR (parget) OR (biomedical materials))) AND ((FDM) OR (EBF) OR (DMLS) OR (EBM) OR (SLM) OR (SLM) OR (SLS) OR (PP) OR (LOM) OR (SLA) OR (DLP) OR (Raman spectra) OR (FTIR) OR (SEM) OR (TEM) OR (XRD) OR (XPS) OR (AFM) OR (STM)))) AND PY = (2016 – 2021)

[4] (TS = (((superconducting materials) AND ((high-field superconductor) OR (superconducting power))) AND ((Raman spectra) OR (FTIR) OR (SEM) OR (TEM) OR (XRD) OR (XPS) OR (AFM) OR (STM)))) AND PY = (2016 – 2021)

[5] (TS = (((smart materials) OR (intelligent materials) OR (biomimetic materials) OR (metamaterial)) AND ((PCB) OR (photoetching) OR (lithography) OR (Mask printing) OR (electron beam lithography) OR (3D Printing) OR (machining) OR (Raman spectra) OR (FTIR) OR (SEM) OR (TEM) OR (XRD) OR (XPS) OR (AFM) OR (STM)))) AND PY = (2016 – 2021)

[6] (TS = (((liquid metal) AND ((3D Printing) OR (cold melt process) OR (evaporation deposition) OR (electrolytic deposition) OR (Melt quenching method) OR (Raman spectra) OR (FTIR) OR (SEM) OR (TEM) OR (XRD) OR (XPS) OR (AFM) OR (STM))))) AND PY = (2016 – 2021)

将文章类型精炼为 Article，得到检索结果 12 254 条。

10.3.2.2 作者分析

本次作者分析使用导出的 Excel 文件通过 Python 处理。对通信作者的发文量进行排序，得到排名前十的作者（表10.1）。排名前三的学者分别为东南大学化学化工学院的肖国民教授，华盛顿州立大学机械与材料工程学院的 Amit、Bandyopadhyay 教授和横浜国立大学环境信息研究院的 Matsumiya、Masahiko 教授。

表 10.1 通信作者发文量 – TOP10

通信作者	发文量
Xiao, GM (corresponding author), Southeast Univ, Sch Chem & Chem Engn, Nanjing 211189, Jiangsu, Peoples R China	8
Bandyopadhyay, A (corresponding author), Washington State Univ, Sch Mech & Mat Engn, WM Keck Biomed Mat Res Lab, Pullman, WA 99164 USA	8
Matsumiya, M (corresponding author), Yokohama Natl Univ, Grad Sch Environm & Informat Sci, Hodogaya Ku, 79 – 2 Tokiwadai, Yokohama, Kanagawa 2408501, Japan	6
Gu, DD (corresponding author), Nanjing Univ Aeronaut & Astronaut, Coll Mat Sci & Technol, Yudao St 29, Nanjing 210016, Jiangsu, Peoples R China	6
AlMangour, B (corresponding author), Harvard Univ, Sch Engn & Appl Sci, Cambridge, MA 02138 USA	6
Mahalingam, S (corresponding author), Alagappa Univ, Sch Chem Sci, Dept Ind Chem, Adv Green Chem Lab, Karaikkudi 630003, Tamil Nadu, India	6
Oladapo, BI (corresponding author), De Montfort Univ, Sch Engn & Sustainable Dev, Leicester, Leics, England	5
Koh, YH (corresponding author), Korea Univ, Sch Biomed Engn, Seoul 02841, South Korea	5
Hussain, MA (corresponding author), Univ Sargodha, Dept Chem, Sargodha 40100, Pakistan	5
Li, YN (corresponding author), Univ New Hampshire, Dept Mech Engn, Durham, NH 03824 USA	5

对作者发文量进行排序（表 10.2）。排名前三的学者分别为南京航空航天大学的顾冬冬教授、横滨国立大学的 Matsumiya、Masahiko 教授和哈佛大学的 AlMangour、Bandar 教授。

表 10.2　作者发文量 – TOP10

作者	发文量
Gu, Dongdong_ Nanjing Univ Aeronaut & Astronaut	8
Matsumiya, Masahiko_ Yokohama Natl Univ	7
AlMangour, Bandar_ Harvard Univ	6
Oladapo, Bankole I._ De Montfort Univ	5
Verma, Sarika_ CSIR	5
Dehghani, Ali_ Golestan Univ	5
Dutta, Rituraj_ Tezpur Univ	5
Ren, Luquan_ Jilin Univ	5
Duarah, Rituparna_ Tezpur Univ	5
Choudhary, Manoj Kumar_ Guru Nanak Natl Coll	4

对作者间合作关系进行分析，使用 CiteSpace 绘制作者合作网络（图10.1），可以看出南京航空航天大学的顾冬冬教授（圈注者）也与其他学者较多开展合作。

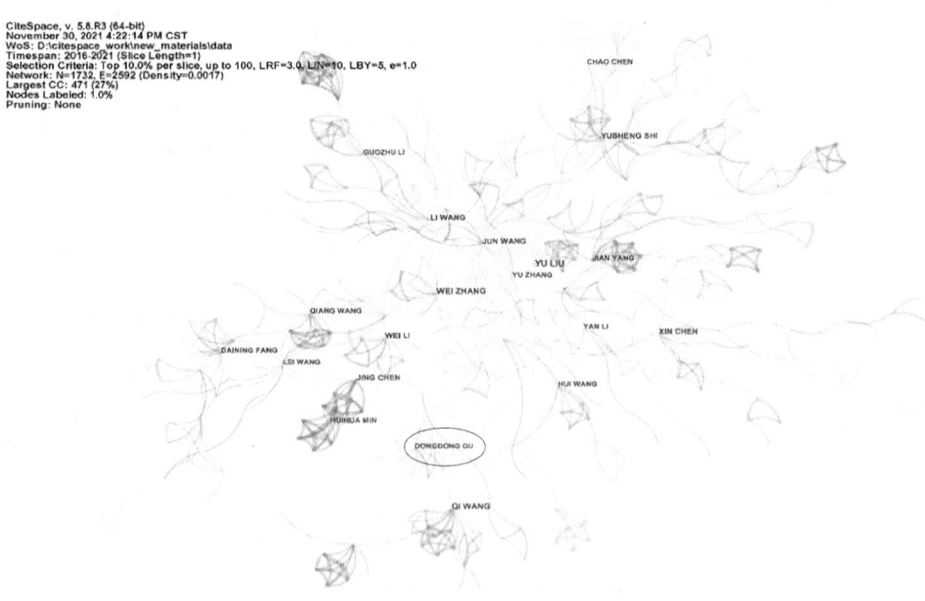

图 10.1　作者合作网络图

10.3.2.3 机构分析

从发文数量和合作情况两方面对发文机构进行分析。发文数量上，使用 HistCite 得到排名前十的机构（表10.3），更具体地，列出排名前十的二级机构（表10.4）。再使用 CiteSpace 对机构间的合作关系进行分析，选取每年合作量排名前 20 的机构绘制合作网络（图10.2），显示度大于 15 的机构，度越大，代表机构的合作频次越高，图中的节点越大，说明发文量越多。从合作情况来看，中国科学院、中国科学院大学、清华大学和南洋理工大学较多地与其他机构开展合作。

表10.3 机构发文量 – TOP10

中文翻译	记录	占总发文量的比例（%）
中国科学院	466	3.80
清华大学	173	1.41
上海交通大学	120	0.98
浙江大学	108	0.88
沙特国王大学	103	0.84
华中科技大学	94	0.77
阿扎德大学	92	0.75
天津大学	89	0.73
新加坡国立大学	87	0.71
俄罗斯科学院	86	0.70

表10.4 二级机构发文量 – TOP10

机构	中文翻译	记录
Univ Chinese Acad Sci	中国科学院大学	102
King Saud Univ, Coll Sci	沙特国王大学科学学院	37
Nanjing Univ Aeronaut & Astronaut, Coll Mat Sci & Technol	南京航空航天大学材料科学与技术学院	31
Univ Manchester, Sch Mat	曼彻斯特大学材料学院	31

续表

机构	中文翻译	记录
Nanyang Technol Univ, Sch Mat Sci & Engn	南洋理工大学材料科学与技术学院	29
Tianjin Univ, Sch Chem Engn & Technol	天津大学化学工程学院	29
Georgia Inst Technol, Sch Mat Sci & Engn	佐治亚理工学院材料科学与技术学院	28
Univ Politehn Bucuresti, Fac Appl Chem & Mat Sci	布加勒斯特理工大学应用化学学院	27
Chinese Acad Sci, Inst Phys	中国科学院物理研究所	26
Jilin Univ, Coll Chem	吉林大学化学学院	26

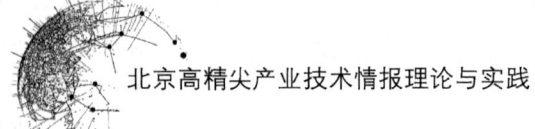

图 10.2　机构合作网络图

10.3.2.4　研究热点分析

在研究热点分析时首先清洗研究领域的关键词，对作者关键词进行降序排列（表 10.5），排名前三的关键词为增材制造、3D 打印和选择性激光融化。

使用 CiteSpace 对关键词进行分析，获取每年的关键词聚类图（图 10.3），每年的聚类关键词如表 10.6 所示。结合高频关键词和关键词聚类，可以看出 2016 年以来新材料表征与制备领域的研究热点在选择性激光（selective laser），即 3D 打印方面和纳米材料方面。

表 10.5　新材料表征与制备关键词 – TOP20

关键词	中文翻译	频次	关键词	中文翻译	频次
additive manufacturing	增材制造	839	nanoparticles	纳米粒子	165
3D printing	3D 打印	545	biocompatibility	生物相容性	152
selective laser melting	选择性激光融化	356	graphene	石墨烯	145
mechanical properties	机械性能	323	tissue engineering	组织工程	133
microstructure	微观结构	284	ionic liquids	离子液体	125
adsorption	吸附	193	sem	扫描电镜	114
ionic liquid	离子液体	179	biomedical applications	生物医学应用	113
biomaterials	生物材料	176	machine learning	机器学习	112
chitosan	壳聚糖	170	electrospinning	电纺	109
hydroxyapatite	羟磷灰石	168	hydrogel	水凝胶	108

表 10.6　年度聚类关键词

年份	关键词	中文翻译
2016	levullnic acid, biomedical application, electron bean, heavy metal, ionic liquid, titanium surface	乙酰丙酸、生物医学应用、电子束、重金属、离子液体、钛表面
2017	reduced graphene oxide, selective laser, aqueous solution, tissue engineering, mechanical properties	还原氧化石墨烯、选择性激光、水溶液、组织工程、机械性能
2018	selective laser, selective laser melting, calcium phosphate, lonic liquid, aqueous solution	选择性激光、选择性激光熔化、磷酸钙、离子液体、水溶液
2019	selective laser, mechanical properties, electrochemical sensor, bone tissue engineering, 3D priting, block copolymer microdomain	选择性激光、机械性能、电化学传感器、骨组织工程、3D 打印、嵌段共聚物微域
2020	biomedical application, ionic liquid, selective laser, sliver nanoparticle, gold nanoparticle	生物医学应用、离子液体、选择性激光、银纳米颗粒、金纳米颗粒
2021	selective laser, digital light processing, 6al-4v alloy, bone regeneration, wo3 electrochromic device, machine learning, thin pythagorean tiling	选择性激光、数字光处理、6al-4v 合金、骨再生、三氧化钨电变色装置、机器学习、毕达哥拉斯问题

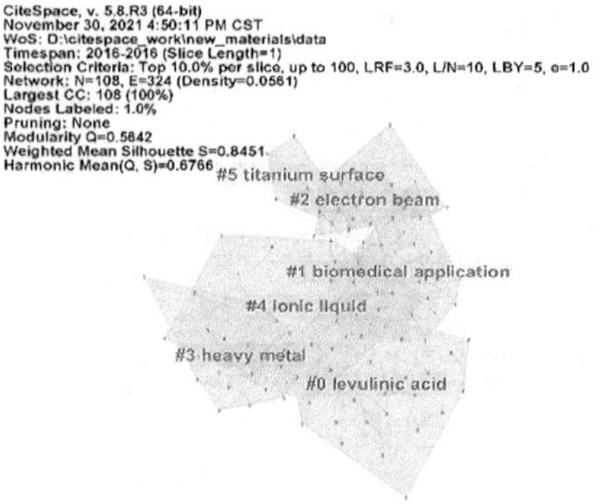

北京高精尖产业技术情报理论与实践

2016 年

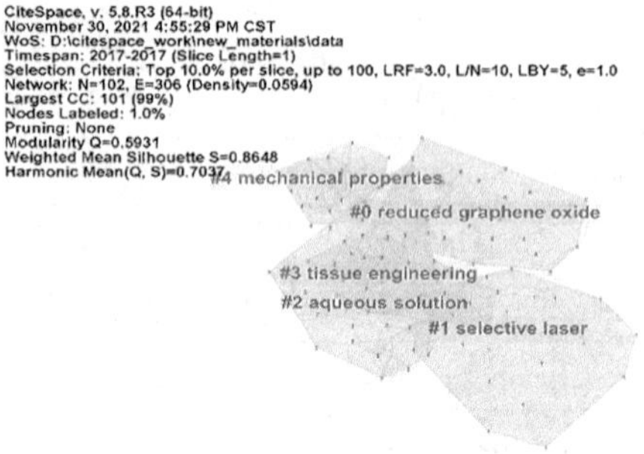

2017 年

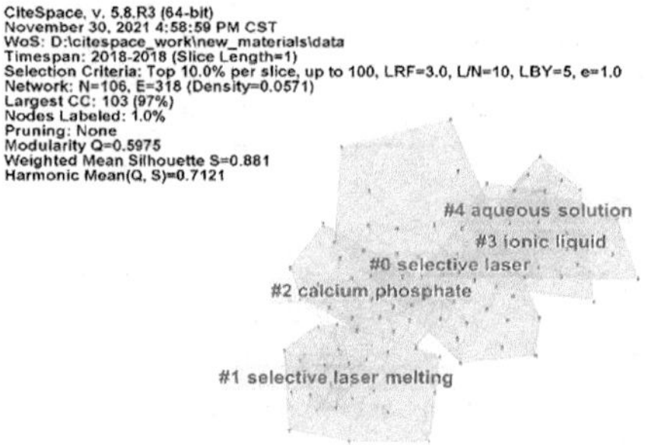

2018 年

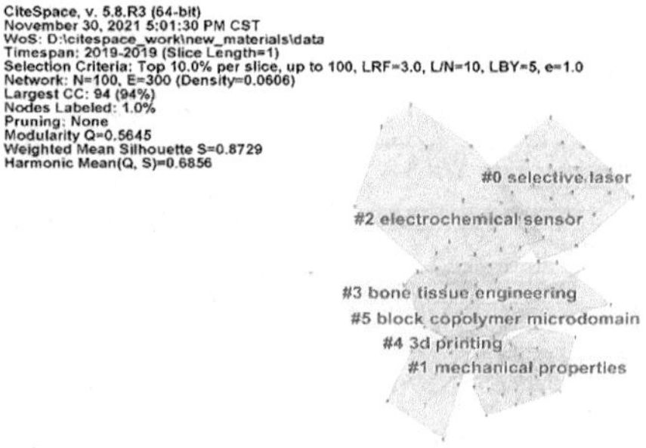

2019 年

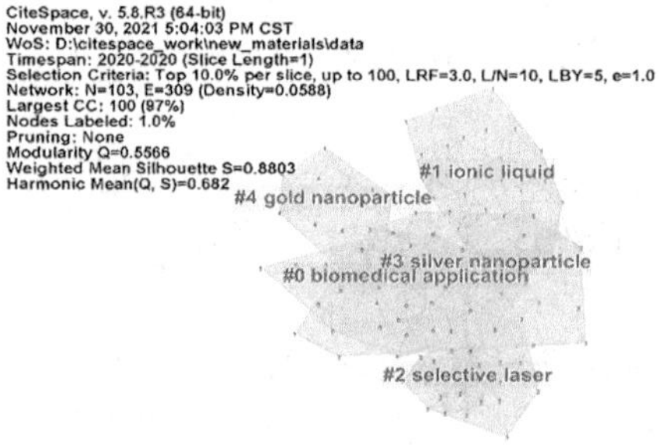

2020 年

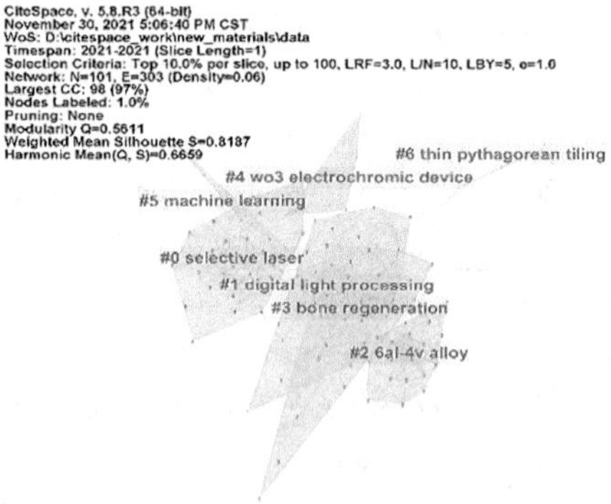

2021 年

图 10.3　逐年关键词聚类图

利用 CiteSpace 绘制时区图，判断近几年关键词的变化趋势（图 10.4）。从时区图可以看出，新材料表征与制备以机械性能（mechanical property）为基础，纳米颗粒（nanoparticle）也为其重要关键词之一，2020 年的突现词绿色合成（green synthesis）和 2021 年的突现词有机框架（metal-organic frame）可能代表着新的前沿发展方向。

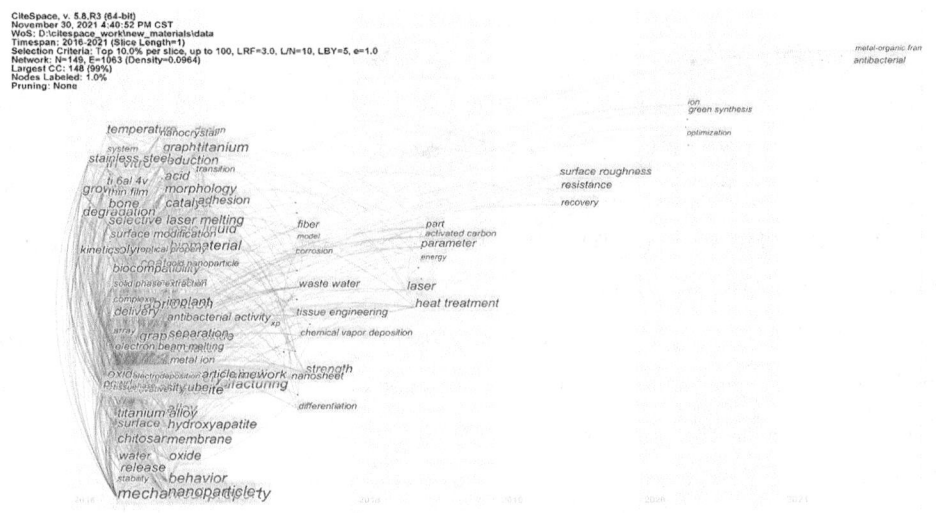

图 10.4　关键词变化时区图

通过对 Web of Science 核心数据库中新材料表征与制备领域的论文和 incoPat 中新材料表征与制备领域的相关专利进行分析，可以得出如下结论：

①东南大学化学化工学院的肖国民教授团队，华盛顿州立大学机械与材料工程学院的 Amit、Bandyopadhyay 教授团队和横滨国立大学环境信息研究院的 Matsumiya、Masahiko 教授团队是新材料表征与制备领域的重要团队，南京航空航天大学的顾冬冬教授团队和哈佛大学的 AlMangour、Bandar 教授团队也值得关注。

②发文量最多的机构是中国科学院，其次为清华大学和上海交通大学。从合作情况来看，中国科学院、中国科学院大学、清华大学和南洋理工大学与其他机构开展合作较多。

③学术研究热点方面，排名前三的关键词为增材制造、3D 打印和选择性激光融化，这 3 个关键词都与 3D 打印有关；从年度的关键词聚类图可以看出

该领域的研究热点还在于纳米材料方面；绿色合成和有机框架可能代表着新的前沿发展方向。

10.3.3 专利分析

10.3.3.1 数据来源及分析工具

专利方面，使用 incoPat 专利数据库。构建的检索式为：

［1］（TIAB =（（（two-dimension nano materials）OR（two dimensional layered structure））AND（（graphene）OR（graphdiyne）））AND（（CVD）OR（oxidation-reduction）OR（epitaxial growth）OR（Raman spectra）OR（FTIR）OR（SEM）OR（TEM）OR（XRD）OR（XPS）OR（AFM）OR（STM））））AND（AD =［20160101 TO 20211119］）

［2］（TIAB =（（（biomedical materials）OR（biomaterials））AND（（biomedical metallic materials）OR（biomedical polymer）OR（biomedical ceramics）OR（biomedical composites）OR（biomedical derived materials）））AND（（bionic Manufacturing）OR（bionical Forming）OR（biological Manufacturing）OR（bioremoving forming） OR（biolimited forming） OR（biogrowing）OR（forming）OR（Raman spectra）OR（FTIR）OR（SEM）OR（TEM）OR（XRD）OR（XPS）OR（AFM）OR（STM））））AND （AD =［20160101 TO 20211119］）

［3］（TIAB =（（（3D printed materials）OR（additive manufacturing））AND（（titanium）OR（Al）OR（Ag）OR（Au）OR（SS）OR（ceramics）OR（gypsum）OR（plaster）OR（gesso）OR（parget）OR（biomedical materials）））AND（（FDM）OR（EBF）OR（DMLS）OR（EBM） OR（SLM） OR（SLM）OR（SLS） OR（PP）OR（LOM）OR（SLA）OR（DLP）OR（Raman spectra）OR（FTIR）OR（SEM）OR（TEM）OR（XRD）OR（XPS）OR（AFM）OR（STM））））AND （AD =［20160101 TO 20211119］）

［4］（TIAB =（（（superconducting materials）AND（（high-field superconductor）OR（superconducting power）））AND（（Raman spectra）OR（FTIR）OR（SEM）OR（TEM）OR（XRD）OR（XPS）OR（AFM）OR（STM））））AND（AD =［20160101 TO 20211119］）

［5］（TIAB =（（（smart materials）OR（intelligent materials）OR（biomimetic materials) OR (metamaterial)) AND ((PCB) OR (photoetching) OR (lithography) OR (Mask printing) OR (electron beam lithography) OR (3D Printing) OR (machining) OR (Raman spectra) OR (FTIR) OR (SEM) OR (TEM) OR (XRD) OR (XPS) OR (AFM) OR (STM)))) AND (AD = [20160101 TO 20211119])

[6] (TIAB = ((liquid metal) AND ((3D Printing) OR (cold melt process) OR (evaporation deposition) OR (electrolytic deposition) OR (Melt quenching method) OR (Raman spectra) OR (FTIR) OR (SEM) OR (TEM) OR (XRD) OR (XPS) OR (AFM) OR (STM))))) AND (AD = [20160101 TO 20211119])

得到检索结果1747条，对其进行专利家族合并，使具有相同优先权的系列相似专利合并，从而保证一件专利对应一项技术内容，合并后得到同族专利1325个。

分析工具方面，本报告使用了Excel、Python、HistCite、Bibexcel、CiteSpace等。

10.3.3.2 申请人分析

（1）申请人排名

对专利申请人进行排序（表10.7），排名前三的申请人为西安交通大学、华南理工大学和博世公司。西安交通大学是中国教育部直属的综合性研究型全国重点大学，由教育部与国家国防科技工业局共建；华南理工大学是中国教育部直属的全国重点大学，是教育部与广东省人民政府共建的全国重点大学；博世公司是德国的工业企业之一，从事汽车与智能交通技术、工业技术、消费品和能源及建筑技术的产业。

表10.7 机构申请专利量 – TOP10

标准化申请人	记录
西安交通大学	16
华南理工大学	14
博世公司 – c	13

续表

标准化申请人	记录
柳州增程材料科技有限公司	12
中国科学院所 – t	11
北京科技大学	11
上海交通大学 – e	10
上海大学	10
深圳微纳增材技术有限公司	10
华中科技大学	9

（2）中国申请人类型构成

对国内的申请人类型分布进行分析，新材料表征与制备领域的专利申请多数由企业申请，其次是大专院校和个人，科研单位和机关团体次之（图10.5）。该申请人分布说明新材料表征与制备领域的创新成果更偏向于商业应用。

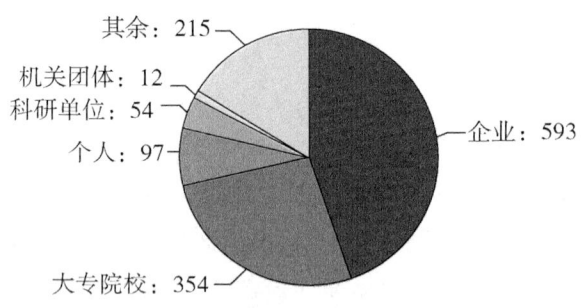

图10.5　中国申请人类型构成（单位：件）

（3）发明人排名

按照专利数量统计第一发明人排名情况（图10.6），通过该分析，确定新材料表征与制备领域专利的主要发明人，帮助理清该技术或申请人的核心技术人才，为人才的挖掘和评价提供帮助。除了不公告发明人外，排名前三的依次是柳州增程材料科技有限公司的李祥明、博世公司的 Eberhard Maier 和深圳微纳增材技术有限公司的孔令鸿。

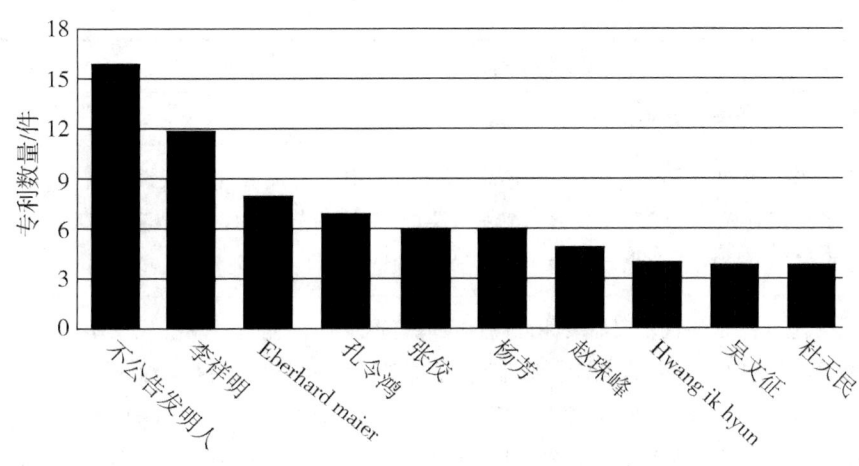

第一发明(设计)人

图 10.6 第一发明人排名

10.3.3.3 技术分析

(1) 技术构成

对新材料表征与制备领域的专利 IPC 小类进行统计(表 10.8),可以看出排名前三的技术领域为 B33Y(增材制造,即三维〔3D〕物品制造)、B22F(金属粉末的加工;由金属粉末制造制品;金属粉末的制造)和 B29C(塑料的成型连接;塑性状态材或料的成型,不包含在其他类目中的;已成型产品的后处理,例如修整)。

表 10.8 IPC 小类 – TOP10

IPC 分类号(小类)	专利数量
B33Y(增材制造,即三维〔3D〕物品制造,通过增材沉积、增材凝聚或增材分层,如 3D 打印、立体照片或选择性激光烧结〔2015.01〕)	426
B22F(金属粉末的加工;由金属粉末制造制品;金属粉末的制造(用粉末冶金法制造合金入 C22C),金属粉末的专用装置或设备)	271
B29C(塑料的成型连接;塑性状态材或料的成型,不包含在其他类目中的;已成型产品的后处理,例如修整(制作预型件入 B29B 11/00;通过将原本不相连接的层结合成为各层连在一起的产品来制造层状产品入 B32B 7/00 至 B32B 41/00)〔4〕)	194

续表

IPC 分类号（小类）	专利数量
C22C［合金（合金的处理入 C21D、C22F）］	68
B23Q［机床的零件、部件或附件，如仿形装置或控制装置（在车床或镗床上使用的各类刀具入 B23B27/00）；以特殊零件或部件的结构为特征的通用机床；不针对某一特殊金属加工用途的金属加工机床的组合或联合］	51
B65G［运输或贮存装置，例如装载或倾卸用输送机、车间输送机系统或气动管道输送机（包装用的入 B65B；搬运薄的或细丝状材料如纸张或细丝入 B65H；起重机入 B66C；便携式或可移动的举升或牵引器具，如升降机入 B66D；用于装载或卸载目的的升降货物的装置，如叉车，入 B66F9/00；不包括在其他类目中的瓶子、罐、罐头、木桶、桶或类似容器的排空入 B67C9/00；液体分配或转移入 B67D；将压缩的、液化的或固体化的气体灌入容器或从容器内排出入 F17C；流体用管道系统入 F17D）］	41
C23C［对金属材料的镀覆；用金属材料对材料的镀覆；表面扩散法，化学转化或置换法的金属材料表面处理；真空蒸发法、溅射法、离子注入法或化学气相沉积法的一般镀覆（挤压法制造包覆金属的产品入 B21C23/22；通过将预先存在的薄层连接到制品上的方法用金属进行镀覆处理的见各有关位置，例如 B21D39/00，B23K；玻璃的金属化入 C03C；砂浆、混凝土、人造石、陶瓷或天然石的金属化入 C04B41/00；金属的搪瓷或向金属上镀覆玻璃体层入 C23D；用电解法或电泳法处理金属表面或镀覆金属入 C25D；单晶膜生长入 C30B；纺织品的金属化入 D06M11/83；用局部金属化法装饰纺织品入 D06Q1/04）［4］］	41
H01Q［天线，即无线电天线（微波加热用辐射器或天线入 H05B6/72）］	41
C08L［高分子化合物的组合物（基于可聚合单体的组成成分入 C08F、C08G；人造丝或纤维入 D01F；织物处理的配方入 D06）［2］］	40
A61L［材料或消毒的一般方法或装置；空气的灭菌、消毒或除臭；绷带、敷料、吸收垫或外科用品的化学方面；绷带、敷料、吸收垫或外科用品的材料（以所用药剂为特征的机体保存与灭菌入 A01N；食物或食品的保存，如灭菌入 A23；医药、牙科或梳妆用的配制品入 A61K）［4］］	37

(2) 技术申请趋势

新材料表征与制备领域在不同技术方向专利申请量的分布情况和发展趋势如表10.9所示。从技术申请趋势可以看出，B33Y、B22F和B29C近年都处于增长上升的趋势，B65G的专利在2018年突现，值得关注；其余技术领域的专利处于平稳发展趋势。

表10.9 技术申请趋势   （单位：件）

IPC 分类	2016 年	2017 年	2018 年	2019 年	2020 年	2021 年
B33Y	57	76	87	89	97	36
B22F	51	45	65	58	52	15
B29C	18	44	32	46	47	14
C22C	15	9	17	12	12	6
B23Q	4	3	7	15	19	4
B65G			9	11	14	7
C23C	5	9	15	9	4	3
H01Q	6	9	5	8	10	5
C08L	5	7	9	6	9	6
A61L	2	4	8	13	6	5

(3) 技术构成功效

技术构成功效（表10.10）显示的是各技术领域不同功效的专利数量分布情况，有助于了解各类技术的主要应用特征，其中B29C、B23Q、B65G、C23C的主要功效在于效率提高，B33Y、B22F、H01Q、C08L和A61L的主要功效在于复杂性降低，C22C的主要功效在于成本降低。

表10.10 技术构成功效

技术功效	IPC 分类号									
	B33Y	B22F	B29C	C22C	B23Q	B65G	C23C	H01Q	C08L	A61L
效率提高	15.91%	16.14%	16.67%	8.75%	20.33%	27.27%	28.13%	3.51%	12.82%	16.22%
复杂性降低	17.52%	18.78%	15.20%	21.25%	13.01%	5.19%	15.63%	40.35%	25.64%	35.14%

续表

技术功效	IPC 分类号									
	B33Y	B22F	B29C	C22C	B23Q	B65G	C23C	H01Q	C08L	A61L
成本降低	14.01%	16.93%	10.53%	22.50%	6.50%	11.69%	25.00%	24.56%	20.51%	13.51%
便利性提高	9.05%	6.88%	11.40%	6.25%	8.13%	10.39%	6.25%	15.79%	7.69%	8.11%
稳定性提高	10.22%	8.20%	10.82%	8.75%	8.94%	1.30%	15.63%	5.26%	15.38%	8.11%
速度提高	10.95%	14.55%	8.77%	20.00%	4.88%	7.79%	6.25%	1.75%	12.82%	18.92%
智能化提高	5.40%	1.32%	9.36%	0.00%	9.76%	10.39%	0.00%	0.00%	2.56%	0.00%
自动化提高	2.63%	2.65%	4.97%	2.50%	15.45%	19.48%	0.00%	0.00%	0.00%	0.00%
精度提高	9.49%	9.26%	7.89%	5.00%	4.88%	5.19%	3.13%	3.51%	2.56%	0.00%
质量提高	4.82%	5.29%	4.39%	5.00%	8.13%	1.30%	0.00%	5.26%	0.00%	0.00%

（4）国民经济构成

分析领域专利在各国民经济行业的分布情况，通过该分析推断新材料表征与制备相关产业的创新活跃情况（表10.11）。从国民经济分类可以看出，新材料表征与制备领域的专利多集中于修理业和制造业，主要在于专用设备的修理和仪器仪表的制造上。

表 10.11 国民经济构成

国民经济行业分类（小类）	专利数量
C4330（专用设备修理）	721
C4090（其他仪器仪表制造业）	647
C4320（通用设备修理）	555
C3493（增材制造装备制造）	483
C3516（冶金专用设备制造）	311
C4310（金属制品修理）	289
C3393（锻件及粉末冶金制品制造）	255
C3251（铜压延加工）	218
C3252（铝压延加工）	218
C3523（塑料加工专用设备制造）	199

通过对 incoPat 中新材料表征与制备领域的相关专利进行分析，可以得出如下结论：

①西安交通大学、华南理工大学和博世公司是该领域申请专利较多的机构。

②就申请人类型构成情况看，新材料表征与制备领域的创新成果更偏向于商业应用。

③按照专利数量统计第一发明人排名情况，比较重要的发明人为柳州增程材料科技有限公司的李祥明、博世公司的 Eberhard Maier 和深圳微纳增材技术有限公司的孔令鸿。

④就技术领域而言，排名前三的技术领域为 B33Y［增材制造，即三维（3D）物品制造］、B22F（金属粉末的加工；由金属粉末制造制品；金属粉末的制造）和 B29C（塑料的成型连接；塑性状态材或料的成型，不包含在其他类目中的；已成型产品的后处理，例如修整），且都处于增长的趋势；B65G 的专利在 2018 年突现，值得关注。

⑤新材料表征与制备领域的专利多集中于修理业和制造业，主要在于专用设备的修理和仪器仪表的制造上；技术的主要功效在于效率提高、复杂性降低和成本降低。

10.3.4 小结

综合近年来关于新材料方面的政策分析结果、文献计量分析结果和专利分析结果，在专家咨询的基础上梳理出新材料前沿技术重点方向包括液态金属、半导体材料、超材料、超导材料、二维纳米材料、铁电材料，以及材料研发的最新理念：材料基因组。

10.4 新材料重点前沿技术领域发展态势分析

10.4.1 液态金属的发展与应用

10.4.1.1 概述

常温液态金属及其衍生材料是近年来异军突起的新兴功能物质，且具有普适性的材料至关重要。当前该领域取得了一系列突破性发现，催生出诸多全新的材料创制与应用，被视为人类利用金属的第二次革命。

现实中的常温液态金属是一大类物理化学行为十分独特的新型功能材料，具有诸多新奇的物理化学特性，为新兴科学与技术前沿提供了重要启示和丰富的研究空间。近年来，得益于国内外学者特别是中国研究团队在基础探索与工业化实践方面的开创性工作，液态金属物质科学已从最初的冷门发展成为备受国际关注的重大科技前沿热点，影响范围甚广，大量液态金属技术以及由此制成的先进装备正在成为现实。

液态金属指在室温附近或更高一些的常温下呈液态的金属，又称低熔点金属。典型的有镓基、铋基金属及其合金，因其安全无毒、性能卓越，正成为异军突起的革命性材料；其他如汞、铯、钠钾合金等，虽在常温下也处于液态，但具有毒性、放射性或危险性，在应用上受到很大限制。

10.4.1.2 前沿研究热点

（1）先进热控与能源技术

随着微纳电子技术的应用与发展，高度集成芯片、器件与系统引发的热障问题成为制约各种高端应用的普遍性难题，突破散热瓶颈一直是难以攻克的难题。在芯片冷却领域引入了低熔点合金流体散热技术，这一途径成为近年来国际前沿研究的热点，且成为芯片冷却领域中较具发展前景的新兴产业方向。液态金属的强化传热、相变与流动理论，电磁、热电或虹吸驱动式冷却与热量捕获，微通道液态金属散热，刀片散热，混合流体散热，无水换热器，低熔点金属固液相变吸热，高导热纳米金属流体及热界面材料等特点，使得其在高功率密度电子芯片、光电器件、国防装备极端散热等方面有着重要应用价值外，还在逐步拓展到消费电子、低品位热能利用、光伏发电、能量储存、智能电网、高性能电池、发动机冷却、热电转换等领域。

（2）印刷电子与3D打印

传统电子制造工艺繁多，涉及从基底材料制备到形成互连所需的薄膜沉积、刻蚀、封装等环节，消耗了大量的原料、水、气和能源。液态金属印刷电子学与室温3D金属打印方法的建立，使得个性化功能器件的快速制造成为可能，降低了高端制造的门槛，有望普及推广到大众百姓。

(3) 生物医学与健康技术

在生物医学与健康技术领域，独特的液态金属带来了观念性变革。如当前实际应用的液态金属"外骨骼"低温融塑材料，可以实现与患者身体完美的个性化贴合塑形。操作方便，需要换药时，松开绷带，将有一定弹性的"外骨骼"掰开取下，换好药，装上紧固即可。另外，如液态金属神经连接与修复调控技术因其独创性而被视为"令人震惊的医学突破"，由此衍生出了系列化的神经调控技术；此外，液态金属栓塞血管治疗肿瘤技术、碱金属流体热化学消融治疗肿瘤法、注射式低熔点金属骨水泥、刚柔相济型液态金属外骨骼、印刷式液态金属柔性防辐射技术、植入式医疗电子在体3D打印与注射电子、液态金属皮肤光热转换与电磁学等，都是液态金属在生物医学上具有非常大的前景应用。

(4) 柔性智能机器

设计一种能以可控方式在不同形态之间自由转换的柔性机器，用于代替人类执行更为特殊、更为复杂的任务，这是世界科学界和工程界的梦想。例如，在抗震救灾或特殊行动中，此类机器人可根据需要适时变形、穿过狭小空间、重新恢复原形以继续执行任务。学术界普遍认为，软体机器人技术一旦突破，必将显著影响高端制造、医疗康复、国防装备等领域。相关研发活动如火如荼，2017年美国国家自然科学基金会支持的软体机器人项目经费达到2600万美元。液态金属的标志性进展之一是首次揭示了在电场调控下的液态金属可以呈现出一系列大尺度变形、旋转、定向运动以及合并、断裂-再合并等行为，这成为后续研究液态金属可变形机器人的开端。进一步研究发现液态金属可通过吞噬微量金属铝形成自驱动全柔性机器，其速度可达厘米每秒级并且运行时间可达数小时，实现了无需外部电力的自主运动。这种自驱动液态金属组成的微马达群可在电场中形成高速的协同运动。

10.4.1.3 液态金属材料目前研究的难度和局限性

目前在实际应用中的液态金属通常为液体汞，广泛被用于温度计、气压计、牙科汞合金以及伏安实验中的电极，还应用于微尺度的微泵、阀门和光开关，由于它独特的物理化学稳定性使得其无法被取代。但是液体汞容易挥发，并且有剧毒性，也限制其应用。

其次是镓金属及其衍生业态金属材料。液态金属镓在氧气存在的情况下表面会被迅速氧化，形成钝化氧化层，该氧化层像未干的油漆一样非常容易黏附在其他材料表面。此氧化物还提供物理、化学和电子屏障，防止金属与其周围环境直接接触。此外，氧化物干扰电化学测量，这使得镓难以用于电化学领域。

10.4.1.4 重点的研究机构及科研团队

（1）国内

2008 年前后，国内优势研究机构提出在北京市中关村地区创建中国"液态金属谷"的构想；2014 年，作为云南省"科技入滇"重点项目，液态金属产品在业界产生了重要影响。2017 年，"液态金属谷"建设成果入选云南省十大科技进展，被誉为揭开了液态金属前沿技术的神秘面纱。当前国内液态金属产业主要落户于云南省。当前顶流科研团队为清华大学刘静教授团队。

（2）国际

宾汉姆顿大学和纽约州立大学于 2020 年使用 GaSn 液态金属成功研发出液态金属机器人。该工作由张璞助理教授团队完成。

10.4.1.5 技术应用的新突破

2020 年，由清华大学教授、中国科学院理化技术研究所双聘研究员、液态金属首席科学家刘静团队，云南中宣液态金属科技有限公司、曲靖市第一人民医院张勇教授团队共同研发液态金属"外骨骼"在生物医学材料方面取得原创性突破，已研发出可适用于全身骨骼的外固定产品系列。

10.4.2 半导体材料的发展与应用

10.4.2.1 概述

半个世纪以来，作为现代高新技术核心的半导体技术取得了飞速的发展，从第一支晶体管的问世开始，微电子行业得到了开创性的发展，形成现在如火如荼的集成电路行业。如今，基于半导体技术的微电子和光电子器件层出不穷，极大地改变着人类生活。实践表明，半导体技术的重大发展往往来源于半导体材料的进步和突破。

到目前为止，半导体材料技术的发展大致经历了几个阶段：

第一代半导体材料是以硅（Si）为代表，其典型应用是集成电路，主要应用于低压、低频、低功率晶体管和探测器中。

第二代半导体以砷化镓（GaAs）为代表，砷化镓材料的电子迁移率是硅的 6 倍多，具有直接带隙，故其器件相对硅器件具有高频、高速的光电性能，这是为 4G 时代而生，公认为是很合适的通信用半导体材料。但由于第二代半导体材料的禁带宽度不够大，击穿电场较低，极大地限制了其在高温、高频和高功率器件领域的应用。GaAs 材料的毒性可能引起环境污染问题，对人类健康存在潜在的威胁。

第三代半导体则是以氮化镓（GaN）和碳化硅（SiC）、氧化锌（ZnO）等为代表，其禁带宽度大，采用第三代半导体材料制备的半导体器件不仅能在更高的温度下稳定运行，而且在高电压、高频率状态下更为可靠，此外还能以较少的电能消耗，获得更高的运行能力。

随着前三代半导体材料及由其制备的典型器件相继得到广泛应用，微电子、通信、量子信息、人工智能、碳中和等高新技术获得了巨大的发展驱动力，并实现变革性突破；与此同时，高新技术的快速发展也对半导体器件的性能和功耗等提出了更高的要求，促进着半导体器件的迭代更新，催生了第四代半导体技术。

第四代半导体材料器件技术的潜在目标材料体系主要包括：窄带隙的锑化镓（GaSb）与砷化铟（InAs）、超宽带隙的氧化镓（Ga_2O_3）与氮化铝（AlN）、各种低维碳基与二维材料。兼具高性能、低功耗、低成本的第四代半导体材料器件技术，已成为国际前沿技术领域的研究热点和重点。

10.4.2.2 前沿研究热点

（1）锑化物低维结构中红外激光器

锑化物半导体材料是指以铝（Al）、镓（Ga）、铟（In）等Ⅲ族元素以及砷（As）、锑（Sb）等Ⅴ族元素为基础组成的二元、三元、四元及五元化合物材料，具有红外发光、能带可调的物理特性，是天然晶格匹配的材料体系，与传统的激光与探测材料相比，更是具有晶格匹配性好、均匀性好、单片基片尺寸大、半导体制备工艺兼容性高等独特优势，发展潜力巨大，在成像、遥感、传感、气体探测等诸多方面具有重要用途，同时也是国际同行公认的新一代红外中长波段激光、探测、半导体光电集成芯片的首选材料体系，为各种新型功能芯片器件的研究提供了极大的发展空间。目前，基于 InGaAsSb/AlGaAsSb 材料的锑化物 I 型量子阱结构已能实现 2~3 μm 半导体激光器的室温连续瓦级功率输出，基于 GaInSb/AlSb 材料的锑化物 II 型带间级联结构已能实现 3~4 μm 半导体激光器的室温连续高功率输出，其波长在低温下可延伸拓展至 10 μm，基于 InAs/GaSb 材料的二类超晶格结构的探测器更是实现了近红外到数十微米甚长波的整个红外区域的完整覆盖。

中国科学院半导体研究所牛智川研究员团队聚焦锑化物新材料体系及新器件，深入开展锑化物低维材料能带调控研究，突破了复杂低维结构大尺寸外延生长的技术难题，发展出多功能、多系列锑化物光电子器件的制备技术。研究团队从经典半导体能带理论出发，创新提出了锑化物数字合金短周期超晶格势垒结构，发展出分子束外延技术并实现锑化物低维材料原子级高精度可控高重复性外延生长，攻克了锑化物多元复杂化合物系列激光器的制备工艺难题，成功研制出多款高性能锑化物红外半导体激光器，其波长能够覆盖 2~4 μm 波段。

（2）Ga_2O_3 高功率元器件

Ga_2O_3 拥有约 4.5~4.9 eV 的超宽禁带，比 GaN 和 SiC 的能隙高许多，其临界电场（Ebr）高达 8 MV/cm，BFOM 系数高达 3444，是 SiC 的 10 倍、GaN 的 4 倍，此系数关系着元件所能承受的最高电压，所以 Ga_2O_3 在高功率元件中具有潜在的应用优势，可以承受比 SiC 和 GaN 更高的电压。应用于高功率元件的材料，除了具备高崩溃电场强度外，导通电阻也是重要的考量指标。Ga_2O_3 的导通电阻也较 GaN 与 SiC 低，因此 Ga_2O_3 整流器将很好地应用于工业或军事领域。同时，其宽禁带特性在功率元件上有显著的应用，诸如电动车、电力系统、风力发电机的涡轮等都属其应用范围。

日本信息通信研究机构（NICT）等研究小组使用 Ga_2O_3 试制了 "MESFET" (Metal-Semiconductor Field Effect Transistor，金属半导体场效应晶体管）。尽管是未形成保护膜（钝化膜）的非常简单的构造，但试制品显示出耐压高、漏电流小的特性。Masataka Higashiwaki 领导的 NICT 科研小组率先在 Ga_2O_3 器件中使用硅作为 N 型掺杂剂，但是科学界长期以来一直在为找到一种合适的 P 型掺杂剂而努力。2018 年，同一科研小组公布了用氮（N）作为 P 型掺杂剂的可行性。他们最新的成果包括首次通过高能量掺杂剂引入工艺，即所谓的"离子注入",整合硅与氮掺杂,设计出一个 Ga_2O_3 晶体管。美国佛罗里达大学、美国海军研究实验室和韩国大学的研究人员确定了需要改进栅极电介质,以及更有效地从器件中释放热量的热管理方法,为实现在更高的功率水平下工作的 MESFET 提供改进路线。

10.4.2.3　半导体材料目前研究的难点

锑化物半导体激光器由于工艺制作上面的桎梏,现有锑化物半导体激光器相比于近红外半导体激光器,输出功率低、光束质量差。

含 Ga 体系的破隙结构Ⅱ类超晶格存在两种本质问题,分别是此类超晶格中 InAs、GaSb 材料的能带结构引起的电子空穴波函数的交叠率低,以及 GaSb 材料中的本征 Ga 缺陷诱发少子寿命短等问题,二者最终将降低 InAs/GaSb 超晶格发光效率低。

Ga_2O_3 在材料本身主要之问题为散热与 P-type 掺杂不易达成;散热方面,可以发现热导率(0.25 W/cm·K)相较于其他高功率材料差,散热问题严重的话会造成在组件操作方面接口的热崩溃。

而 P-type 掺杂则更为棘手,目前尚未有足够的电洞迁移率文献发表,现有资料主要归纳出以下 3 个原因:首先因为 Ga_2O_3 在氧的共价键方面为 2p 轨域,拥有非常强的键结电子不容易被抢走,造成深受子态。其次,Ga_2O_3 中的电洞有效质量太高,造成平坦价带边缘倾向于氧。最后,因为自由电洞容易被自我捕捉于晶格扭曲中,使扩散与低电场的漂移都不太可能实现。

10.4.2.4　重点的研究机构

(1) 国内

中国科学院半导体研究所突破锑化物激光器系列制造难题,实现大功率、单模、高光束质量等一系列锑化物量子阱红外激光器的室温连续工作,波长可覆盖从短红外到中红外波段。长春光机所于 2016 年采用鱼骨形微结构,制备了高功率宽脊波导 2 μm GaSb 基激光器,获得了 338 mW 的输出功率,并且将远场发散角降低了 55%。2018 年长春光机所与中国科学院半导体研究所合作提出了锑化物微脊宽区波导结构,有效抑制了载流子侧向泄露和累积,将 1.96 μm 波长的锑化物激光器转化效率由 9.8% 提高到 30.5%,连续输出功率超过了 1.28 W,侧向光束质量改善了 36%。

西安电子科技大学完成了不同厚度的 UID β-Ga$_2$O$_3$ MOSFET 器件制备并测试了器件直流特性。在厚度减薄到 110 nm 时,器件的阈值电压由负变正,实现了从常开耗尽型到常关增强型的重要特性转变且仍保持了 6 个数量级以上的开关比,阈值电压跨度从 -95 V 到 60 V。

(2) 国际

2009 年,加拿大微观结构科学研究所 Gupta J A 用 MBE 生长了 9.42 nm 宽的 In 0.4 Ga 0.6 As 0.14 Sb 0.8 量子阱,通过 30 nm 的 Al 0.25 Ga 0.75 As 0.98 和分离层进行补偿,实现发光波长 2.4 μm 量子阱激光器。2016 年,俄罗斯圣彼得堡理工大学 Maxim 等在实验研究了具有不同阱层宽度的 InGaAsSb/AlGaAsSb 量子阱的带间光致发光光谱,并计算了参与辐射复合的电荷。

日本信息通信研究机构(NICT)等研究小组使用 Ga$_2$O$_3$ 试制了"MESFET"。尽管是未形成保护膜(钝化膜)的非常简单的构造,但试制品显示出了耐压高、漏电流小的特性。

10.4.3 智能响应材料(超材料)的发展与应用

10.4.3.1 概述

1968 年 Veselago 首次提出了"负折射率"的概念,具有这种负折射率性质的平板材料可以像透镜一样,使得平行入射光线汇聚于一点,从此拉开了超材料研究的序幕。超材料指通过人工物理结构上的设计,突破某些自然规律的限制,进而呈现出一般材料所不具备的超常物理性质的复合材料。超材料基于其微结构单元的几何结构与物性,如共振与激发、形状因子与手性等,以及它们空间排列所导致的关联相互作用,从而实现许多自然材料所没有的,新颖的力、热、声、光等调控功能特性。从研究比较深入的光学电磁超材料,到声学、热学及现在的智能超材料,超材料理论机制方面涉及电磁、机电、光热、光机等多物理场耦合,几何结构的实现方面多用金属谐振结构、介质谐振结构、声波谐振和非谐振人工原子及分子。超材料可以理解为通过结构设计,满足一些特定用途的功能性复合材料,如智能响应材料、手性材料、仿生塑料、热电材料等。以下就智能响应超材料进行重点介绍和全面梳理。

10.4.3.2 前沿研究热点

当前,人们对公共安全和生活品质的要求越来越高,尤其是对室内外空气质量的要求更为严格。因此,实时监测易燃易爆和有毒有害性气体是一项很重要的工作。同时,对某些特殊物质的实时监测在安防、反恐、毒品走私和现代生化战争方面也有着广泛的应用前景。

(1) 基于金属氧化物半导体(MOS)的智能响应超材料

由于金属氧化物半导体材料具有成本低、易加工、易小型化、种类丰富、可靠性高等众多优点,一直是气体传感器的热点材料。在过去的几十年里,基于 MOS 技术的气体传感器的发展取得了令人难以置信的研究成果,包括材料的创新和相关的制备技术,当然也包括提高传感器的性能。这些研究结果使便携式气体传感装置具有良好的灵敏度和选择性,高效的探测效率,快速的响应/恢复时间,工作温度低,甚至可以不受温度影响而稳定工作。然而,为了满足当今精确监测的要求,还需要进一步改进其性能,如准确性、选择性和可靠性等。目前主要是依靠改变 MOS 的组分(如复合材料,形成异质结),形貌和微结构来进一步提高气体传感器的传感性能。

在众多纳米材料中,基于金属氧化物半导体的化学电阻传感器具有体积小、成本低、操作方便、与仪器分析相关性特别强等优点,有望成为便携式实时气体传感装置。

(2) 基于碳材料的智能响应超材料

相对于通常采用的昂贵、笨重和复杂的仪器检测方法,简单、灵敏和稳定的电子传感器适用范围更加广泛,可从芯片、体内生物传感器到环境监测和环境检测。因此廉价、低功耗的气体传感器正在推动这一领域研究的指数级增长。具有固有纳米尺度特征的碳材料有潜力成为下一代自主传感器技术的理想材料,因为它们在单层材料中结合了卓越的检测灵敏度和有趣的转导特性。低维碳结构的大部分原子暴露在环境中,因此提供了高比表面积,这有利于实现高灵敏度。一些碳纳米材料如碳纳米管或石墨烯具有高质量的晶格和高载流子迁移率以及低噪声。虽然后两个特征对于获得良好的转导性能很重要,但在原则上,低维、高质量晶体结构的表面化学比多晶结构更容易理解和控制。从这个意义上说,单晶纳米结构是进行计算化学研究的良好模型材料,从中可以深入了解它们的气体传感机制。碳纳米材料的灵敏度和选择性可以通过采用不同的技术在表面形成缺陷和接枝官能团来控制。通过不同的方法制造碳纳米材料，通常可以采用传统方法来制造设备，例如光刻，这有助于保持低成本。此外，它们的机械性能使其适合集成在柔性电子器件中。即使在室温下操作，它们对成本比也具有很高的敏感性。它们的低功耗要求使得它们很适合远程操作。化学环境分析物的电子信号转导（例如电阻变化）比光学方法更有优势，因为成本更低，设备更简单，样品吞吐量更高，便携性更好。

（3）基于贵金属修饰的智能响应超材料

金属纳米颗粒（MNPs）如 Ag、Au、Cu、Pd 和 Pt 能够提高 MNPs-RGO 纳米复合材料的电荷转移能力。由于 RGO 和 MNPs 的结合增强了传感特性，因此被认为是有前景的气体传感应用纳米材料。

10.4.3.3 重点研究机构

（1）国内

我国在智能超材料方向的基础研究和关键技术两方面与世界几乎同步，有相当好的研究基础。有较大影响的杰青研究团队包括：吉林大学卢革宇教授、上海微系统所的程建功教授、复旦大学邓勇辉教授等。全国还有大约 100 多家高校和研究院所都在进行相关研究。

吉林大学集成光电子学国家重点实验室，吉林大学电子科学与技术学院有传感科学与工程系，该系有 10 多名知名研究人员。

在工业应用方面，我国深圳光启高等理工研究院在国际上首开超材料工业化的先河，该研究院目前拥有国际超材料应用方面 70% 以上的专利，在智能隐身材料、智能通信系统、超传感等领域已经有一些产业化成果。在超材料标准方面，我国于 2013 年 11 月成立了由来自深圳光启高等理工研究院、中航工业集团公司、航天科工集团、清华大学、中国钢研科技集团、工业和信息化部电信研究院、中国标准化研究院、空军装备研究院、公安部第一研究所等单位的专家和学者组成的超材料标准化委员会，目前已在国际上首次推出超材料定义和规范等标准化文件。

（2）国际

韩国高立大学 Jong-Heun Lee 教授、日本长崎大学的 Yasuhiro Shimizu 教授、美国俄亥俄州立大学的 Sheikh Akbar 以及德国拜罗伊特大学 Ralf Moos 等都活跃在该领域的前沿。

总的来说,我国在智能超材料方面的基础研究处于国际先进水平。研究机构正积极开拓超材料研究领域,以南京大学、清华大学、东南大学、西北大学、浙江大学等为代表,在国际上已形成了有一定影响力的研究队伍,相关课题组也做了许多重要的开创性工作,引起了国际学术界的广泛重视。不过,除智能电磁、耦合超材料外,其他方面均处于起步阶段,还有很多基本问题需要研究。以智能超材料制备的核心技术为例,科研基础依然薄弱,我国应加大相关材料的基础研究以及研发升级等领域的投入,并制定相关的政策,从而使我国的智能超材料研发方面在弱势领域中赶超,在强势领域中保持优势。此外,科研成果的产业化水平仍然不高,亟待提高转化效率,缩短科研成果从实验室走向产业应用的时间。为此,应加强相关领域内的高校及科研院所与相关产业企业的合作,积极鼓励科研创新,促使我国企业拥有更多的自主知识产权,从而在相关领域形成国际竞争力。

10.4.4 超导材料

10.4.4.1 超导电性的发现

超导现象是伴随着地球上最后一种"永久气体"——氦气被液化而发现的,在达到液氦温度的 4.2 K 低温时,汞的电阻急剧下降,以致完全消失,1913 年这一现象首次被称为"超导电性",电阻消失的温度被称为临界温度 T_c。

超导体在临界温度以下电阻为零,当超导材料的温度低于临界温度而进入超导态以后,该超导材料便把磁力线排斥体外,其体内的磁感应强度总是零,这一现象被称为完全抗磁性。只有同时具有零电阻和完全抗磁性的材料才有希望成为真正的超导体。此外超导材料还具有同位素效应、量子隧道效应等特性。

超导材料根据临界转变温度可分为低温超导材料和高温超导材料,临界温度低于 30 K 的超导材料为低温超导材料,临界温度高于 30 K 的超导材料为高温超导材料。1987 年 2 月美国休斯敦大学朱经武研究组发现 Y-Ba-Cu-O 体系中存在 90 K 以上的超导转变温度,这表明超导温度进入了液氮温度,宣告了超导研究从此进入了高温超导时代,高临界温度的超导体材料为超导体的大规模应用创造了条件。这种以 CuO_2 铜氧面为主要结构单元的超导体成为第一类高温超导家族。这类材料在常温下是绝缘体，而一旦降温，它们的超导转变温度将大大超过麦克米兰极限的 40 K，最高可达 150 K。低温超导材料包括金属、合金和化合物。高温超导材料又分为氧化物超导体（如铋系超导材料）、非晶超导材料、复合超导材料（如超导线带材料）、重费米子超导体（如 $CeCu_2Si_2$）和有机超导材料（如富勒烯等修饰的化合物）。

10.4.4.2 超导材料的发展与应用

迄今为止已发现超导体达数千种，但是能够制成实用材料的超导体是十分有限的。具有实际运用价值的低温超导材料主要有 NbTi、Nb_3Sn 和 Nb_3Al 材料等 Nb 基合金超导材料，高温超导材料主要有铋系超导材料、钇系超导材料、MgB_2 超导材料和铁基超导材料等。其中，铋系超导材料 Bi-Sr-Ca-Cu-O（简写为 BSCCO）的超导转变温度为 90～110 K，也被称为第一代高温超导材料，主要包括 BSCCO-2212 和 BSCCO-2223 两种。钇系超导材料 Y-Ba-Cu-O（简写为 YBCO 或 ReBCO）材料的超导转变温度约为 90 K，也称为第二代高温超导材料。以铁基超导材料为首的新型超导材料也被称为第三代新型高温超导材料。在强电应用领域，目前各国研究人员研发和生产的重点是 YBCO 第二代高温超导带材，并认为其是未来超导材料发展的主要方向；在弱电应用领域，近年来基于超导 Josephson 结的超导量子计算研究成为新的研究前沿。

10.4.4.3 前沿研究热点

（1）Nb 基合金超导材料

Nb 基合金超导材料主要包括 NbTi、Nb_3Sn、Nb_3Al 等。自 20 世纪 60 年代首次被发现后，Nb 基合金超导材料一直都是超导磁体上应用最广泛的超导材料。Nb 基合金超导线具有强度高、延展性好、临界电流密度高和相对造价低的优点，可制成多丝超导线，这种超导细丝可有效地减少磁通跳跃及磁化效应。国际上，德国布鲁克公司（BRUKER）的 NbTi 低温超导线、Nb_3Sn 低温超导线产品主要被用于 MRI、NMR 和高能物理研究等领域。我国 NbTi 线材性能和性价比已优于发达国家，Nb_3Sn 线材综合水平与发达国家相当。在超导电力设备的某些领域（例如限流器）已经达到国际领先水平。近年来，西部超导公司坚持聚焦国际科技前沿，坚持自主研发，先后开发出新一代全超导托克马克聚变装置用和高场磁共振成像（MRI）用高性能超导线材核心制造技术，建成国际上唯一、包括超导合金熔炼锻造、线材结构设计及加工热处理的完整生产线。2021 年，我国西部超导材料科技有限公司承担中国聚变工程实验堆（CFETR）用高性能 NbTi 和 Nb_3Sn 超导线材制造任务。

（2）铋系超导材料

自 20 世纪末成功采用粉末套管法制备出长带以来，BSCCO-2223 超导带材的制备技术已经日趋成熟。国内外具备了批量化生产千米级长带能力的公司有美国超导公司（AMSC）、北京英纳公司（INNOST）、德国布鲁克公司（BRUKER）、日本住友电气公司（SUMI TOMO）等多家公司。日本住友电气公司已经可以生产出临界电流达到 200A 的千米级 BSCCO-2223 超导带材，这是 BSCCO-2223 目前所达到的最高水平。2013 年 12 月，住友电气公司成功完成了日本首次输电实证试验。我国第一代高温超导带材与国际先进水平的差距已经大大缩小，关键技术指标已基本达到实用化要求，进入了产业化发展阶段。我国已突破百米级 BSCCO-2212 超导圆形线材的制备技术，同时我国也已经开始 BSCCO-2212 超导电缆的研制。此外，在基础研究方面，近几年也有新的进展。2021 年 12 月美国佛罗里达州立大学通过"过度掺杂"的技术对 BSCCO-2223 导线进行了实验，将尽可能多的氧气被添加到导线中。该技术通过提高临界电流密度大大提高了其电传输性能，从而增强了可以产生的磁场，使材料性能更好。

（3）钇系超导材料

YBCO（或 ReBCO）超导体在磁场下的性能比 BSCCO-2223 更为优越，它在 77 K 下的不可逆场达到了 7 T，高出 BSCCO-2223 一个量级，因而近年来受到了更多的关注。获得高性能的第二代高温超导 YBCO 带材的主要障碍是弱连接问题，相邻的 YBCO 晶粒间的晶界角是决定超导体能否承载无阻大电流的关键。另外，由于 YBCO 的电流传输主要在其 a-b 面内，因此要获得高性能的第二代高温超导带材，必须先在柔性的金属基带上制备出 c 轴垂直于基带表面的强立方织构的 YBCO 层。而长尺度的强立方织构 YBCO 的获得一般需要采用涂层技术的外延生长，因此 YBCO 超导带材也被称为涂层导体。YBCO 超导线材领域基本呈现为日美韩互相竞争的局面，日本古河电气工业株式会社（Furukawa Electric Co., Ltd）自 2012 年收购美国 Super Power 以后，在该领域的领先优势愈加明显，另外，日本株式会社藤仓（Fujikura Ltd.）、美国超导公司（American Superconductor Corporation，简称 AM SC）、韩国 SuNAM 公司（SuNAM Co., Ltd）在该领域的发展也越来越迅速。在第二代高温超导带材（YBCO）方面，我国与国际先进水平的差距迅速缩小。我国在上海和苏州等地均以企业形式制备出了千米级的 YBCO 二代带材，而且已经有一定量的销售和使用。2016 年，中国科学院电工研究所采用自主研发的高温内插磁体技术，将 YBCO 内插磁体在 15 T 超导背场下的中心磁场提高到了 24@4.2K，使得我国成为继美国、日本、韩国之后实现 24T 全超导磁体的国家。

（4）铁基超导材料

与 Bi-2223 一样铁基超导带材的制备一般也采用粉末装管法（P1 下法）。目前国内外从事铁基超导线带材研究的主要单位为中国科学院电工研究所、美国佛罗里达州立大学、日本国立材料研究所、东京大学、意大利热那亚大学、日本产业技术综合研究所、澳大利亚卧龙岗大学等。其中，中国科学院电工研究所在高性能铁基超导材料的研制一直走在世界前列。2021 年中国科学院电工研究所基于百米铁基超导带材研制的长尺度跑道型线圈，在 10 T 二极磁场下，实现超过零场环境 80% 的高载流性能，首次验证了大尺寸铁基超导线圈在高场领域应用的可行性，及其载流性能对背景场强相对不敏感的高场应用优越性。

10.4.4.4 重点的研究机构

从全球范围内来看，美国、欧盟及日本等国在超导材料领域的研发处于领先水平。2018 年美国马里兰大学报道了 YPtBi 超导材料新的自旋态。日本东京工业大学致力于提高铁基超导材料的超导转变温度的和新型超导材料的探索。美国麻省理工大学实现石墨烯超导突破。国内学术进展主要体现在机理研究、薄膜制备工艺以及马约拉纳边界态的研究上。中国科学院物理研究所长期开展拓扑新型超导材料的开发及高压等极端条件下新超导材料制备及功能研究。南京大学系统研究了铁基超导体能隙结构。中国科学技术大学在笼目结构（Kagome）超导材料和石墨烯超导研究中取得重要进展。

10.4.5 二维纳米材料

10.4.5.1 二维纳米材料概述

低维纳米材料通常是指除三维纳米材料以外的维数小于三的一类纳米材料，其中包括二维、一维以及零维纳米材料。

二维纳米材料是指一个维度为纳米尺寸的材料，如超薄膜、超晶格等；一维纳米材料是指两个维度处于纳米尺寸的材料，如纳米线、纳米棒、纳米纤维、纳米管等；零维纳米材料是指三个维度均为纳米尺寸的材料，如原子团簇、量子点、纳米颗粒等。

自二维纳米材料出现以来，由于其独特的物理化学性能，受到了科研人员的广泛关注。随着纳米材料制备技术的不断发展，越来越多的二维纳米材料被科研工作者发现并规模制备出来。得益于二维纳米材料在电学、光学、力学等多方面有着优异的物理和化学特性，这些二维纳米材料常常被科研工作者应用于多个领域，促进了我国新型材料的研发与创新。掌握二维功能纳米材料的可控制备方法，对发展功能导向的材料新体系和新技术有着重要的指导意义。在过去十年中，类二维材料因其新奇的性能吸引了越来越多的学者对其进行研究。类二维材料的种类在研究过程中不断扩大，目前研究比较热门的类二维材料有石墨烯、六方氮化硼、二维蜂窝硅、层状过渡族金属二硫化物（如二硫化钼和二硫化钨）、黑磷和二维氧化锌，其中石墨烯最广为人知。

10.4.5.2 二维纳米材料前沿研究热点

- **石墨烯**

（1）魔角石墨烯

2018 年以来，美国麻省理工学院曹原分别以第一作者兼共同作者、共同第一作者的身份在 Nature 上连续发表多篇石墨烯重磅论文，介绍魔角石墨烯研究的新突破。2018 年 3 月，年仅 22 岁的曹原就在 Nature 杂志以第一作者身份连发 2 篇论文介绍石墨烯超导现象的重大发现。这两篇论文阐述了将两层平行石墨烯堆成约 1.1°的微妙角度时，就会产生以 0 电阻传输电子的神奇超导效应，这一发现轰动国际学界，直接开辟了凝聚态物理的一块全新研究领域。

2021年，曹原再次在 Nature 杂志发表文章，两层变三层，在魔角三层石墨烯上再次发现了在强磁场中罕见超导现象，该研究中发现的魔角三层石墨烯是一种非常罕见的超导体，被称为"自旋三重态"，不受强磁场的影响。

（2）石墨烯散热膜

石墨烯具有目前已知材料中最高的热导率，在电子器件、信息技术、国防军工等领域具有良好的应用前景，因此石墨烯导热的研究具有重要意义。高导热石墨烯薄膜的常见制备方法是还原氧化石墨烯。首先通过 Hummers 法得到氧化石墨烯（GO, Graphene Oxide）分散液，然后通过自然干燥、真空抽滤、电喷雾等方法得到自支撑的氧化石墨烯薄膜，并通过化学还原、热处理等方法得到还原氧化石墨烯（RGO）薄膜，最后通过高温石墨化提高结晶度，得到高导热石墨烯薄膜。影响石墨烯导热片热导率最主要的因素是由氧化石墨烯的还原工艺决定。由于氧化石墨烯分散液的制备通常在强酸条件下进行，破坏石墨烯的平面结构，同时引入了环氧官能团，造成声子散射增加。其次是石墨烯的片层尺寸，选择大尺寸的石墨烯片层有利于减少声子与材料边界的散射，提高热导率。

（3）石墨烯电池材料

目前，我国电池产业正处于发展瓶颈阶段，石墨烯作为一种新型材料被科研工作者寄予了很大的希望，石墨烯材料若能成功应用于电池的批量生产，则将为电池产业带来新的变革。石墨烯的理论比表面积高达 2360 m^2/g，具有优异的透光性、导热性、导电性，以及良好的电化学活性，可作为导电材料或电化学活性组分；同时独特的二维结构使石墨烯能够通过掺杂、复合、组装等形式制备得到结构和形貌各异的材料。近年来，研究者们对石墨烯及其衍生材料进行了大量的开发与设计，尤其在改善储能器件性能方向上做出了不断努力。

2021年底，中国科学院宁波材料技术与工程研究所刘兆平团队利用富锂锰基正极材料和石墨烯复合硅碳负极材料，打造出了一种新型石墨烯电池。测试结果显示，新型石墨烯电池能量密度高达 345 Wh/kg 比传统动力电池能量密度（160~180 Wh/kg）提高约1倍。

（4）石墨烯晶圆

2021年，刘忠范院士团队自主设计研发了电磁感应加热石墨烯甚高温生长设备，并借助此设备在 c 面蓝宝石上直接生长出了由取向高度一致、大晶畴拼接而成的晶圆尺寸单层石墨烯薄膜。他们通过优化生长过程,使得在动力学和热力学方面都有利于绝缘衬底上高质量石墨烯的生长;研发的石墨烯生长设备所提供的甚高温生长环境克服了碳源较高的热裂解势垒和迁移势垒,这保证了碳源的有效裂解和活性碳物种在表面的快速迁移;高温还有助于石墨烯-Al_2O_3(0001)界面达到其最低能量构象,以实现石墨烯岛的取向一致;与此同时特殊的冷壁设计,降低了气相温度,抑制了形成无定型碳和多层成核的副反应。

- **层状过渡族金属二硫化物**

石墨烯作为一种有着多种优异物理化学性质的二维材料,在诸多应用领域被寄予厚望,但是石墨烯的零带隙限制了其在纳米电子器件和光电子器件上的应用。过渡金属二硫化物(Transition Metal Dichalcogenides,TMDs),MX_2(M = Mo,W;X = S,Se,Te)由于在催化剂、纳米润滑剂、储氢、锂电池、微电子器件、医学和光电子器件等方面的应用存在巨大的潜力,它们受到了越来越多科研工作者的关注,而二硫化钼(MoS_2)则是TMD中表现最为突出的。

MoS_2是一种金属光泽的从辉钼矿中提纯得到的矿物质,单片层二硫化钼的结构是由中间一层Mo原子,两边各一层S原子形成的夹心式板层。1个Mo原子与6个S原子相连,Mo—S键为共价键。二硫化钼片层与片层间距为0.65 nm,片层间仅存在微弱的范德华力,因此二硫化钼拥有优异的润滑性能,被誉为"润滑剂之王"。当MoS_2从体材料减薄为具有二维层状结构的纳米片时,就表现出了优异的光电半导体性质,为其在光电子器件上的应用前景奠定了基础。MoS_2纳米片常见的制备方法有机械剥离、液相剥离、物理气相沉积、电化学法、热分解法、水热法、化学气相沉积等。科研工作者对制备方法进行了大量的研究,但低成本、大尺寸、高质量、可精确控制层数的纳米片将依然是制约材料应用且亟待解决的重点。

清华大学集成电路学院Tian-Ling Ren和He Tian课题组,在Nature上展示了一种侧壁MoS_2晶体管,采用石墨烯层的边缘作为栅极,达到了小于1 nm的原子薄沟道和物理栅极长度。开关比和亚阈值摆幅(Subthreshold Swing,SS)分别达到1.02×10^5和117 mV/dec。该方法使用化学气相沉积法生长的大面积石墨烯和MoS_2薄膜在2英寸晶圆上制造侧壁晶体管。这些设备的开关比高达1.02×10^5,亚阈值摆幅低至117 mV/dec。模拟结果表明,MoS_2侧壁有效沟道长度在通态接近 0.34 nm，在关态接近 4.54 nm。这项工作可以推广摩尔定律，对下一代电子产品晶体管的缩小具有借鉴意义。

- **二维黑磷**

与石墨相似，黑磷也是片层结构，不同的是，同一层的磷原子不在同一平面上，呈一种蜂窝状的褶皱结构。层内具有较强的共价键，留有单个电子对，层与层之间原子靠范德华力作用。磷烯（Phosphorene）又称黑磷烯或二维黑磷，是一种从黑磷剥离出来的有序磷原子构成的、单原子层的、有直接带隙的二维半导体材料。磷烯在场效应晶体管、光电子器件、自旋电子学、气体传感器及太阳能电池等方面有着的广阔的应用前景。目前制备磷烯的主要方法有：机械剥离法、液相剥离法和脉冲激光沉淀法，其中机械剥离法是最常用的方法。

与石墨烯相比，磷烯最大的优点在于拥有能隙，使其更容易进行光探测，而且其能隙是可通过在硅基板上堆叠的黑磷层数来做调节，使其能吸收可见光范围以及通信用红外线范围的波长。此外因为黑磷是一种直接能隙半导体，也能将电子信号转成光。二维黑磷纳米材料，如黑磷纳米管、块体和单层以及量子点黑磷，具有无毒性、化学和热稳定性、生物相容性等特点，因此，各种二维黑磷结构常分别用于药物递送应用的生物相容材料。

2D 黑磷具有许多吸引人的特性（生物相容性、层依赖性带隙、中等载流子迁移率、相当大的表面积体积比和生物降解性），使其成为生物医学应用的活跃可靠候选，包括光动力疗法（PDT）、光热疗法（PTT）、3D 打印、药物输送、生物成像、治疗诊断学和生物传感。黑磷内容物表面丰富的磷酸盐倾向于与各种蛋白质、药物、核酸，甚至各种纳米粒子进行物理和化学结合，以提供适当的性能。黑磷的各种结构还可以通过配位连接与人体所需的各种金属离子结合，得到的产物可以治疗各种疾病。

10.4.5.3　二维材料重点研究机构

- **英国国家石墨烯研究院（NGI）**

NGI 成立于 2015 年，是在英国政府的支持下由曼彻斯特大学成立的，汇聚了一批世界顶级科学家，包括石墨烯之父 Andre Geim 和 Kostya Novoselov、理论物理学家 Vladimir Falko、材料学家 Ian Kinloch、Sarah Haigh、Rahul Raveendran Nair 等。NGI 目前是全球石墨烯等二维（2D）材料研发和应用的领军科研院所，在引领 2D 材料研究新方向的同时兼顾石墨烯以及其他二维材料产业化、商业化，不断探索二维材料商业应用新模式。NGI 研究方向涵盖凝聚态物理、介观物理与纳米技术、纳米功能材料、光子学、纳米医学、通信应用等多学科领域。目前曼彻斯特大学有 300 多人从事石墨烯和相关 2D 材料的研究，30 多个学术团体在广泛的学科领域工作——从物理和材料科学到化学和生物医学。

- **北京石墨烯研究院（BGI）**

BGI 成立于 2018 年，是在北京市政府支持下，由北京大学联合产业界和社会资本发起成立的专注于石墨烯产业核心技术研发与服务的新型研发机构。首任院长由国际著名石墨烯专家、北京大学刘忠范院士担任，诺贝尔奖获得者、曼彻斯特大学康斯坦丁·诺沃肖洛夫爵士应邀担任名誉院长。目前拥有两栋研发大楼，实验室面积 2 万平方米，人才队伍规模达 240 余人。研究院致力于打造中国未来石墨烯产业的基石和核心竞争力，探索具有中国特色的政产学研协同创新机制。研究院拥有国际顶尖的石墨烯材料、器件和应用研发实验室。现有"标号石墨烯材料研究部""新型石墨烯材料研究部""石墨烯纤维技术研究部""石墨烯器件技术研究部" 4 个核心研发部门，19 个独立课题组。国家自然科学基金委员会"石墨烯制备科学基础科学中心""国家石墨烯材料产业计量测试中心""国家市场监管技术创新中心（石墨烯计量与标准技术）"相继落地 BGI。依托强大的研发实力，合作伙伴队伍不断壮大，已建成"北京石墨烯研究院—中国航空制造技术研究院前沿技术联合实验室""北京石墨烯研究院—中蓝晨光化工研究设计院有限公司特种纤维联合实验室""北京石墨烯研究院—京东方联合创新实验室"等多个企业联合实验室。

10.4.5.4　二维材料技术应用的新突破

2021 年 1 月，广汽埃安在微博上发布一则海报，预告其即将量产的全新动力电池科技，包括超级快充、超长续航和超级安全 3 项特性。超级快充是指，石墨烯基超级快充电池，最快 8 分钟可充电 80%；超长续航是指，硅负极电池让 NEDC 续航（中国工信部测试新能源汽车里程所采用的标准）达 1000 公里；超级安全是指，电池安全性经过电池枪击实验。

2021 年 8 月，小米 MIX4 全面屏系列手机全新发布。为了让高性能与好温控达成绝佳平衡，小米推出石墨烯"冰封"散热系统，行业首发 3D 石墨烯均温板，厚度为 280 μm，面积达到 1232 mm²，覆盖主板核心发热区域。总散热面积高达 11 588 mm²，大幅提升散热效率。"石墨烯均热板"，具备高导热系数和高热辐射系数，实现双重散热；柔韧性好，可以更紧密贴合热源，实现无极缓冲导出热量；散热性能与 VC 均热板相当，重量比以前旗舰机用的 VC 均热板轻 50%。

10.4.6 铁电材料的发展与应用

10.4.6.1 铁电材料概述

在当今数据量爆炸式增长的背景下，由于硅技术的物理极限，摩尔定律的面临终结。在传统的冯·诺依曼构架中，存储器与处理器是分离的，这两部分的总线传输速度远远达不到时代的要求，频繁的数据通信消耗了大部分信息处理的时间和功耗。

铁电材料具有自发极化特性，通常在一个铁电畴内自发极化的方向是相同的，不同铁电畴内自发极化方向会不同。在外加电场的驱动下，所有铁电畴的自发极化方向会随外加电场的变化而变化，而得到极化（P）随电场（E）的回滞曲线（P-E Loop）。基于铁电材料同时具有的强极化效应和剩余极化效应，可以在一个器件中实现大规模并行、分布式存储与处理，消除了数据存储与处理的界限，可以有效突破冯·诺依曼构架极限，在处理非结构化数据等情况下具有非凡的优势。

铁电材料分为块体铁电材料、薄膜铁电材料、二维纳米铁电材料。常用的铁电材料有 $BaTiO_3$（BTO）、$HaZrO_x$（HZO）、$PbZr_xTi_{1-x}O_3$（PZT）等氧化物铁电材料，氧化物铁电材料可以以块体和薄膜两种状态出现。新型的 AlScN 铁电材料主要以薄膜状态出现。新兴的 $CuInP_2S_6$ 二维材料也具有铁电性。此外，PVDF 及其聚合物 P（VDF+TrFE）是具有铁电性的有机材料。

10.4.6.2 前沿研究热点

（1）铁电非易失性存储

铁电材料在电压扫描归零之后会形成两个状态相反的剩余极化态。基于此，将铁电材料和半导体相结合，利用剩余极化调控半导体中载流子输运行为可以实现器件的电阻、电流、电容等多方面物理特性处于两个稳定状态，这两个状态可以被定义为 0 和 1，用来实现存储。铁电畴的反转不需要高电场，仅用一般的工作电压就可以改变存储单元是在"1"或"0"的状态；也不需要电荷泵来产生高电压数据擦除，因而没有擦写延迟的现象。因此，铁电存储器在掉电后仍能够继续保存数据，写入速度快且具有无限次写入寿命，不容易写坏。与闪存和 EEPROM 等较早期的非易失性内存技术比较，铁电存储器具有更高的写入速度、更长的读写寿命。此外，如果将铁电材料与光学超结构相结合，就可以利用铁电极化实现以超结构器件光学振幅、相位、极化等进行调控，同时利用不同极化状态来获得多种可鉴别光学状态，实现多态存储，例如 00、01、10、11 四种状态的存储。2016 年韩国先进科学与技术研究院利用铁电调控技术结合石墨烯和红外超结构最终获得了多态存储，并且其存储信号可以是光强、相位、极化等多种光学信号，室温下信号可以保存 10 年以上。同时实现了"AND""OR"等逻辑信号输出。

(2) 铁电负电容晶体管

目前 MOSFET 受到玻尔兹曼极限挑战，从物理角度来说，就是组成物质的分子是在不断运动的，而分子运动的剧烈程度，在宏观尺度上表现为温度。也就是说晶体管工作电流会产生热量。因此，如果将更多较小的晶体管安装到一个芯片上，就会产生过多的热量而将芯片烧毁。同时玻尔兹曼极限限制了室温下 MOSFET 的 60 mV/dec 亚阈值摆幅极限，且很难继续降低。亚阈值摆幅与器件的功耗有关，也就是说传统的晶体管已经达到了功耗极限，很难再降低了。如果利用铁电材料代替传统的介电栅介质，有研究证明这种铁电调控晶体管会产生负电容效应，铁电负电容场效应晶体管可以突破传统金属氧化物半导体场效应晶体管中的玻尔兹曼限制，将亚阈值摆幅降低到 60 mV/dec 以下，极大地改善了晶体管的开关电流比和短沟道效应，有效地降低了器件的功耗。铁电负电容晶体管可以在保持半导体行业基准的同时，将所需的电压减少约 30%，而且可靠性不会下降，为实现晶体管特征尺寸的减小和摩尔定律的延续提供了选择。目前美国的普渡大学、加州大学伯克利分校、国内的清华大学、南京大学、西安电子科技大学等都在进行铁电负电容晶体管方面的研究。

(3) 铁电调控探测器

通常利用场效应晶体管 FET 结构，实现半导体沟道的耗尽可以更加有效获得光电流，因此 FET 结构在光电探测器中是一种提高探测性能的有效结构。

尤其针对目前具有优异光电探测性能的二维材料，由于界面或者材料本身影响，探测器暗电流通常非常高，是二维光电探测器的瓶颈问题。如果将传统栅极介电材料换成铁电材料，基于铁电材料的高介电常数（通常铁电材料比常用的二氧化硅的介电常数要高一个数量级以上），因此，利用铁电材料代替 FET 中的介电层可以实现半导体沟道更大程度的耗尽，获得更低的暗电流、更大的开关比、更高的响应度和更大的比探测率，实现整体性能优化和性能优良的光电探测器。例如，2020 年湖南大学与中国科学院物理所联合研制了基于 PVDF 栅极调控的 InSe 器件，其具有 10~14 A 极低的暗电流，同时可实现高响应度（14 250 A/W）和高比探测率（1013 jones）。作为 FET 可以得到 108 的开关比。

（4）铁电调控发光

传统稀土发光器件，依靠稀土金属丰富的 4f 能级间电子跃迁而产生的，通过采用不同的稀土元素、调控稀土元素比例、采取不同基质材料，最终实现能带结构、环境晶体场等因素的改变而改变发光波长、强度等特征。但传统的调控方案一旦确定所选材料和组分，发光特征就不可能改变。基于铁电极化调控可以有效调节环境晶体场，进而调控发光波长、强度等特征。同时，由于铁电极化是一种实时可逆调控手段，可以实现稀土发光的实时可逆调控，丰富了稀土发光的可调节性能，在未来光通信领域具有广泛应用。

（5）神经元突触

目前很多神经形态芯片的实现都是基于传统金属 – 氧化物 – 半导体（Metal-Oxide-Semiconductor，CMOS）晶体管。而在神经系统中，突触数量远远超过神经元数目，基于传统 CMOS 晶体管的突触电路会消耗大量面积和功率。铁电聚合物中丰富的极化反转动力学赋予了有机铁电突触晶体管较为完备的 Hebbian 突触可塑性，可以在同一器件中实现脉冲频率依赖可塑性（SRDP）和脉冲时间依赖可塑性（STDP）。将铁电突触晶体管用于神经元的连接，可以仿生完成兴奋性神经元之间连接强度的自主性增强。同时实现 SRDP 和 STDP 等较为完备的 Hebbian 突触可塑性。短周期三角波电场激励下的反转极化可以被弛豫到原来状态，长周期三角波电场激励下的反转极化具有非易失性。并将铁电突触晶体管应用于神经网络，实现联想学习的任务。2020 年英国华威大学，利用 PZT 调控 WS_2 在 532 nm 光照下的光存储性能，实现了 Long-Term Potentiation（LTP）的长期记忆功能和 Short-Term Potentiation

(STP）短期记忆功能。

（6）有机铁电在可穿戴电子器件中的应用

铁电聚合物是一种性能稳定、价格低廉的有机铁电材料，在纳米厚度的薄膜中依旧稳定存在。同时兼具柔韧性好的优点。在未来的可穿戴电子、光电子器件中具有广泛的应用前景。其中，最为常用的就是 PVDF 及其共聚物 P（VDF + TrFE）。

10.4.6.3 铁电材料的研究难点

目前研究应用于器件的局限性在于，传统的铁电材料，例如 BTO、HZO 等，生长温度过高，与器件工艺不兼容，如果直接将铁电材料生长在器件上其高温过程会破坏器件的性能。因此，亟须研究铁电材料的低温制备工艺，或者探索新型铁电材料可以实现其在半导体器件上的兼容性生长。

10.4.6.4 重点的研究机构

（1）国内

2016 年西安电子科技大学系统地研究了负电容效应。中国科学院上海技术物理研究所实现了铁电调控可重构负电容探测器。南京大学实现了铁电调控神经元器件。中国科学院物理所实现了铁电增强光电探测器。香港科技大学实现了铁电可逆调控发光器件。

（2）国际

2008 年美国普渡大学首先提出负电容晶体管的概念。2015 年美国加州大学伯克利分校证实了负电容效应的存在。2019 年德国 NaMLab gGmbH 再次确认负电容效应的存在。

10.4.7 材料基因组

先进材料的发展为新兴产业提供了动力，但是新材料从最初发现到投入市场往往需要几十年时间。近年来随着理解材料行为、建模工具和计算能力等技术的进步，加速了将实验室技术转化为产品并推向市场的过程，这显著提高了全球竞争力，有助于确保国家处于先进材料和技术的市场竞争前沿。

材料基因组计划（Materials Genome Initiative，MGI）是美国联邦政府提出的一项跨部门的研究计划，是在美国复兴制造业的战略背景下提出来的。经过信息技术革命后,大家充分认识到材料革新对技术进步和产业发展的重要作用。材料基因组工程旨在开创政策、资源和科研基础设施的新时代,是材料研发的一种新理念,其主要目的是提高新材料研发的效率,缩短新材料从研发到应用所需的时间,同时降低新材料研发的成本。

材料中原子的性质和排列包括晶体结构和缺陷决定了材料的内在性能,通过实验技术以及理论计算的手段获取大量材料结构及性能的参数,并将所获得的材料性能数据储存在数据库中,通过数据挖掘等技术得到材料"成分–结构–性能"的构效映射关系,最终改变传统材料研究方法,加速材料研发进程。

如图 10.7 所示,材料基因组是由计算工具、实验工具、数据库三部分构成。计算工具部分是预先使用计算机对材料的结构和性能进行模拟,在实验前进行预估,减少不必要的实验带来的时间及成本的浪费。实验工具即高通量实验,是在短时间内制备大量样品,并对样品进行相应的表征分析,从而快速研发新材料。数据库用来收集计算工具和实验工具中获得的大量数据,形成大数据网,为新材料的开发奠定基础。

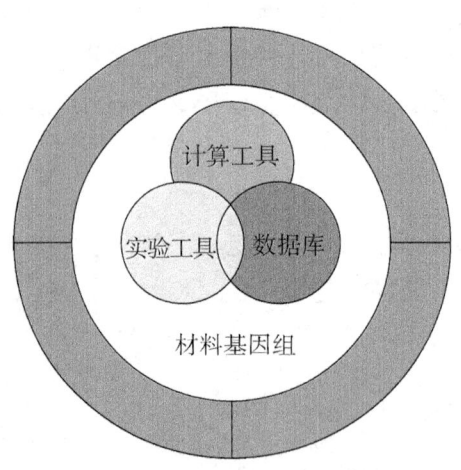

图 10.7　材料基因组的基本组成要素

作为其三大要素之一的高通量制备与表征技术将是材料基因工程成功的关键。高通量实验的核心思想是把原有的顺序迭代方法改为并行或高效的串行实验,主要包含两个部分:一是实现大量样品的快速制备,目前,高通量制备方法主要包括扩散多元节法、共沉积法、物理掩膜法、喷印合成法、微流控合成法等。二是对所得样品进行快速结构表征和性能筛选,从而在短时间内绘制出材料的相图,进而研制出性能得到优化的新材料。

精确的高通量表征技术要求具有更高的分辨率、测试效率、极端条件原位表征等能力。具有全光谱、高亮度、高分辨率、高稳定性等优势的大科学装置正逐步进入科研人员的视野,同步辐射光源、散裂中子源等将逐渐取代传统的光学检测仪器,这些先进表征系统符合新一代高通量表征技术的发展要求。但这些大科学装置数量有限,不便于对高通量材料进行表征。因此,需要本着提高效率、降低成本、实时检测与制备的理念,继续研发新的微区材料高通量性能测试技术,同时在现有的高通量制备仪器和表征仪器的基础上进行深入的研究与创新,研发更多高效率、高质量、低成本的高通量实验设备,建立更先进的新材料研发体系,形成更为全面优质的材料数据库,为理论模型的改进提供大量的实验结果和理论验证,将高通量材料制备与表征技术进一步提升,保证材料基因工程的顺利实施,加速材料领域的创新和发展。

位于怀柔科学城的材料基因组研究平台项目拟建设我国首个、世界上规模最大、手段最齐全先进的材料基因组研究平台。该平台建成后将极大提升我国在新材料研发与制造领域的研究水平,可发现新型高温超导体、先进量子材料、高性能非晶合金与稀土磁性材料等,并缩短其工艺优化周期;同时支撑我国物质科学领域基础研究与应用基础研究综合实力的跨越式发展,在高温超导机理、拓扑物理学、新奇量子现象等研究方向上取得国际一流的研究成果。该平台积极探索"材料基因组"研究的新理念,凝聚国内外材料研究顶尖队伍,构建集材料计算、数据处理、高通量材料合成与表征、高通量技术研发等功能于一体的材料基因组先进研究平台;与在怀柔科学城核心区相邻的北京同步辐射光源与综合极端条件等大科学装置紧密合作,相互支撑,重点开展拓扑、超导等先进量子材料,以及稀土磁性、非晶合金等高性能合金等既有重要科学意义与应用前景、又符合国家战略需求的材料研究,成为国际上有重要影响的综合性材料研究基地。材料基因组平台建成3~5年内,科研人员将在若干关键材料的研发方面取得突破性进展,特别是在先进量子材料方面发现并合成出全新的拓扑材料、高温超导材料、高性能非晶合金和稀土磁性材料,成分和性能优化、成本降低,将带动新兴产业的出现及国内产业结构的变革。

10.5 本章小结

本章应用前沿新材料领域中政策、文献、专利3个信息源分别进行计量分析,挖掘出前沿新材料领域的7个前沿技术方向:液态金属、半导体材料、超材料、超导材料、二维纳米材料、铁电材料,以及材料研发的最新理念:材料基因组,然后从前沿研究热点、研究难点、研究机构和团队等方面分别对7个分支领域的发展情况进行综述。

附 录

附表 1　集成电路强国集成电路新兴技术布局情况

序号	国家/机构	政策/计划/法案名称及提出时间	重点领域及前沿技术	支持金额
1	全球科技、国防及航空航天工业领导者联盟（SRC）	半导体研究机遇：行业愿景与指南（2017年）	1. 先进器件、材料和封装；2. 互联技术及架构；3. 智能记忆和存储；4. 电源管理；5. 传感器及通信系统；6. 分布式计算及网络；7. 认知运算；8. 仿生计算及存储；9. 先进架构及算法；10. 安全及隐私；11. 设计工具、方法及测试；12. 下一代制造模式；13. 环境友好、健康、安全的材料和工艺；14. 创新计量及表征	—
2	美国国防部高级研究计划（DARPA）	电子复兴计划（ERI）（2017年6月）	（1）三维异构集成：通用微光学系统激光器（LUMOS）；极端可拓展性光子学封装（PIPES）；三维单片片上系统（3DSOC）； （2）新材料器件：混合超大规模集成电路技术（T-MUSIC）；新式计算机需求（FRANC）； （3）专用功能：数字射频战场空间仿真器（DRBE）；实时机器学习（RTML）；特定领域片上功能（DSSoC）；软件定义硬件（SDH）； （4）设计和安全：并行汇编的高性能自动化（PAPPA）；针对硬件隐藏效应和异常木马的防御措施（SHEATHE）；安全	5年投入15亿美元

续表

序号	国家/机构	政策/计划/法案名称及提出时间	重点领域及前沿技术	支持金额
3	美国国会	《为芯片生产创造有益的激励措施法案》（CHIPS法案）(2020年)	硅的自动实践（AISS）；物理安全保障架构（GAPS）；电子设备智能设计（IDEA）；高端开源硬件（POSH）到2024年，为任何合格的半导体设备或半导体制造设施投资支出设立40%的可退款ITC（信用额度）；创建新的NIST半导体项目来支持先进组装与测试等先进制造业；通过国家科学技术委员会建立半导体领导小组委员会，负责制定国家半导体研究策略等	投资120亿美元创造新的研发项目
4	美国国会	美国晶圆代工业法案（AFA）(2020年)	设计、制造、封装等本土芯片产业链重构；支持下一代微电子技术研发	250亿美元以激励本土微电子研究和制造的现代化
5	欧盟	石墨烯旗舰计划(2014年)	基于硅、砷化镓、氮化镓、磷化铟的半导体器件集成；硅光子学的集成	—
6	欧洲国家电子元件和系统领导地位联合执行体（ECSEL JU）	多年度战略计划(2020年)	开发先进的逻辑和存储技术；开发异构片上系统（SoC）集成技术；开发先进封装和智能封装系统（SiP）技术；半导体设备、材料和制造	—

续表

序号	国家/机构	政策/计划/法案名称及提出时间	重点领域及前沿技术	支持金额
7	欧盟	欧洲处理器和半导体科技计划联合声明（2020年）	强化处理器和半导体生态系统	未来两三年可能投入1450亿欧元
8	欧盟	2030年数字罗盘（2021年）	5年内自行研发出首部量子计算机，以5G、半导体、大数据、计算机为四大方向的数字基建，强调要加强半导体技术的能力，包括为一系列行业的特定应用提供最佳性能的芯片和嵌入式系统，尖端制造瞄准5 nm制程，并逐步向2 nm技术节点迈进	—
9	日本	第5期科学技术基本计划（2016年）	新材料和纳米技术、光量子技术作为强化集成电路应用发展的战略重点	—
10	日本经济产业省	2020年	支持开发新一代低能耗半导体材料"三氧化镓"	未来5年投资额预计为8560万美元
11	韩国	系统半导体愿景与战略（2019年）	开发新的半导体材料器件，存储与非存储半导体共同发展，力争2030年成为综合半导体强国，晶圆代工世界第一	1.5万亿韩元

附表2 北京市科研机构集成电路研究团队及研究方向

序号	一级机构	二级机构	三级机构	研究团队	技术研究方向
1	北京大学	信息科学技术学院，微纳电子学系	碳基电子学研究中心	黄如、杨玉超、黄芊芊等	神经形态芯片、超低功耗器件
				张志勇、彭练矛等	碳基逻辑集成电路
		信息科学技术学院，电子学系	固态量子器件和量子信息技术北京市重点实验室	徐洪起等	新型二维半导体材料
			区域光纤通信网与新型光通信系统国家重点实验室	王兴军、周治平等	硅光电子芯片
		软件与微电子学院，集成电路与智能系统系	—	张兴等	集成电路新器件与工艺
2	清华大学	信息科学技术学院，微电子与纳电子学系/微电子所	固体器件与集成技术研究室	潘立阳、王敬等	硅基微纳电子器件与集成技术
			集成电路与系统设计研究室	张春、姜汉钧等	新型处理器设计、射频通信芯片设计、低功耗集成电路设计等
			微纳器件与系统集成研究室	陈炜、任天令、王喆垚等	MEMS/NEMS、新型储存器、纳电子与量子器件系统等

续表

序号	一级机构	二级机构	三级机构	研究团队	技术研究方向
2	清华大学	信息科学技术学院，微电子与纳电子学系/微电子所	北京未来芯片技术高精尖创新中心	钱鹤、吴华强等	异构融合类脑芯片、忆阻器存算一体系统、空间智能微系统等
			CAD技术研究室	尹首一等	半导体器件物理与系统的CAD方法
		信息科学技术学院，计算机科学与技术系	高性能计算研究所	张悠慧等	高性能处理器微体系结构等
		信息科学技术学院，电子工程系	微纳光电子学实验室	黄翊东等	光-量子功能器件
		信息科学技术学院，信息技术研究院	微处理器与片上系统技术研究中心	汪东升等	IC芯片设计、片上系统与应用等
		机械工程学院，精密仪器系	仪器科学与技术研究所	施路平等	微纳器件
		理学院，物理学系	量子信息前沿科学中心	薛其坤等	量子信息技术
		脑与智能实验室	—	陈锋、高小榕等	开发脑机接口、人机交互、神经调控

续表

序号	一级机构	二级机构	三级机构	研究团队	技术研究方向
3	中国科学院	半导体研究所	集成光电子学国家重点实验室	黄永箴、赵德刚、韩培德等	半导体光电子器件
			固态光电信息技术重点实验室	郑婉华、张韵、韩勤等	硅基光电芯片、GaN器件、光量子计算技术等
			高速电路与神经网络实验室	鲁华祥、李卫军、曹晓东等	类脑神经计算、高性能射频芯片等
			半导体材料科学重点实验室	陈涌海、李晋闽、曾一平等	光电子集成材料与器件
		微电子研究所	纳米加工与新器件集成技术研究室	刘明等	高性能RRAM、类脑器件（忆阻器）
			集成电路先导工艺研发中心	朱慧珑、罗军、李志华等	微电子新器件与集成工艺
			微电子仪器设备研发中心	夏洋、李超波、蔡建等	创新型微电子制造设备与检测仪器
		计算技术研究所	先进计算机系统研究中心	包云岗等	RISC-V开源芯片

续表

序号	一级机构	二级机构	三级机构	研究团队	技术研究方向
4	北京航空航天大学	集成电路科学与工程学院	空天信自旋电子技术实验室	赵巍胜等	自旋电子存储器件
		电子信息工程学院	—	王翔、张有光、李洪革等	自旋电子、类脑芯片等
5	北京理工大学	信息与电子学院	微电子技术研究所	赵显利等	超深亚微米集成电路
6	北京工业大学	电子科学与技术学院	—	冯士维、徐晨、李建军等	新型微电子器件及光电子器件、第三代半导体材料与器件

参考文献

[1] 刘细文. 技术竞争情报的演化与发展 [J]. 图书情报工作, 2008, 52 (10): 6-9.

[2] 彭靖里, Jeanne·杨, 可星. 从技术进化史看技术竞争情报的历史渊源与理论发展 [J]. 现代情报, 2014, 34 (8): 3-6+65.

[3] 郑艳红, 吴新年. 近20年技术竞争情报研究主题结构及其发展变化分析 [J]. 图书馆理论与实践, 2015 (1): 6.

[4] 彭靖里, 李建平, 杨斯迈, 张伟. 国内外技术竞争情报的研究与应用现状及其趋势 [J]. 情报理论与实践, 2008 (2): 312-316, 302.

[5] 李远红, 唐素蓉. 日本科技情报事业发展思考 [J]. 决策咨询通讯, 2008 (4): 65-66.

[6] 吴昊. 日本科技情报信息机制的发展及运行特征研究 [J]. 新世纪图书馆, 2017 (1): 80-84.

[7] 曾光华. 联邦德国的科技情报政策 [J]. 情报学报, 1985 (2): 6.

[8] 李荣, 高畅, 张源. 法国竞争力集群竞争情报实践研究及对我国的启示 [J]. 情报理论与实践, 2013, 36 (12): 5.

[9] 武衡. 周恩来对我国科学技术事业的关怀和指导 [EB/OL]. (2018-04-20) [2022-05-23]. http://zhouenlai.people.cn/n1/2018/0420/c409117-29940088.html.

[10] 陈媛媛, 赵宏伟. 北京高精尖产业发展演变分析与对策研究 [J]. 科技智囊, 2021 (5): 33-40. DOI: 10.19881/j.cnki.1006-3676.2021.05.05.

[11] 芮雯奕, 袁真艳, 殷铭, 等. 基于创新链的企业技术创新情报产品需求分类研究 [J]. 情报工程, 2018, 4 (6): 75-86.

[12] 包昌火, 李艳, 王秀玲, 等. 竞争情报导论 [M]. 北京: 清华大学出版社, 2011.

[13] 《图书情报工作》杂志社. 情报学研究与情报工作进展 [M]. 北京: 海洋出版社, 2011.

[14] SAVITZ S. Wizards and merchants of light: An historical survey of technical intelligence Competitive [J]. Intelligence competitive review, 1999, 10 (1): 68-74, 224-227.

[15] ASHTON W B, KLAVANS R A. Keeping abreast of Science and Technology: Technical

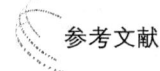

Intelligence for Business [M]. Columbus, Ohio: Battelle, Press, 1997: 24 - 25.

[16] 李艳, 赵新力. 技术竞争情报的现状分析 [J]. 情报学报, 2006, 25 (2): 242 - 253.

[17] 韩红旗, 付媛, 朱礼军. 基于专利IPC分类号的技术竞争对象的群组分析方法 [J]. 情报工程, 2015, 1 (4): 77 - 87.

[18] 王鹏, 高铖, 陈晓美. 基于LDA模型的文本聚类研究 [J]. 情报科学, 2015, 33 (1): 63 - 68.

[19] 关鹏, 王曰芬, 傅柱. 不同语料下基于LDA主题模型的科学文献主题抽取效果分析 [J]. 图书情报工作, 2016, 60 (2): 112 - 121.

[20] 杨如意, 刘东苏, 李慧. 一种融合外部特征的改进主题模型 [J]. 现代图书情报技术, 2016 (1): 48 - 54.

[21] 秦晓慧, 乐小虬. 基于LDA主题关联过滤的领域主题演化研究 [J]. 现代图书情报技术, 2015 (3): 18 - 25.

[22] 王平. 基于层次概率主题模型的科技文献主题发现及演化 [J]. 图书情报工作, 2014, 58 (22): 70 - 77.

[23] BLEI D M, NG A Y, JOR DAN M I. Latent Dirichlet allocation [J]. Journal of machine learning research, 2003, 3 (4/5): 993 - 1022.

[24] 周佳淇. 在线旅游服务企业微博营销效果影响因素研究 [D]. 哈尔滨: 哈尔滨工业大学, 2015.

[25] WANG B, LIU S, DING K, et al. Patent content analysis method based on LDA topic model [J]. Science research management, 2015, 3: 111 - 117.

[26] CHEN H, ZHANG G, LU J, et al. A fuzzy approach for measuring development of topics in patents using Latent Dirichlet Allocation [C] //2015 IEEE international conference on fuzzy systems. New Jersey: IEEE, 2015: 1 - 7.

[27] BATTISTI F, FERRARA A, SALINI S. A decade of research in statistics: a topic model approach [J]. Scientometrics, 2015, 103 (2): 413 - 433.

[28] LEE H, KWAK J, SONG M, et al. Coherence analysis of researchand education using topic modeling [J]. Scientometrics, 2015, 102 (2): 1119 - 1137.

[29] KAR M, NUNES S, RIBEIRO C. Summarization of Changes in Dynamic Text Collections Using Latent Dirichlet Allocatio Model [J]. Information Processing and Management, 2015, 51 (6): 809 - 833.

[30] 孙伟, 刘文静, 葛丽阁, 等. 一种基于词加权LDA模型的专利文献分类方法 [J/OL]. 计算机技术与发展, 2019 (3): 1 - 10.

[31] 丁鹏斐, 吴建德. 基于 LDA 模型的中药专利内容热点领域分析方法 [J/OL]. 软件导刊: 1-4 [2019-01-11]. http://kns.cnki.net/kcms/detail/42.1671.TP.20181226.1204.016.html.

[32] 张涛, 马海群. 一种基于 LDA 主题模型的政策文本聚类方法研究 [J]. 数据分析与知识发现, 2018, 2 (9): 59-65.

[33] 王敏, 李海存, 许培扬. 国外专利文本挖掘可视化工具研究 [J]. 竞争情报, 2009, 24 (53): 86-90.

[34] 严艳. 广州市中药专利质量现况及其对策研究 [D]. 广州: 广州中医药大学, 2014.

[35] 杨旭杰, 肖诗鹰, 郭德海. 基于频数分析的中药复方防治脑病有效专利用药规律研究 [J]. 中国中医药信息杂志, 2012, 19 (9): 26-29.

[36] YU Z G, JOHNSON T R, KAVULURU R. Phrase based topic modeling for semantic information processing in biomedicine [C] //2013 12th International conference on machine learning and applications. New Jersey: IEEE, 2013: 440-445.

[37] 阮光册, 夏磊. 基于主题模型的检索结果聚类应用研究 [J]. 情报杂志, 2017, 36 (3): 179-184.

[38] BLEI D M, NG A Y, JORDAN M I. Latent Dirichlet allocation [J]. Journal of machine learning research, 2003, 3 (4/5): 993-1022.

[39] 吕刚, 李坦, 申野, 等. 中药治疗Ⅱ型糖尿病研究进展 [J]. 吉林化工学院学报, 2008, 25 (2): 31-34.

[40] 朱琳琳. 中医药治疗糖尿病研究进展 [D]. 北京: 北京中医药大学, 2013.

[41] 姚峰, 顾健, 张亮亮, 等. 中药有效成分降血糖作用研究现状 [J]. 中国民族民间医药, 2010 (11): 131-135.

[42] 张素娟, 王彦峰, 张云倩, 等. 栀子中国专利信息分析 [J]. 情报工程, 2019, 5 (5): 68-83.

[43] 耿胜燕, 欧阳雪宇, 周倩, 等. 抗糖尿病中药专利分析 [J]. 中国新药志, 2016, 25 (17): 1921-1927.

[44] 国家药典委员会. 中华人民共和国药典: 一部 [M]. 北京: 中国医药科技出版社, 2015: 302.

[45] FORBES J M, COOPER M E. Mechanisms of diabetic complications [J]. Physiol Rev, 2013, 93 (1): 137-188.

[46] 魏裕涛, 梁凯桐, 刘敏, 等. 基于专利分析法和 SWOT 模型的我国治疗胃癌中药发明专利分析 [J]. 中国药房, 2020, 31 (18): 2177-2184.

[47] 段炼, 李会军, 闻晓东, 等. 黄芪治疗糖尿病研究进展 [J]. 中国新药杂志, 2012,

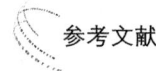

22（7）：776－781，792.

[48] 杨晓阳. 中药治疗糖尿病作用靶点探究［J］. 辽宁中医药大学学报，2013，15（5）：147－148.

[49] 邹碧虹，张家玮. 基于古代医案对温补法治疗消渴的思路探讨［J］. 中国中医基础医学杂志，2014，20（2）：170－172，179.

[50] 王晓慧，李倩. 基于三螺旋理论的区域政府、产业、科研机构竞争情报协作模式研究［J］. 竞争情报，2021，17（2）：20－26. DOI：10.19442/j.cnki.ci.2021.02.005.

[51] 詹淑琳，郑彦宁，赵筱媛. 加拿大政府面向中小企业的竞争情报服务实践及对我国的启示［J］. 图书情报工作，2012，56（14）：17－22，61.

[52] 王心妍. 产业竞争情报多元协同服务模式研究［D］. 大连：辽宁师范大学，2020.

[53] 林珊珊. 福建省生物医药产业竞争情报供给主体服务研究［D］. 福州：福建师范大学，2017.

[54] 郑彦宁，赵筱媛，陈峰，等. 产业竞争情报的基本问题：内涵、特征及其多元化供给［J］. 情报理论与实践，2011，34（3）：1－5.

[55] 晁蓉，王燕平，龙敏. 面向产业技术创新需求的竞争情报融合供给服务模式探析［J］. 图书与情报，2020（4）：131－139.

[56] 张汇楠. 战略性新兴产业竞争情报服务体系研究［D］. 合肥：安徽大学，2013.

[57] 史敏. 区域产业竞争发报系统构建及优化研究［D］. 长沙：中南大学，2011.

[58] 位志广，陈思，朱庆华. 基于内容分析法的产业竞争情报服务模式构建［J］. 情报理论与实践，2020，43（5）：24－30. DOI：10.16353/j.cnki.1000－7490.2020.05.004.

[59] 陈思，赵宇翔，朱庆华. 基于技术链的产业技术竞争情报服务模式探析［J］. 情报理论与实践，2020，43（5）：31－37.

[60] 吴金红，张飞，鞠秀芳. 大数据：企业竞争情报的机遇、挑战及对策研究［J］. 情报杂志，2013，32（1）：5－9.

[61] 王康，王晓慧. 产业技术创新战略联盟的技术竞争情报协同服务模式研究［J］. 情报科学，2018，36（10）：54－57.

[62] 刘细文. 竞争情报和技术竞争情报服务流程构建评述［J］. 图书情报工作，2016，60（7）：139－144.

[63] 赵洁，马铮，王雪雅，等. 面向战略性新兴产业的竞争情报服务：需求分析与体系构建［J］. 情报理论与实践，2014，37（6）：22－27.

[64] 王晓慧，李倩. 基于三螺旋理论的区域政府、产业、科研机构竞争情报协作模式研究［J］. 竞争情报，2021，17（2）：20－26.

[65] 王心妍，王晓慧. 产业竞争情报智慧服务体系研究［J］. 竞争情报，2019，15（3）：

12-17.

[66] 郑荣,杨竞雄,张薇,等.多源数据驱动的产业竞争情报智慧服务研究[J].情报学报,2020,39(12):1295-1304.

[67] 李从东,蔡智,汤勇力.产业技术路线图制定中的技术情报体系研究[J].情报杂志,2011,30(3):19-22.

[68] 刘细文,马费成.技术竞争情报服务的理论框架构建[J].图书情报工作,2014,58(13):5-10.DOI:10.13266/j.issn.0252-3116.2014.13.001.

[69] 孙玉玲,董璐,贾苹.产业技术情报分析框架与指标构建研究——以非粮生物质产业为例[J].情报理论与实践,2016,39(5):12-16.DOI:10.16353/j.cnki.1000-7490.2016.05.003.

[70] 江洪,钟永恒,於维樱.产业技术分析服务:专业图书馆新的探索与实践[J].图书情报工作,2013,57(7):40-44,69.

[71] 洪凡.产业技术情报挖掘方法与流程研究——基于专利文献数据分析的视角[J].情报理论与实践,2017,40(5):65-70,55.DOI:10.16353/j.cnki.1000-7490.2017.05.013.

[72] 崔小委,吴新年.面向开放式技术创新环境的产业技术竞争情报需求分析[J].图书情报工作,2015,59(9):88-96.DOI:10.13266/j.issn.0252-3116.2015.09.013.

[73] 赵新力,高文飞,张智祥.行业技术创新及行业技术竞争情报[J].情报科学,2009,27(10):1563-1568,1574.

[74] 蔡智.产业技术路线图项目的技术情报管理研究[D].广州:暨南大学,2011.

[75] 云明向.技术竞争情报理论与方法研究综述[J].情报科学,2010,28(1):154-160.

[76] 郑玉荣.中国科学院西北院产业情报中心发展战略研究[D].兰州:兰州大学,2021.DOI:10.27204/d.cnki.glzhu.2021.002010.

[77] 肖雪.中国民机产业竞争情报工作研究[D].湘潭:湘潭大学,2010.

[78] MULLER M L. Building blocks of competitive intelligence – competitive technical intelligence [J]. SA Journal of Information Management,2006,8(3).

[79] SASSI D B, FRINI A, ABDESSALEM W B, et al. Competitive intelligence: History, importance, objectives, process and issues [C] //IEEE International Conference on Research Challenges in Information Science. IEEE, 2015.

[80] 陈峰,赵筱媛,刘志辉,等.新形势下的竞争情报与国家战略——2013竞争情报北京论坛会议综述[J].情报杂志,2014,33(8):1-5.

[81] 张百尚,拓晓瑞.面向政府决策的战略性新兴产业技术情报研究[J].科技管理研

究,2020,40(14):38-42.

[82] 王戴尊,毛刚,吴学彦,等.基于产业竞争情报的产业技术预警系统研究[J].图书情报导刊,2021,6(11):59-64.

[83] 马克,陈燕,孙全亮.产业技术创新过程中专利竞争情报的领航功能与作用[J].科技促进发展,2017,13(7):567-572.

[84] CALOF J,SMITH J. The integrative domain of foresight and competitive intelligence and its impact on R&D management [J]. R&D Management,2010,40(1):31-39.

[85] 夏芸.它山之石,可以攻玉——分析专利文献,获取企业竞争情报[J].电子知识产权,2003(8):25-28.

[86] 刘毅,李岱素.面向科技情报的专利分析研究综述及应用建议[J].科技管理研究,2018,38(22):155-160.

[87] 王伟光,余景年,彭莉.中国工业机器人产业技术研究——专利地图视角[J].科技进步与对策,2017,34(7):55-61.

[88] 陈峰.技术尽职调查在促进科技服务业发展中的作用[J].情报学报,2020,39(11):1139-1143.

[89] 夏太寿,王园磊.基于专利组合的我国生物医药产业技术竞争情报研究[J].图书情报研究,2017,10(1):78-85.

[90] 葛慧磊,詹爱岚,寇冬雪.卫星导航产业技术创新态势及发展对策研究——基于专利情报多维测量[J].情报理论与实践,2020,43(3):65-70. DOI:10.16353/j.cnki.1000-7490.2020.03.012.

[91] 刘细文,柯贤能.技术竞争情报在中国电信行业技术创新中的应用研究[J].图书情报工作,2008,52(10):17-21.

[92] 彭靖里,胡凝珠,Jeanne·杨.技术竞争情报在战略性新兴产业技术预见中的应用——以2030年云南生物医药产业技术预见为例[J].情报科学,2014,32(11):19-23,29. DOI:10.13833/j.cnki.is.2014.11.034.

[93] 黄立业,赵辉,王坚,等.基于专利分析的产业竞争情报分析框架研究[J].情报科学,2015,33(4):59-63. DOI:10.13833/j.cnki.is.2015.04.013.

[94] 赵筱媛.面向产业技术追赶的技术竞争情报支撑体系研究论纲[J].情报理论与实践,2016,39(12):51-55. DOI:10.16353/j.cnki.1000-7490.2016.12.009.

[95] 杨彩霞,陈伟,翟东晖.高新技术产业集群技术竞争情报服务体系研究[J].图书馆学研究,2015(12):6.

[96] 杨曦,余翔,刘鑫.基于专利情报的石墨烯产业技术竞争态势研究[J].情报杂志,2017,36(12):75-81,89.

[97] 刘雅静，李壮，闫亚飞，等．车联网产业技术情报分析［J］．高科技与产业化，2015（12）：86-89．

[98] 移动互联网BAT（百度、阿里巴巴、腾讯产业）技术情报［J］．高科技与产业化，2015（5）：82-86．

[99] 黄超，刘琼泽，仲伟俊．基于专利分析的机器人产业技术情报研究［J］．情报杂志，2012，31（11）：100-105，99．

[100] 中科院文献情报中心．河北省区块链产业技术分析报告［R］．2021-07-01．

[101] 中科院文献情报中心．沈阳市新材料产业技术发展报告［R］．2021-07-05．

[102] 胥彦玲，王强，王健美．融媒体时代科技决策服务生态构建研究［J］．科技智囊，2021，303（8）：38-43．

[103] 吴松，江舒，孟婷婷．黑龙江省高新技术产业竞争情报服务平台建设研究［J］．情报探索，2015（11）：47-50．

[104] 邓丽姝．北京高精尖产业体系建设浅析［J］．前线，2019（3）：60-62．

[105] 陆园园．把握高精尖产业发展制高点［J］．前线，2021（11）：87-90．

[106] 北京：十大高精尖产业指导意见发布［J］．军民两用技术与产品，2018（1）：8．

[107] 吴爱芝．北京"高精尖"产业发展的现状与对策研究［J］．北京教育（高教），2019（5）：81-83．

[108] 董洁，张颖岚，庹铁梅，等．基于技术创新链视角的北京高精尖产业发展路径［J］．全球科技经济瞭望，2021，36（4）：13-20．

[109] 潘新胜，祝珺．北京"高精尖"经济结构建设探讨——以专利制度为视角［J］．北京政法职业学院学报，2015（3）：33-38．

[110] 宋健坤．大力推进北京高精尖产业发展［J］．北京观察，2020（9）：32-33．

[111] 王晖，李岱松，杨秋．布局高精尖产业 促进高质量发展［J］．前线，2019（12）：65-68．

[112] 张伯旭．推动"在北京制造"向"由北京创造"转变［J］．中国经贸导刊，2016（6）：36-37．

[113] 卜文娟．北京：以科技创新引领高精尖产业发展［J］．中国战略新兴产业，2018（9）：32-33．DOI：10.19474/j.cnki.10-1156/f.003803．

[114] 王劲雨．推动北京高精尖产业发展［N］．北京日报，2021-09-28（10）．

[115] 赵筱媛，李鹏．产业竞争情报需求调查与分析［J］．情报杂志，2015，34（4）：27-31+18．

[116] 彭靖里，詹文男，李建平．台湾IT产业集群发展中的技术竞争情报活动及特征［J］．情报探索，2010（12）：56-59．

[117] 李维思, 史敏, 肖雪葵. 基于中小企业技术创新需求的特色产业数据库与服务体系构建——以湖南省新材料产业竞争情报服务为例 [J]. 数字图书馆论坛, 2013 (6): 70-74.

[118] MARISELA R S, ALFONSO E V, RENE G C. Industry/university cooperative research in competitive technical intelligence: a case of identifying technological trends for a Mexican steel manufacturer [J]. Research Evaluation, 2002 (3): 165-173.

[119] GIBBS P J, IMHOFF S D, MORRIS C L, et al. Length-Scale Selection and Microstructural Patterning During Phase Transformations [J]. JOM (Journal of the Minerals Metals and Materials Society), 2014, 66 (8): 1464-1485.

[120] 张素娟, 宬铁梅, 张云倩, 等. 基于 LDA 模型的西洋参专利热点内容及创新趋势分析方法研究 [J]. 情报探索, 2019, 264 (10): 57-62.

[121] 朱晶, 卓鸿俊, 张志宏. "十四五" 时期北京集成电路产业发展定位和建议 [J]. 中国集成电路, 2021, 30 (4): 10-15, 35.

[122] 2019 年中国固废处理行业发展现状及未来发展前景分析 [J]. 资源再生, 2019, 206 (9): 41-42, 44.

[123] 秦勇, 王霖, 张建华, 等. 电火花成形加工技术的现状与发展趋势 [J]. 工具技术, 2002, 36 (1): 21-25.

[124] 刘静. 液态金属科技与工业的崛起: 进展与机遇 [J]. 中国工程科学, 2020, 22 (5): 93-103.

[125] 王靖娴, 董兰军. 多轴联动高档数控机床产业技术分析报告 [J]. 高科技与产业化, 2019, 277 (6): 42-51.

[126] 王立娜, 唐川, 房俊民, 等. 2018 年全球半导体领域规划与发展态势分析 [J]. 世界科技研究与发展, 2019, 41 (2): 120-126.